난해 성경 쉽게 이해

난해 성경 쉽게 이해

이남구 지음

크리스찬서적

| 머리말 |

모든 독자분들에게 하나님의 보호하심과 은혜가 넘치기를 기도드립니다.

저는 학교 졸업 후에 전임 목회자가 되어 목회 활동을 한 것이 아니고 직장 생활을 하면서 교회에 출석하여 일본어 성경을 15년 가까이 가르치게 되었고 이것이 계기가 되어서 목사 임직도 받고 신학박사학위까지 받게 되었습니다.

제가 일본어 성경을 가르치게 된 동기는 제가 청년기 주재원으로 일본의 동경에서 7년 반 동안 주재원 생활을 하게 되었고 언젠가는 일본인의 복음을 위하여 조그마한 것이라도 하여야겠다는 마음을 항상 간직하게 되었기 때문입니다.

이 책은 전임 목회자의 입장에서 쓴 것이 아니고 평신도가 평신도를 가르치는 데에 필요한 사항들을 정리한 것을 다듬어서 한 학기 강의용으로 편집한 것입니다. 책의 제목은 『난해 성경 쉽게 이해』로 정하였지만, 평신도와 중직자 및 목회자들이 적어도 알아 두어야 할 사항들을 수평적으로 수직적으로 분해하고 종합하여, 단편적인 지식이 아니고 포괄적으로 성경을 이해하도록 하였습니다.

특별히 제가 15년 동안 성경을 가르치면서 만든 장표들은 저의 성경 지식이 진보할수록 추가하고 수정하여 작성된 것으로 일목요연(一目瞭然)

하도록 만들었고 장표만 보고도 성경의 내용과 역사의 흐름을 느낄 수 있도록 하였습니다. 많은 독자 분들께서 이 장표를 잘 활용하여 성경을 이해하는 데에 큰 도움이 되셨으면 합니다.

이 자리를 빌어 일본어 성경 강의를 맡게 해 주신 홍정길 목사님과 박완철 목사님, 본 저서가 책으로 출간될 수 있도록 도와주신 김수환 총장님과 또한 출판을 맡아주시고 교정과 도안으로 도움을 주신 창조문예의 대표 임만호 장로님께 깊이 감사드립니다.

끝으로 한평생 찬양으로 하나님을 섬기고 결혼 후 저를 주님 앞으로 인도해 준 저의 반려자 김덕혜 권사에게 이 지면을 빌려서 감사와 사랑을 전하고자 합니다. 그리고 두 아들 희원, 희진이 신실한 배우자를 만나 믿음의 가정을 갖게 되기를 주님께 간구 드립니다.

하나님께 모든 영광을 올립니다. 감사합니다.

2022년 12월 25일

이남구 드림

이남구李南九

| 학력 |

1953년 충남 논산 출생
1971년 대전고등학교 졸업
1975년 서울대학교 공대 졸업(공학사)
2002년 아주대학교 경영대학원 졸업(경영학석사)
2016년 상명대학교 경영학 박사과정(마케팅) 수료
2018년 목회학석사(M.div), 훼이스기독대학·신학대학원 한국어학부 졸업
2019년 목사 안수
2020년 신학박사(Th.D), 훼이스기독대학교·신학대학원 한국어학부 졸업
2022년 경영학박사(Ph.D), 우석대학교 경영학 무역경영 전공

| 경력 |

1979~1997년 현대삼호중공업(구. 한라중공업) 전무이사
동경사무소장, 정인영 회장 비서, 플랜트사업본부
1997~2014년 정우산기 부사장, 보성파워텍 사장 등으로 중소기업 경영
2014~2022년 (사)한국FTA산업협회 전임교수, 한국수출산업협동조합 이사(장)
2005~2019년 일본어 성경 강의(남서울은혜교회)
2020년 훼이스기독대학교교회 협동목사
2021년 훼이스기독대학교 신학대학원 한국어학부 교수

| 저서 |

- 저술 : 2019년 『FTA기반 무역 정석』, 제임스컨설팅 출판
  2016년 『신국가론』, (주) 좋은기업위드 출판
- 역서 : 1988년 『위기관리의 경영』 大山梅雄著(오야마 우메오), 한국능률협회 출판

| 차례 |

Ⅱ 단문 중심 해설 195

I

성경의 종합적 해설

1. 메시아 예수 그리스도(마, 요)

1. 예수 그리스도와 기독교

예수(Jesus)의 이름이 성경에 처음 기록된 것은 마태복음이다. "아들을 낳으리니 이름을 예수라 하라 이는 그가 자기 백성을 저희 죄에서 구원할 자이심이라 하니라"(마 1:21)로써 예수의 의미는 '죄에서 구원할 자'로 한마디로 표현할 수 있다.

그리스도(Christ)는 '기름 부음을 받은 자(the anointed)'를 뜻하며 고대 근동 지방의 관습, 즉 높은 직임을 책임지도록 선택된 사람에게 기름으로 성별(聖別)케 하는 의식에서 유래한 것으로, 구약의 메시아(히: 마쉬아흐, 헬 : 크리스토스)에 대한 신약의 호칭이다. 이러한 기름 부음은 선지자, 제사장, 왕들에게 행해졌다(왕상 19:16 ; 시 133:2). 신약성경에 나오는 그리스도(호 크리스토스)는 그리스도 앞에 정관사가 붙은 것으로 구약에 이미 예언되었던 특별한 한 사람(삼상 2:10 ; 시 2:2), 즉 이스라엘 백성을 위하여 하나님께서 기름 부어 세우실 한 특정 인물이나 유일하신 참 그리스도 예수를 지칭할 때 사용되고 있다(요 20:31).

따라서 예수 그리스도라 칭할 때에 예수는 사람의 이름으로 할례 시에 아기에게 주어졌던 이름(눅 2:21)이고, 그리스도는 직분을 나타내는 것으로 그의 기름 부음은 사람이 준비한 기름으로 부음을 받은 것이 아니고, 하나님에 의하여 성령으로 부음 받은 자이다(마 3:16 ; 막 1:10–11 ; 눅 3:21–22). 그리고 이를 예수께서 스스로 증거하셨다(눅 4:18 ; 사 61:1, 주의 성령이 내게 임하셨으니 — 내게 기름을 부으사 —). 이처럼 그리스도는 백성들의 구속주, 하나님과 사람 사이의 중보자이신 구세주의 직임뿐만 아

니라 이러한 임무를 완벽하게 수행하심을 통하여 나타나는 그의 권위와 능력을 포함하고 있다.[1)]

성경 속에 예수 그리스도는 메시아(Messiah, 막8:29-30), 주(Lord, 요 11:21 ; 롬 10:9 ; 고전 12:3), 구주(Savior, 마 1:21 ; 눅 2:11), 하나님의 아들(The Son of God, 예수의 신성, 롬1:3-4 ; 막 14:36 ; 눅 23:34), 인자(人子, Son of Man, 예수의 인성, 마 13:37 ; 눅17:22), 하나님(God, 도마의 고백, 요 20:28) 등으로 나타나고 있다.[2)]

기독교(基督敎, Christianity, the Christian religion)는 예수 그리스도의 인격과 교훈을 중심으로 하는 종교로서 천지 만물을 창조한 유일신인 하나님을 섬기고, 그 독생자 예수 그리스도를 구세주로 믿는 종교를 의미한다. 팔레스타인에서 일어나 로마 제국의 국교가 되었고(313년 콘스탄티누스 황제의 밀라노 칙령), 다시 페르시아 · 인도 · 중국 등지에 전해졌는데, 11세기에 그리스정교회가 갈려 나간 후, 로마가톨릭교회는 다시 16세기 종교개혁에 의하여 구교, 곧 가톨릭교와 신교로 분리되어 현재 세 교회로 나뉘어 있다. 우리나라에서는 특히 신교를 기독교라고도 한다.

기독교는 예수 그리스도가 메시아인 것을 부인하는 유대교(Judaism)와 다르고, 알라(Allah)를 유일신으로 코란(Koran)이라는 별도의 경전을 가지고 있는 이슬람(Islam)과는 다른 종교이다.[3)]

현대 기독교는 교회 정치, 예배 형태, 문화적 뿌리에 대한 다양한 이해가 있으며 세계 각처에서 찾아볼 수 있는 기독교의 주요 형태들을 보면, 로마카톨릭(Roman Catholic), 동방정교회(Eastern Orthodox), 오순절파

1) 정형철, 『아가페성경사전』(서울, 아가페서원, 1997), p.173, pp.1278-1279.
2) Alister E. McGrath, 『한 권으로 읽는 기독교』, [Christianity: An Introduction, Second Edition] 전의우 옮김(서울, 생명의 말씀사, 2014), pp.64-75.
3) 한중식, 『기독교의 이해』(서울, 숭실대출판부, 1999), pp.277-292.
4) Alister E. McGrath, 『한 권으로 읽는 기독교』, [Christianity: An Introduction, Second Edition] 전의우 옮김(서울, 생명의 말씀사, 2014), pp.476-498.

(Pentecostalism), 개신교(Protestantism), 성공회(Anglicanism), 침례교(Baptism), 루터교(Lutheran), 감리교(Methodist), 장로교(Presbyterianism), 복음주의(Evangelicalism) 등이 있다.[4)]

2. 예수 그리스도의 계보

(1) 마태복음의 족보

마태복음 1장은 예수님의 혈통에 대하여 기술하고 있다. 즉 아브라함과 다윗의 자손으로 오신 예수님이라는 결론을 맨 앞에 놓고 난 다음 약속의 조상들을 차례로 언급하고 있다. 14대씩 3부(아브라함에서 다윗 왕, 다윗 왕에서 요시야, 요시야에서 요셉)로 짜여진 이 족보(마 1:17)는 아브라함에서 시작하여 요셉에서 끝맺음으로 혈연과 족보를 중시했던 유대인들에게서 나아가 이방 세계에 예수님이 그리스도 되심을 나타내 보이고자 한 것이다.

모친 마리아는 요셉과 동침하지 않고 성령으로 잉태하여(마 1:20) 예수를 낳은 것으로, 창세기 3장 15절에서 언급된 소위 원시 복음(primus evangelium)은 "여자(남자가 아닌)의 후손(woman's offspring)은 네 머리를 상하게 할 것이요 너는 그의 발꿈치를 상하게 할 것이니라"에서 여자(마리아)의 후손으로 오신 분(예수)과 합치되기도 한다.

이 족보에 나타난 네 여인은 당시 수준으로 볼 때 보통 이하의 비난의 대상이 되었던 여인들이다. 다말, 라합, 룻의 세 여인은 족보에 기록이 되었고, 감추어진 여인은 우리아의 아내 밧세바이다. 다말은 가계를 승계한다는 명목으로 시아버지와 간음한 여인이다. 그러나 그 당시에는 여인의 첫째 의무가 가업을 잇는 것이므로 비난의 대상이 되는 것이 아니고 오히려 잘못한 사람은 그의 시부인 유다이다. 유다는 장자 엘이 죽고 차자 오난도 죽고 셋째 셀라가 장성하였음에도 다말에게 주지 않자 다말은 씨를 남길 책무로 자기를 희생하여 셀라를 낳아 여자의 도리를 다 한 것이다. 유다도 "그는 나보다 옳도다"(창 38:26)라고 한 것이다. 그러므로 이 여인의 기업을 잇기 위한 자기 희생으로 예수님의 족보에 떳떳이 오른 것이다.

라합은 여리고 입구에서 몸을 판 기생이었는데 정탐꾼을 숨길 때 믿음으로 가나안 땅을 여호와께서 히브리 족속에게 주실 것을 알고 하나님 여호와는 상천하지의 하나님이시라 믿어 붉은 줄을 언약의 표로 하였기 때문이다(수 2:8-21).

룻은 이방 모압의 여인이었는데 어머니 백성이 나의 백성이고 어머니의 하나님은 나의 하나님이라(룻 1:16)는 믿음이 가상했기 때문이다.

우리아의 아내 밧세바는 다윗과 간음한 후에 남편을 죽음으로 내몬 여인으로 구원의 족보에 오를 자격이 없었지만 그 이름이 가려지고 우리아의 아내로 기록되었고, 우리아는 충성된 신하요 애국심이 충만한 백성으로(삼하 11:11, 내 주 요압과 내 왕의 부하들이 바깥 뜰에 진 치고 있거늘 내가 어찌 내 집으로 가서 먹고 마시고 내 처와 같이 자리이까) 족보에 올랐다.[5)]

이러한 여인들을 마태가 기록한 것은, 예수님이 "내가 의인을 부르러 온 것이 아니요 죄인을 부르러 왔노라"(마 9:13)라고 말씀하신 바와 같이 그리스도의 족보에 이러한 여인들을 기록함으로써 이처럼 부도덕한 죄인일지라도 그리스도 안에서는 의인이 된다는 것을 나타내고 있다.

(2) 마태복음 족보와 역대상 3장 11-12절, 역대하 21-25장

역대상 3장 11-12절을 보면 요람-*아하시아*-*요아스*-*아마사*-아사랴(웃시야)의 기록이 있는데 마태복음에는 이 3대가 빠져 있으며, 역대하

---

5) 요지범, 『성경 난해와 요해 연구』(서울, 성광문화사, 1990), pp.103-104.

21–25장까지를 보면 요람–아하시아(1년)–아달랴(6년)–요아스(40년)–아마사(29년)의 재위 기록이 있는 바 아달랴는 법통으로 인정받을 수 없는 변칙적인 여왕으로 이를 빼면 3대가 마태복음의 계보에서 빠진 것이 된다.

이는 여호사밧이 그 아들 요람을 북방 이스라엘의 바알신을 섬기는 아합 왕의 딸 아달랴와 결혼케 하여 정통 법궤를 모신 남방 유다국이 바알신을 섬기게 된 동기가 되었다. 그로 인한 유다의 죄상은 아합의 집 길로 행하여 아달랴와 이스라엘의 교도를 따라서 성전에서까지 바알신을 섬기게 되어 저 왕들은 모두 적군과 신하의 손에 의하여 살해되고 다윗성에 장사는 하였으나 열조의 묘실에는 들지 못하였던 것이다.

10계명 중에 제2계명을 보면 "나 여호와 너의 하나님은 질투하는 하나님인즉 나를 미워하는 자의 죄를 갚되 아비로부터 아들에게로 삼 사대까지 이르게 하거니와 나를 사랑하고 내 계명을 지키는 자에게는 천대까지 은혜를 베푸느니라"(신 5:9–10)라고 하였다. 이를 보면 하나님의 말씀은 일점일획이라도 반드시 없어지지 아니하고 다 이루리라(마 5:8)는 예수님의 말씀대로 성취되는 것이다.

(3) 누가복음의 족보

유대의 왕으로 메시아로 오신 것을 강조한 마태복음과는 달리 누가복음에서의 족보는 요셉의 이상은 헬리(마리아의 아버지, 눅 3:23)로부터 시작하고 있으며 거꾸로 올라가면서 다윗과 아담까지 기술함으로써 예수가 다윗의 후손인 메시아이심을 강조하고 있으며(눅 3:31 ; 1:27, 32, 69), 또한 그 이상은 아담과 하나님까지 기록함으로써 예수님이야말로 온 인류와 관련되신 분이심을 드러내고 있다. 아담은 하나님의 형상으로 지어지고(창 1:26 ; 행 17:28–29) 인류를 대표하여 하나님의 아들로 불리었기 때문이다.

(4) 메시아의 사실적 계보

마태복음의 족보에서 우상숭배로 인하여 빠졌던 3대(40 아하시야－41 요아스－42 아마샤)를 추가하여 사실적인 계보를 작성하여 보면 아래의 표－1과 같다. 즉 예수님이 아담의 63대 후손이 된다.

〈표－1〉 Messiah(구세주, Jesus Christ)의 계보

1아담/Adam(BC 4004:Ussher of Armagh, 930세, 처:이브, 창 3:15 여자의 후손/원시 복음)－2셋(912세, 형:카인, 아벨)－3에노스(905세)－4게난(910세)－5마할랄렐(895세)－6야렛(962세)－7에녹(365세, 하나님이 데려감)－8므두셀라(969세;최장수)－9라멕(777세, 카인의 후손 라멕과 구별요/살인 창 4:23)－10노아/Noah(창 6:9, 950세, 창 9:11 홍수 후 무지개 언약)－

11셈/Shem(600세, 제:함|가나안, 야벳)－12아르박삿－13셀라－14에벨(464세, 히브리 근원)－15벨렉(제:욕단/창 10:25)－16르우－17스룩－18나홀－19데라(205세, 바벨탑)－20아브람/Abram(창 12, BC 2166?, 175세, 처: 사래, 제: 나홀, 하란|롯, 창 12:2 복의 근원, 창 15:5 자손, 6義로 여김－7땅/짐승 쪼개는, 창 17:5 열국의 아비,－8가나안 땅/할례의 언약, 창 22:18 이삭 번제 후 네 씨로 만민이 복)－

21이삭(180세, 형:이스마엘=아브람 86세+하갈/창17:20－12 방백 큰나라)－22야곱(BC 2066?, 147세, 쌍둥이 제:에서)－23유다(+자부 장자 엘의 처 다말)－24베레스(창 38:29, 쌍둥이 제:세라)－25헤스론－26람 －27아미나답－28나손－29살몬(+여리고성의 기생 라합, 수 6:17)－30보아스(+이방 모압 여인 룻, 룻 4:10)－31오벳 －32이새(룻 4:22)－

33다윗 왕/David(BC 1010－BC 970, +처 우리아의 아내 밧세바)－34솔로몬(대상 3:10)－35르호보암/남유다 왕(분열 왕국, 북이스라엘 왕 : 여로보암)－36아비얌(아)－37아사－38여호사밧－39여호람(요람)－[40아하시야－ 41요아스－42아마샤]－43아사랴(웃시야 BC 783－742)－44요담－45아하스－46히스기야(BC 715－687)－47므낫세－48아몬－49요시야/남유다 왕－

50여고냐=유다 왕 여호야긴(바벨론 포로)－51스알디엘－52스룹바벨(페르시아 왕 다리오에게서 유다 총독 됨: BC 520 성전재건, 학 1:14)－53아비훗 －54엘리야김－55아소르－56사독－57아킴－58엘리웃－59엘르아살－60맛단－61야곱－62요셉(+처 마리아)－63예수JESUS / 사 11:1 이새의 줄기에서 한 싹이 나며 그 뿌리에서 한 가지가 나서 결실할 것이요, 61:1,2 가난한 자 좋은 소식, 마음 상한 자를 고치심, 포로된 자에게 자유를, 갇힌 자에게 놓임을 전파－

(창 5장 :아담－노아, 창10－11장:노아－아브람), (마 1:1－16 아브라함에서 예수까지),
[역대상 3:11－12 40아하시야－ 41요아스－ 42아마샤], 누가복음 3:23－38 마리아 부계.

보기 : 숫자는 족보의 대수를 나타냄. 아담의 탄생 연도 약 BC 4004년으로 봄.
곳곳에 기록된 성경은 중요 사건이나 성경 구절.

3. 예수 그리스도의 선재성(先在性, preexistence), 요 1:1-3

> [요 1:1] 태초에 말씀이 계시니라 이 말씀이 하나님과 함께 계셨으니 이 말씀은 곧 하나님이시니라 그가 태초에 하나님과 함께 계셨고 만물이 그로 말미암아 지은 바 되었으니 지은 것이 하나도 그가 없이는 된 것이 없느니라

위의 성경 본문 중에서 말씀(Logos)은 예수님을 가리키며, 여기에서 태초는 창세기 1장 1절에서 만물의 시작이 있었다는 태초가 아니고, 영원 전 무한 전 시작이 있었다는 것을 의미한다. 우리의 인생이나 만물과 같이 시작이 있음이 아니요 예수님은 무한한 시간 전에 성부 하나님과 함께 계셨던 무시무종의 하나님이심을 말해 주고 있다(先在性). 같은 태초라도 창세기의 태초는 유한성을, 요한복음은 무한성을 지닌 용어이다.

필로(Philo, BC 20-AD 50, 알렉산드리아에서 활동한 헬레니즘 유대 작가, allegory적 해석, 이삭-자유, 이스마엘-종, 갈 4:21-31)는 "신은 세계 창조자이나 초월자이므로 로고스를 통해 세계를 창조하고 질서를 확립했다"고 한다. 이 로고스에 대해 "1) 세계를 창조하려는 신의 신의성으로 아직 신의 내부에 잠재해 있는 로고스, 2) 이렇게 내재하는 순수 관념으로 세계를 창조한 로고스로 이데(idea)의 총체, 3) 창조된 세계를 보존하는 세계 법칙으로서의 로고스"로 이해한다.

물론 여기서는 영원부터 선재하신 하나님의 아들로서 성육신하신 그리스도(요 1:14 ; 요일 1:1 ; 히 4:12)를 지시하는 것이다. 그리스도를 로고스 곧 말씀으로 표현한 것은 그분이 만물, 특히 새 생명의 창조자이시고(약 1:18 ; 고후 5:17), 성부 하나님의 뜻이자 계시(히 1:2-3)이기 때문이다. 오리겐(Origen)은 그분이 성부의 비밀을 계시하시기 때문이라고 하였고, 칼빈(J. Calvin)은 그분이 성부의 영원하신 뜻이기 때문이라고 하였다. 반즈(A. Barnes)는 그분이 하나님께서 자신의 뜻을 공표하고 명령

을 발하시는 중보자가 되시기 때문(히 1:1-3)이라고 하였다.[6]

4. 기독론(Christology : 예수 그리스도의 정체론)에 대한 시대적 견해

(1) 교회 개혁 이전의 기독론

1) 초기 기독교 : 그리스도는 사람과 하나님으로, 사람의 아들과 하나님의 아들로 분명하게 나타나고 있다. 그의 무죄하신 성품으로 예배의 합당한 대상으로 존중받았다. 그러나 에비온파(Ebionites: 그리스도의 신성을 부정하는 유대의 종파)는 유일신론을 위해 그리스도의 신성을 부정할 수밖에 없어 예수님은 요셉과 마리아의 아들에 불과하지만 그가 세례를 받을 때 그에게 임한 성령으로 말미암아 메시아의 자격을 얻었다고 생각했다. 알로기파(Alogi)는 예수를 단순한 인간으로 보았고 세례시에 초자연적인 권능을 부여받았다고 가르쳤다.
2) 영지주의자(Gnostics) : 물질과 영혼을 정면 대립되는 것으로 보았던 헬라인들은 하나님의 가시적인 현현인 성육신 사건을 부인했다.
3) 양태론적 단일신론자들 : 그리스도의 인성을 부인하고 단지 한 하나님의 양태 내지 현현으로 보았다. 성부에게 종속된 존재로 보았다(터툴리안, 오리겐 등).
4) 325년 콘스탄틴황제의 니케아(Nicea) 종교회의에서 Arius의 성부와 성자는 유사한 본질(homoiousios)이라는 교리가 이단으로 정죄되고 Athanasius의 성부와 성자는 본질적으로 동일(homoousios)하며 성자는 성부의 독생하신 아들이라는 교리(3위 1체 교리 확립)를

6) 최세창, 『난해 성구 해설』(서울, 글벗사, 2006), pp.322-323.

채택하였다.

5) 381년 콘스탄티노플 전교회 회의에서는 그리스도의 신성을 강조하는 과정에서 인성을 희생시키며 "인성만은 죄가 없을 수 없는 것으로 하나님의 본성이 인간의 몸으로 꾸민 것이다"라고 주장하여 이를 정리하고 그리스도의 '온전한 인성을 결의'했다.
6) 431년 에베소 전교회를 소집하여 Nestorius의 "그리스도가 완전한 하나님이고 한 인간이라면 두 본성이 어떻게 한 인격 안에 관계되는가"라는 '회의론을 정죄'했다.
7) 451년 칼케돈(Chalcedon)공회의가 소집되어 "그리스도는 참 하나님이신 동시에 참 아들이며, 두 본성은 혼동이나 변화나 분리됨이 없이", '한 인격 안에서 연합되어 있다는 것을 결정'했다.

(2) 16세기 개혁 이후의 기독론

1) 칼케돈회의에서 결정된 교리가 개혁 이후 19세기까지 그리스도의 위격 교리에 중대한 변화를 초래하지 않았다. 개혁파 신학은 성육신 후에 양성의 제 특성이 그리스도의 한 위격으로 귀속될 수 있다고 믿었다.
2) 18세기 말이 되면서 좀 더 가깝게 역사적 예수에 대한 연구를 하였다. 소위 인간학적 관점에서의 인간 중심적인 기독론이었다. 초자연적 그리스도가 인간 예수에게 자리를 내주게 되었다. 양성 교리가 신적 인간 교리로 대체되었다. 프리드리히 슐라이에르마허(F. Schleiermacher)는 예수님이 한낱 인간이지만 자연적 개발에 의해 이룩한 그의 무한한 신의식 때문에 하나님의 아들로, 곧 신성과 일치한다고 보았다. 헤겔은 그리스도의 성육신을 단지 인종적 발전 과정의 최고 단계로 보았다.
3) 오늘날의 기독론은 근대의 범신론적 내재성 관념에 기초하여 종종

자연주의적 방식으로 서술되고 있다. 현대 신학에서 그리스도의 양성 교리는 자취를 감추었고 신인간의 범신론적 동일시가 자리를 잡았는데, 근본적으로 인간은 신적 요소를 포함한 신적 인간이며 모두 다 하나님의 아들로서 그리스도와 정도 차이만 있을 뿐이라는 신인간의 연속성의 원리에 기초하고 있다. 그러나 오늘날 신학계의 일단은 양성 교리로 복귀하려는 조짐이 있다.

2. 야곱의 12지파(창 25-50장)

1. 야곱의 성경적 위치

야곱(Jacob)은 창세기의 25장에 처음 그 이름을 드러내고 50장에서 죽음을 맞이하여 장사 지내는 것으로 끝마치고 있는데, 창세기 50장 가운데 절반을 차지하고 있으며 야곱의 기사는 창세기의 핵심을 이루고 있고, 야곱 그 이름 자체가 때때로 이스라엘을 뜻하기도 한다(신 32:9 ; 33:28 ; 시 44:4).

야곱의 부모는 이삭과 리브가이며 출생 시에 쌍둥이 형 에서의 발뒤꿈치를 잡고 나왔고(창 25:26), 후에 장성하여서 팥죽 한 그릇으로 형의 장자권을 사고(25:33), 눈이 어두운 아비 이삭을 속여서 에서의 복을 취하기도 하였다(27:23). 야곱의 사전적인 의미는 히브리어인 아케브(뒤꿈치)에서 유래되었으며, 그 의미는 발뒤꿈치를 잡다, 빼앗다라는 뜻이다. 더 나아가 영미권에서는 야곱과 같은 사람이라고 말하면 '속이는 자'라는 뜻이라고 한다.

여호와께서는 야곱이 태어나기 전에 그의 어머니 리브가에게 큰아들이 작은아들을 섬기게 될 것이다(창 25:23 ; 롬 9:12)라고 계시하여 주었다. 이의 성경적인 의미는 칼빈주의자(5대 교리 : TULIP)들에 의하면 하나님의 무조건적 선택(Unconditional Election)이라고 한다. 이는 하나님께서 인간을 구원하실 때 하나님의 주권적 선택에 의한 일방적이고 무조건적으로 예정하신 것이라는 것이다.

즉, 하나님의 절대 주권적 선택은 로마서 9장 10-13절(야곱은 사랑하고 에서는 미워하셨다), 로마서 9장 20-22절(토기장이의 비유), 신명기 7장 7-8절

(이스라엘 민족을 선택) 등을 통하여 밝혀 주고 있다. 이러한 하나님의 무조건적인 선택은 전적으로 타락한 인생을 구원하시는 하나님의 최선의 방편으로서, 하나님의 절대주권은 긍휼을 베풀 자에게 긍휼을 베푸시며 강퍅(剛愎)하게 할 자를 강퍅하게 하신다(롬 9:18 ; 11:32). 죄인을 구원하시는 하나님의 선택이 인간의 행위에 근거한 조건적인 선택이 되었다면 우리 가운데 아무도 하나님을 아버지라고 부를 수 있는 자가 없다는 것이다.[7)]

2. 야곱의 피신 및 결혼

야곱은 어머니 리브가의 도움으로 형 에서로부터 위험을 피하기 위하여 하란의 외삼촌 라반의 집으로 피신하게 된다(창 27:41–28:5). 브엘세바에서 하란으로 가던 야곱은 해가 저물어 루스(벧엘, house of God)라는 곳에서 돌베개를 베고 잠을 자는 중에 그곳에서 천사들이 오르락내리락하던 사다리(계단 : ladder, 땅과 하늘을 이어 주는 역할–하나님과 인간 사이의 중보자)를 꿈속에서 보았다(28:10–17). 사다리 꼭대기에는 여호와께서 서 계셨는데 여호와께서는 야곱이 어느 곳에 있든지 그를 보호하여 주실 것이며 반드시 가나안 땅으로 되돌아오게 하겠다고 약속하셨다. 이때 야곱은 여호와께서 진실로 야곱을 지켜 주시고 먹고 입을 것을 주신다면 하나님을 인정하고 주신 것의 10분의 1을 드리겠다고 서원하였다(창 28:20–22).

7) 박영춘, "칼빈주의 5대 교리", FTSSC 강의록, 2017, pp.10–21. Total Depravity. 인간의 전적 부패, Unconditional Election 무조건적 선택, Limited Atonement. 제한 속죄, Irresistible Grace. 불가항력적 은혜, Perseverance of Saints. 성도의 견인

야곱의 서원(誓願)	
하나님께 요구한 조건	야곱의 약속
1. 함께하시고 지켜 주시며 2. 먹을 것을 주시고, 입을 의복을 주시고 3. 무사히 고향으로 돌아오게 해 주시면,	1. 하나님으로 인정 2. 기념비로 세운 돌이 하나님의 집이 되고 3. 주신 것 중에 10분의 1을 드리겠다.

하란의 외삼촌 집에 도착한 야곱은 자기가 다른 사람을 속였던 것처럼 외삼촌 라반에게 여러 번 속임을 당하였다. 야곱은 자기가 좋아하는 라반의 둘째 딸 라헬과 결혼하기 위하여 7년 동안 외삼촌을 위하여 봉사해 주었다. 그런데 결혼 첫날밤에 라헬 대신 누이 레아와 속임을 당하여 동침하게 되었다(창 29:15-26). 당시 중동지역에서는 신부가 얼굴 덮개를 쓰고 있었기 때문에 이런 속임수가 가능했다. 라반이 말하기를 형보다 아우를 먼저 주는 것은 우리 지방에서는 하지 않는 것이라고 변명하고, 7일 후에 라헬도 주는 조건으로 또다시 7년 동안 라반을 위하여 대가없이 봉사하게 되었다(창 29:27-30).

3. 12명의 아들과 12지파 탄생

(1) 12명의 아들

야곱은 둘째 라헬을 더욱 사랑하였으나 하나님은 레아에게 총이 없음을 보시고 먼저 태아를 열게 하셨으며 레아를 통해서 르우벤, 시므온, 레위, 유다, 잇사갈, 스블론 6명의 아들과 딸 디나를 낳았다. 레아의 종 실바를 통하여 갓과 아셀 2명의 아들을 낳았다.

그리고 라헬을 통해서는 요셉과 베냐민 2명의 아들을 낳았다. 라헬의 종 빌하를 통하여 단과 납달리 2명의 아들을 낳았다(창 29:31-40). 라헬의 막내 아들 베냐민은 유복자로서 야곱이 고향땅으로 향하던 중 벧엘에서 발행하여 에브랏(베들레헴)에 이르러 출산하게 되나 출산 중에 라헬이 죽게 되는 안타까운 일이 일어났다(창 35:19). 야곱으로부터 태어난 12명의 아들의 어머니와 태어난 순서는 〈표-2〉에 기술되어 있다.

(2) 12지파 탄생 배경

요셉이 17세 때에 채색옷이 입혀지고 아버지 야곱으로부터 각별한 사랑을 받게 되자 다른 형제들이 질투를 하게 되고 급기야 요셉을 은 20개에 이스마엘 상인들에게 팔게 되었고, 요셉은 애굽으로 끌려가게 되었다(창 37:1-28). 요셉이 맹수에게 찢겨 죽었다고 믿었던 야곱은 자신이 죽을 때까지 요셉을 위해 애도할 것이라 맹세하였다(29-35절).

그러나 후에 야곱은 요셉이 살아 있을 뿐만 아니라 애굽을 통치하고 있다는 소식을 들었다(창 45:26). 죽기 전에 아들 요셉을 보기 원했던 야곱은 가나안을 떠나 애굽으로 건너갈 것을 결심하였다. 가던 도중 브엘세바에서 하나님은 야곱에게 큰 민족을 이루어 주겠다고 약속하셨다(46:1-4).

애굽에 도착하여 바로를 만났을 때의 야곱의 나이는 130세 때였다(47:1-12). 야곱이 애굽땅에서 17년을 거주하고 147세 때에 눈이 어두워지고 죽을 때가 가까워 오자 요셉의 두 아들을 양자로 삼고(48:5), 야곱은 그의 오른손을 요셉의 둘째 아들인 에브라임의 머리 위에, 왼손을 장자인 므낫세의 머리 위에 얹고 축복해 주었다(48:8-20). 그리고 아들들을 모이게 하고 12아들들의 장래를 예언하여 주었다(49장). 그 가운데 유다를 이스라엘의 상속자로 약속하였다(10절). 야곱은 자신의 유언대로 죽어서 아브라함과 사라, 이삭과 리브가, 레아가 묻혀 있는 가나안 땅 마므레 앞 막벨라 굴에 장사되었다(49:30).

난해 문제 : 창세기 49장 10절(KJV, 흠정역), 실로가 오실 때까지

실로가 오실 때까지 홀(笏)이 유다를 떠나지 아니하며 법을 주는 자가 그의 발 사이에서 떠나지 아니하시리니 그에게 모든 백성이 모이리로다.

The sceptre shall not depart from Judah, nor a lawgiver from between his feet, until Shiloh come; and unto him shall the gathering of the people be.

개역개정 : 규가 유다를 떠나지 아니하며 통치자의 지팡이가 그 발 사이에서 떠나지 아니하기를 실로가 오시기까지 이르리니 그에게 모든 백성이 복종하리로다.

1) 실로(Shiloh, hlyv) : 여기서는 메시아로 해석하는 것이 다수설. 즉 메시아가 오실 때까지 유다의 왕권이 계속된다는 것. 메시아를 실로의 뜻을 따라 안식을 주는 자, 중보자, 안정을 주는 분 등으로 부르기도 한다.[8] 이스라엘의 지명 중에 실로가 있는데 예루살렘 북쪽 30km 떨어진 '키르베트 세일룬'에 있으며 왕정 이전의 이스라엘의 예배 중심지(삿 21:19). 또한 가나안 땅이 지파에게 분배되기 전 성막이 세워졌을 때 이스라엘의 종교 중심지(수 18:1-22)였다.

2) 홀(규, sceptre) : 왕권, 권력, 통치자의 지팡이 등을 상징. 원래 '홀(笏)'의 뜻은 '홀기(笏記)'의 준말로 혼례나 제례 때 의식의 순서를 적은 글을 말한다. 성경에서 '홀'은 왕권을 상징하기 위한 증표물을 말하는 것이다. 본문을 표준새번역성경에서는 '통치자의 지휘봉'이라고 했으며 현대인의 성경에서는 '왕의 지팡이'로 번역했다. 족장시대에는 이 '홀'(증표)은 그들이 가지고 다니는 지팡이였다(민 24:17 ; 시 110:2).

---

8) 이종윤, 『성경난해 구절 해설』, (서울, 필그림출판사, 2004), p.79.

12지파는 야곱의 12아들에서 레위는 제사장직으로 땅의 분배에서 빠지고, 요셉의 2아들인 에브라임과 므낫세가 각각 1지파로 인정받음으로써 르우벤, 시므온, 유다, 잇사갈, 스블론, 단, 납달리, 갓, 아셀, 에브라임, 므낫세, 베냐민(민 1:20-54)의 12지파가 탄생하게 되었다. 〈표-2〉 참조

〈표-2〉 야곱(Jacob), 이스라엘의 12지파

	야곱의 妻	12명, 출생순. 창 41장	12명, 땅 분배. 민 1장	인침 12명. 계 7	의미와 자손들
1	레아(외삼촌 라반의 첫째 딸)	르우벤 1)	1. 르우벤	1. 르우벤	보라 아들이다 (빌하와 통간)
2		시므온 2)	2. 시므온	2. 시므온	하나님께서 들으셨다
3		레위 3)	제사장/십일조	3. 레위	연합하다. 모세, 형 아론
4		유다 4)	3. 유다	4. 유다	찬양하다.+자부,다말:베레스 갈렙, 다윗, 예수님
5		잇사갈 9)	4. 잇사갈	5. 잇사갈	자비를 베푸소서
6		스불론 10)	5. 스불론	6. 스불론	후한 선물
7	라헬의 종 빌하	단 5)	6. 단		하나님이 심판. 삼손
8		납달리 6)	7. 납달리	7. 납달리	경쟁,다툼
9	레아의 종 실바	갓 7)	8. 갓	8. 갓	행운
10		아셀 8)	9. 아셀	9. 아셀	기쁨과 행복
11	라헬(외삼촌 라반의 둘째 딸)	요셉(의 2아들이 각 1지파씩) 11)	10. 므낫세	10. 므낫세	요셉 : 하나님께서 더하신다
			11. 에브라임	11. 요셉	에브라임 : 여호수아.여로보암 (북왕국왕, 우상 제단 베델과 단에)
12		베냐민(오른손의 아들) 12)	12. 베냐민	12. 베냐민	사울 왕, 바울

* 야곱이 외삼촌 라반의 집에서 라헬을 얻기 위하여 7년, 레아를 얻기 위하여 7년 그리고 양떼를 얻기 위하여 6년간 일하며 총 20년 동안 봉사 후에 많은 자손과 巨富가 되어서 귀향(창 31장). 얍복강에서 天使와 씨름하여 이기고 그때부터 이름을 야곱에서 이스라엘이라 하였다(창 32:28).
* 1차 인구조사(BC 1445年) : 603, 550名, 시내산 계수(민 1:46 광야 여정을 준비 위한 군사 목적)
  2차 인구조사(BC 1406年) : 601, 730名(-1820名), 모압평지(민 26:51 가나안 정벌을 앞두고)
* 20세 이상 싸움에 나갈 수 있는 모든 자를 계수. 총인구는 약 60만×4명: 250만?
* 70명의 야곱 가족이 입애굽(출 1:5)하여 430년 동안 창대하고 강성하여(출 12:40) 애굽에 위협이 되었을 때(출 10:20) 출애굽시켰다. 아브라함과 맺은 언약(출 12:2, 15:5)을 지키신 증거.
* 이스라엘 가운데 이마에 인치심(구원)을 받은 144,000명{12지파에서 단과 에브라임이 빠지고[북왕국의 우상제단 베델/에브라임 지파와 단/단 지파(삿 12장)] 므낫세와 요셉이 추가=12지파×1000×신약의 12사도}:계 7:5-8과 셀 수 없는 큰 무리가 나와 흰 옷을 입고 손에 종려 가지를 들고.

4. 12지파의 상세

(1) 12지파(支派: Tribe)의 뜻

1) 12의 숫자

지파라는 것이 성경에 처음 기록된 것은 창세기 49장 28절(이들은 이스라엘의 십 이 지파라 이와 같이 그들의 아비가 그들에게 말하고 그들에게 축복하였으되 곧 그들 각인의 분량대로 축복하였더라)에 있다. 12라는 숫자는 12지파, 12사도(마 10:2), 12개의 대문, 기초석, 문(계 21: 12, 14, 21) 등과 같이 여러 곳에 12라는 숫자를 볼 수 있는데 이것이 무엇을 뜻하고 있을까.

12는 3×4=12로 앞의 3은 신성하고 완전한 하늘의 수(성부, 성자, 성령의 3위 1체, 하늘이 3층천 등)요 뒤의 4는 물질적이고 유기체적인 수(동,서,남,북)라고 한다. 일년이 12달인 것처럼 12는 완전함을 나타내고, 12지파는 이스라엘 전체와 결속 등을 의미한다.

2) 지파

지파는 군주제 이전의 이스라엘 사회의 제1차적인 구분으로, 각 혈연 집단의 공통적인 이름으로 시조로서의 조상 즉 야곱과 이스라엘 그리고 그 아들이나 손자들의 후손으로 여겨졌다. 이스라엘 지파들은 자치적이었고 관할지의 경계선들과 성읍들의 목록에 의하여 구획되는 것으로 서로 다른 크기의 영토를 갖는 단위들이었다(수 13-21장).

지파들의 수, 이름, 서열은 다른데 이것은 이스라엘 역사의 서로 다른 면을 나타낸다. 표준적인 것은 열둘이다(창 49장, 민 1, 26장). 그러나 신명기 33장에서는 모세의 축복에서 11명(시므온 생략)을 기록하고 있다.

3) 12지파의 위치[단 지파는 처음 분배 받은 남쪽 소라 땅에서 블레셋을 몰아내지 못하고 북쪽 라기스(단)으로 이주(삿 18장)].

〈그림-1〉 12지파의 분배 지역

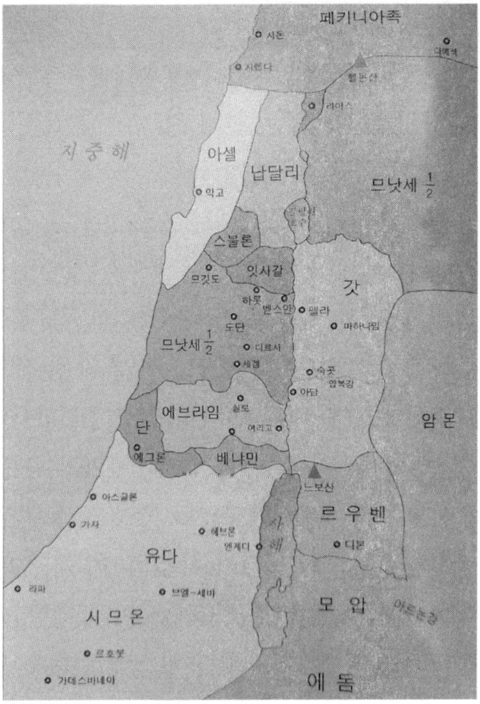

4) 12지파의 제1차와 제2차 인구조사 사이의 증감을 나타내면 다음과 같다.

〈표-3〉 12지파의 인구 증감

지파	제1차 인구조사 (시내광야, 민 1장)	제2차 인구조사 (모압평지, 민 26장)	인구 증감 (↑증가, ↓감소)
르우벤	46,500	42730	↓2,770
시므온	59,300	22,200	↓37,100
갓	45,650	40,500	↓5,150
유다	74,600	76,500	↑1,900
잇사갈	54,400	64,300	↑9,900
스불론	57,400	60,500	↑3,100

므낫세	32,200	52,700	↑20,500
에브라임	40,500	32,500	↓8,000
베냐민	35,400	45,600	↑10,200
단	62,700	64,400	↑1,700
아셀	41,500	45,400	↑11,900
납달리	53,400	45,400	↓8,000
총 계	603,550	601,730	↓1,820

상기에서 보면 제1차 조사와 2차 조사 사이에 큰 변화를 보인 지파는 므낫세 지파로 20,500명이 증가했고, 제일 많은 감소를 보인 지파는 시므온 지파이다. 시므온 지파가 이렇게 37,100명이나 감소된 것은 바알브올(모압 도시 싯딤 동남쪽 4km)에서 모압 여인과 음행 및 바알신 숭배 사건 때문에 시므온 지파가 염병으로 가장 많이 죽었기 때문이다. 그 당시 시므온 지파의 두령 시므리가 사건의 주모자였다(민 25:14).

전체적으로 보면 1차 조사와 2차 조사 사이의 기간 40년 동안에 인구의 변화는 겨우 1,820명 밖에 차이가 없는데 이는 시내 광야에서 조사할 당시의 이스라엘 자손은 다 죽고 광야 생활 가운데 새로 태어난 숫자이다. 광야 생활 중에 하나님을 원망하고 불평함으로써 하나님께서 그들의 원망을 들으시고, "너희 시체가 이 광야에 엎드러질 것이라 너희 이십 세 이상으로 계수함을 받은 자 곧 나를 원망한 자의 전부가 여분네의 아들 갈렙과 눈의 아들 여호수아 외에는 내가 맹세하여 너희로 거하게 하리라 한 땅에 결단코 들어가지 못하리라"(민 14:29-30)라고 하신 말씀을 이루셨지만, 이스라엘 백성을 긍휼히 여기사 죽은 만큼 또 채워 주시는 은혜를 베풀어 주신 것이다.

5. "인맞은 자들이 십 사만 사천이니"(계 7:4-8), 단 · 에브라임 지파가 빠진 이유

(1) 인 맞은 144,000명

요한계시록 7장은 7년 대환난 가운데 견딜 수 있는 자가 과연 누구냐(계 6:17)에 대한 요한의 질문에 대한 답으로 이스라엘 지파 중에서 인 맞은 자 144,000명과 흰 옷 입은 무리들로서, 이견이 있을 수 있으나 선택받은 신실한 성도로 보는 견해가 적절하다고 본다. 144,000명의 구성은 유다 12지파에서 각 12,000명씩 인 맞은 자의 숫자로 지파의 이름은 유다, 르우벤, 갓, 아셀, 납달리, 므낫세, 시므온, 레위, 잇사갈, 스불론, 베냐민, 요셉으로서, 땅 분배 시의 12지파 중에서 레위와 요셉이 들어 왔고, 단과 에브라임이 빠졌다. 〈표-2〉 참조.

144,000은 12지파를 상징하는 12에 12배를 하고 거기에 1000을 곱하여 만든 상징적인 숫자로 12는 완전을 상징하는 숫자로 생각되기 때문에 이 144,000명은 완전한 하나님의 백성을 나타낸다.[9)]

(2) 단과 에브라임이 빠진 것

단 지파는 지파적인 우상숭배를 하였고(삿 18:31, 미가 조각상 숭배) 길의 뱀이요 첩경의 독사(창 49:16-18)라고 예언되어 있다. 에브라임 지파는 느밧의 아들 여로보암이 우상 종교를 만들어 벧엘과 단에 금송아지를 섬기도록 한 죄가 에브라임 지파였기에 북이스라엘을 '에브라임아' 라고 책망한 곳이 많이 있고(왕상 11:26 ; 대하 25:7 ; 호 4:17 등) 그 때마다 에브라임이 북이스라엘을 창건하여 우상 죄를 지은 장본인이라는 것을

9) 日本聖書協會, 『The Study Bible』(東京, 財團法人 日本聖書協會, 2006), p.462.

나타내 주고 있다. 이 두 지파를 구원의 수 144,000에서 도말한 것은 우상 죄에 대한 하나님의 진노와 심판을 교회에게 알려 준 것으로 사료된다.

(3) 레위 지파가 인 맞은 이유

레위 지파는 가나안 정벌 시에 성막 봉사의 제사장 직분을 받고 그 대신 땅의 분깃을 얻지 못하고 십일조가 저들의 분깃이었다. 그러나 천년 세계에서는 레위 지파가 또다시 성막 봉사를 할 필요가 없게 된 것이다. 그 이유는 예수께서 십자가를 지신 후에는 성막 봉사가 필요 없게 되었고 예수께서 친히 지상에 강림하셨기 때문이다. 이런 이유로 레위 지파에게도 기업의 수에 들어가게 하시기 위해 인치신 것이다.[10)]

(4) 요셉의 이름으로 인치신 이유

요셉 지파에게는 두 분깃을 주기로 약속이 되어 있었다(창 48:22). 가나안 정벌 시에는 에브라임과 므낫세의 이름으로 두 분깃을 주었지만, 7년 대환난 후의 천년 세계에서는 에브라임이 우상숭배 죄로 탈락되었기에 요셉의 이름으로 인쳐서 두 분깃을 주게 된 것이다. 가나안의 기업은 천년 세계의 기업의 예표인 것으로, 므낫세와 요셉으로 약속대로 두 분깃이 주어진 것이다.

10) 요지범, 『성경 난해와 요해 연구』(서울, 성광문화사, 1990), p.36.

3. 하나님의 천지창조(창 1:1)

1. '태초'의 의미와 창조 목적

태초에 하나님이 천지를 창조하시니라[In the beginning God created the heaven and the earth.](창 1:1)

이 성경 구절은 하나님께서 천지와 만물을 창조하신 것을 선언한 것으로 어느 종교에서도 이러한 사실에 대하여 기록한 것이 없음을 볼 때 매우 존귀한 말씀이다. 창조의 순서를 보면, 첫째 날 : 빛, 둘째 날 : 궁창, 셋째 날 : 땅과 식물, 넷째 날 : 일월성신, 다섯째 날 : 물 속 생물과 조류, 여섯째 날 : 동물과 사람, 일곱째 날 : 안식의 순서였다. 그러나 땅은 이미 첫째 날부터 존재하고 있었다. 셋째 날에는 물을 한 곳에 모으고 그 속에 있는 땅을 드러내게 했을 뿐이다. 따라서 땅은 빛과 물과 함께 첫째 날에 창조되었다.

"저녁이 되며 아침이 되니"(1:5)라는 말은 태양이 창조된 넷째 날 이후부터 있는 것이 아니고 첫째 날부터 이미 있었다. 또 과연 이 엿새 동안의 길이는 똑같다고 보아야 할 것인지 아니면 다른 것인지 다음의 3학설이 있다.[11)]

1) 시대설(요세푸스, 오리겐)－창조 기사의 날은 24시간이 아니라 길이를 알 수 없는 장구한 시대를 가리킨다는 설. 오랜 지구론.

11) 이병삼, 『성경난해구절 해설시리즈 1』(서울, 도서출판 영문, 2002), pp.20－21.
12) 양승훈 외 13인, 『기독교와 창조론』(경기도 파주시, 일용할 양식, 2014), p.131.

2) 일자설(칼빈, 루터) - 현재의 길이와 동일한 24시간이라는 설. 젊은 지구론.

3) 혼합설(어거스틴, 바빙크) - 전 3일은 시대설에 해당되고 후 3일은 일자설에 해당된다는 설.

상기의 3학설과 연관하여 우리는 어떻게 해석하는 것이 좋을지 생각해 볼 필요가 있다. 출애굽기 20장 8-11절을 보면 "엿새 동안은 힘써 네 모든 일을 행할 것이나 제 칠일은 너의 하나님 여호와의 안식일인즉 — 아무 일도 하지 말라"는 말씀에서 하나님은 24시간을 하루로 하는 6일간의 노동 후 1일 24시간을 하루로 하는 안식일을 규정하고 있다. 즉 7일의 하루를 똑 같은 24시간으로 보는 것이다. 성경 해석상 특별히 비유나 상징적으로 쓰였다는 문학적 증거가 없으면 모든 단어는 문자 그대로 해석하는 것이 마땅하다고 본다. 그러므로 첫째 날의 '날'을 히브리 원어(욤, yom)를 1일로 보지 않고 한 세대, 한 기간, 한 시대로 해석하여 천지 창조가 몇 억년 걸렸다고 주장하는 것에 이론을 제기할 수 있다.

우리 믿는 자들은 성경의 역사를 〈표-1〉에서 보여 주는 바와 같이 약 6025년[제임스 어셔(James Ussher, 1581-1656) 감독의 천지창조 연대 BC 4004을 고려[12]]으로 보면 된다. 성경은 초과학적인 것으로 과학보다 더 정확하다고 볼 수 있다.

태초의 뜻의 해석과 관련하여 테베(Thebes: 이집트의 룩소 부근 지명)에서 나온 이집트 창조 문헌은 아문(Amun) 신이 태초에 혹은 '가장 먼저' 생겨났다고 한다. 이집트 학자들은 이 말이 추상적인 개념이 아니라 첫 번째 사건을 언급하는 것이라고 한다. 마찬가지로 '태초(beginning)'라고 번역된 히브리어는 보통 특정 시점이 아니라 시작 기간을 가리킨다. 이것은 그 시작 기간이 1장의 7일이라는 점을 시사한다.[13]

---

13) John H. Walton 외 3인, 『The IVP 성경 배경 주석』, [The IVP Background Commentary], 신현기 펴냄(서울, 한국기독학생회출판부, 2012), p.38.

즉 하나님께서 이 하늘과 땅의 모든 만물을 만드시는 창조 사역을 태초에 하셨다는 것으로, '태초에'는 천지와 만물의 시작이 있는 처음의 시점을 말하고 있다. 이 처음의 시점은 시간을 초월한 절대적인 시점을 의미한다. 그런데 우리가 천지와 만물을 다 이루는 이 처음의 시점을 이해하기 위해서 즉, 하나님이 천지와 만물을 다 만드시는 창조 사역은 '처음'이라 '그 안에서' 있었던 것이다.

즉, 하나님께서 천지를 창조하셨다는 것은, 바울이 "만물이 주에게서 나오고 주로 말미암고 주에게로 돌아감이라"(롬 11:36)라고 말했듯이 만물의 기원이 '주에게서 나왔다'는, 주에게서 시작되어졌다는 것을 말해주고 있는 것과 같다. 그러므로 바울은 "만물이 그에게서 창조되되 (…) 그를 위하여 창조되었고"(골 1:16)라고 했다. 그리고 만물을 지으신 하나님께서 만물을 지으신 목적을 이루시기 위하여 세상 가운데, 곧 하나님의 자기 백성 가운데 오셨다. 그분이 성육신하신 그리스도이시다. 그리스도라고 하는 분인 예수님의 탄생은 말씀이 육신이 되어 자기 백성들에게로 오신 것이다(마 1:20-25 ; 요 1:14).[14]

하나님은 왜 천지를 창조하시고 인간을 만드셨을까? 하나님의 영광을 드러내기 위한 것이다. "무릇 내 이름으로 일컫는 자 곧 내가 내 영광을 위하여 창조한 자를 오게 하라 그들을 내가 지었고 만들었느니라"(사 43:7). "이 백성은 내가 나를 위하여 지었나니 나의 찬송을 부르게 하려 함이니라"(사 43:21). "하늘이 하나님의 영광을 선포하고 궁창이 그 손으로 하신 일을 나타내는도다"(시 19:1).

또한 하나님이 우리를 창조할 때에 우리의 완전함이 알려지고 사랑받을 수 있도록, 즉, 우리의 영광이 실현될 수 있도록 창조하셨다. 피조물들의 행복은 하나님의 영광과 긴밀하게 연결되어 있으며 인간이 하나님께 영광을 드릴 수록 그의 공로와 행복 또한 증가된다. 하나님은 당신의

14) 윤사무엘, 「구약주제연구3장 하나님의 창조사역」(서울, FTSCC, 2019), p.7.

선하심에 대한 많은 시험을 전해 주시는데, 인간에게 선사하는 선(善)이 클수록 그분의 영광 또한 더욱 증진한다. 이 두 가지 목적 간의 질서에 대해 묻는다면 하나님을 영광스럽게 해 드리는 것이 우선적인 목적이며 이 목적을 향해 인간 존재의 행복이 방향지워진다는 것이다.[15)]

2. 하나님의 창조 사역에 대한 진화론[16)]

(1) 찰스 다윈의 진화론이 등장하기까지 있어 온 진화론 사상

현세에서 진화론이 세상의 존재 이론의 정설로 인정되고 있다. 원래 다윈의 진화론을 정설로 보고 있다. 그러나 진화론은 가설에 입각하여 주장한 것이다.

루돌프 볼트만은 성경의 비신화(실재론적 해석), 초월적인 이야기가 성경에 들어 있다고 했는데, 기독교인은 이를 역사적 사실로 인정한다. 예수님은 바다 위를 걸을 수 있는데 이것을 신화로서 얘기하고 있다. 그러나 신화를 거짓이라고 말하지 않으며 거기에 담겨 있는 것을 해석하여야 한다.

학생들은 어렸을 때는 전해 주는 대로 믿는다. 어떤 학생은 사실이 아니고 전설적인 얘기로 믿고 있으며, 절대적 가치를 두고 있지 않고 교회에서만 하는 얘기로 치부한다. 교회는 하나님의 창조 사역에 대하여 잘 가르쳐야 한다. 따라서 진화론의 허구성을 신학을 공부한 교역자들이 책임을 지고 가르쳐야 한다.

아낙시만더(주전 600년경)는 인간은 처음에 물고기와 유사했을 것이라

---

15) José Moralez(호세 모랄레스), 『창조론』, [Ediciones Universidad de Navarra], 윤주현 옮김(서울, 카톨릭문화총서, 2015), pp.255-256.

16) 윤사무엘, "구약 주제 연구 4장 하나님의 창조 사역에 대항하는 진화론"(서울, FTSCC, 2019), pp.3-13.

고 했다. 뭍으로 나와서 인간으로 진화하는 긴 과정이 있을 것이다. 츄안체(기원전)는 생물들은 각기 고유의 다양한 종을 이루고 있는데 오랜 세월 동안 변종의 과정을 겪게 된다고 했다. 버나드파루시나 린네는 종속과목 등을 분류하여 진화론을 도와 주었다.

초기 진화론자인 콩트부퐁의 초기 진화론이나, 에라스무스 다윈(찰스 다윈의 父)은 환경에 의하여 진화가 된다고 하였다. 시간의 흐름 속에서 후천적으로 진화한다. 낙타의 무릎이 왜 두텁게 되었나. 야구 선수는 그들이 쓰는 팔과 쓰지 않는 팔이 다르다. 발달에서 발전하게 된다. 생물의 실체의 변화는 변종되고 진화되는 상태에 있다고 본다.

장 라마르크는 동식물은 환경에 적응하기 위하여 자신의 모양을 변화시킨다고 했다. 기린은 목이 긴데 높은 곳의 잎사귀를 먹기 위하여 이렇게 된 것이다. 이런 학설은 당시 호응을 받지 못했지만 진화론에 영향을 주었다.

1859년 『종의 기원』을 다윈이 발표하였다. 이때에 사람들이 극구 반대하지 않고 많은 사람들로부터 호응을 받았다. 그래서 많은 사람들이 신앙으로부터 떠나가게 하는 역할을 했다. 사탄의 역할을 하였다. 시험자로, 미혹하는 자로 쓰이게 되었다. 갈라파고스군도(화산도)에 이르렀을 때에 어떤 특징을 보고 각 섬에서 존재하는 식물을 볼 때 서로 변이가 있는 것이라는 결론을 내렸다. 같은 종이면 똑같아야 되는데 서로 차이가 있는 많은 변이가 있음을 발견하였다. 지구에 존재하는 생물체는 번식한다. 약육강식의 양태로 존재하여 힘 있는 사만이 살아남으면서 진화가 이루어지고 있다. 인간, 원숭이 이런 유인원이 존재한다. 본래의 종이 있는데 이곳에서 인간이라는 종, 유인원이란 종이 나오는 것이다. 이런 종들은 세월의 흐름 속에서 많은 변화를 겪으면서 진화하고 있다는 것을 책으로 써낸 것이 『종의 기원』이다.

인간이 하나님의 창조물이 아니고 자연 속에서 진화된 것이구나 하는 자연적 인간의 존재론이 태생하게 되었다. 인간의 조상은 유인원의 조상과 같은 것이다.

(2) 다양화된 진화론

1) 다윈 이후의 종의 기원을 추종하는 추종론자들이 있었고 이들은 지질 연대의 지구의 나이에 의해서 인류의 진화를 주장하였다. 그들은 지구의 생성 시기를 다음과 같이 나눈다.

- 약 45억 년 전 : 명왕누대(지구가 생성된 최초의 시대)
- 약 35억 년－25억 년 전 : 시생누대
- 약 25억 년－5억 4천 2백만 : 원생누대
- 5억 4천 2백만－현재 : 현생누대[고생대－중생대－신생대 제3기 7천만 년 전 영장류(포유동물)가 등장]
- 800만 년 전 유인원에서 인류의 조상으로 갈라졌고
- 700－600만 년 전에 인류의 두개골 발견(침팬치와 비슷한데 얼굴과 이의 구조는 인류와 비슷하다, 헬란트로푸스 차덴시스가 등장했으며)
- 오스트랄로피테구스(Australopithecus) : 남방에서 발견, 직립보행, 간단 도구
- 260만 년－20만 년 전 : 빙하기와 온난기를 반복하면서 호모 일렉투스가 출현. 불(火) 사용, 언어 사용, 베이징에서 발견 50－20만 년 전
- 제4기에 속하는 홍적세(洪積世, Pleistocene epoch, 약 260만 년－1만 년 전) : 이 플라이스토세 시대에 현생 인류로의 진화가 있었다고 본다. 이 시기에 화산활동이 뚜렷하게 나타나고, 빙하시대가 시작해서 4번의 빙하기와 3번의 온난한 간빙기가 반복이 되는 과정에서 인류의 조상이 나타났으니, ① 호모 에렉투스(곧게 선 사람, 불과 언어 사용, 베이징인, 자바인, 50만 년 전에서 20만 년 전), ② 호모 사피엔스(슬기 있는 사람, 시체 매장에 의해 사후 세계에 관심을 가졌

다고 봄, 네안데르탈인(독일), 40만 년 전에서 20만 년 전), ③ 호모 사피엔스 사피엔스(슬기 슬기 있는 사람, 오늘날 인류와 직접적인 관련이 있는 종으로 활과 창과 낚시 바늘 등 도구를 사용하였으며, 동굴 벽화를 남김, 크로마뇽인(프랑스), 40만 년 전에서 1만 5천 년 전)의 출몰이 있는 진화의 과정이 있었다고 보는데, 바로 오늘날의 우리가 있게 되는 인류의 진화라고 본다.

2) 우주의 진화론 : 시공간, 물질, 에너지가 구분이 없이 하나로 존재한 때가 있었다. 무에 가까운 점 하나로 있는 것이 팽창하여 폭발하는 것, 빅뱅(Big Bang)은 140억 년 전으로 본다. 이후에 중력이 물질을 끌어 당겨 1,000억 개의 은하수가 생성되고, 이들이 1,000억 개의 별들을 형성한다. 이런 방법으로 핵융합이 끊임없이 발생하고 태양이 탄생하고 그 태양 주위를 맴도는 기체 구동은 원시 행성체를 만드는 재료가 되고, 원시 행성체가 자리 잡는데, 액체 상태로 물이 존재하고 그 물은 원시 행성체의 바다가 되고 바다에서 육지에 올라오는 포유류가 생기고, 그 포유류 중의 하나는 생명체로 진화하는, 곧 인간으로 진화되는 과정이 있었다. 인간은 우주와 지구의 진화와 함께해 왔다.

3) 기독교적 진화론 : 창조론과 진화론의 병행 이론이다. 창조적 진화론, 창조 후의 생물과 인간에게 진화의 이유가 있나. 비(非) 그리스도인은 하나님의 창조론을 말하지 않는다. 자신을 그리스도인이라 하는 사람들이 말하는 것이다. 하나님의 창조 사역을 부정하지는 못하겠고 또한 진화론도 부정하지 못하겠다는 사람들이 주장하는 것으로, 서로 병합하여 존재할 수 있는 방안을 찾아보자는 것이다. 하나님의 천지창조 사역을 믿고 그 창조 이후에 만물들에게는 진화의 과정이 있다고 보는 것이다. 창조와 진화의 병행이다. 진화

론을 과학으로 인정하면서, 또한 하나님의 창조도 믿는 것이다. 교묘한 사탄의 작전인데 많은 기독교인들이 이것을 믿고 있고 창조적 진화론의 굴레로 들어가게 된다. 그 기저는 진화론이므로 이에 대한 대비도 해 나가야 한다.

(3) 대항하는 진화론에 대적하는 무기

창조적 진화론은 그럴싸한 이론으로 일견 받아들일 수 있는 것으로 보이지만 이는 사탄의 계략이다. 왜냐하면 창조는 하나님께서 각각 다른 종을 원래부터 별도로 창조한 것이기 때문이다. 종의 진화와 분화를 논하는 것은 성경에 나오지 않는 사항으로 인정받을 수가 없다.

누가복음 4장 13절 "마귀가 모든 시험을 다 한 후에 얼마 동안 떠나니라"에서, 얼마 동안이란 말은 40일 시험 후에 예수님으로부터 쫓겨가 있게 된다. 헬라어 '아크리 카이루'(a[cri kairoú)의 의미는 때가 가까울 때까지, 기회를 얻을 때까지의 뜻으로, 사탄은 기회를 얻으면 다시 공격한다는 것이다.

사단의 특성은 죄의 특성과 같다. 아벨(동물)의 제물은 받고 카인의 제물(농산물)은 안 받았는데(창 4:5) 이는 믿음 없이 드린 제물이기 때문이다. 죄는 틈만 나면 죄를 저질러지도록 하는 특성이 있다. 사탄은 우리를 창조주 하나님으로부터 떠나가게 유도한다. 진리에 굳게 서 있으면 대항할 힘을 가지게 된다. 사단은 약한 자들을 이용하여 하나님의 믿음에서 떠나게 한다. 우리가 이러한 사단에 맞서 싸워야 한다.

여자의 후손으로 오는 메시아가 뱀의 머리를 부수도록 약속하셨다. 예수는 십자가에서 죽으시며 패배한 듯하나 부활 승천함으로 승리하신 것이다. 사단은 예수를 공격할 힘을 갖지 못하고 있다. 생명의 주로서 하나님께 대하여 살아 있는 자로 있게 하는 능력이 예수에게 있는 것이다. 그리스도인들은 마귀에 대적할 수 있는 능력이 있는 것이다.

☞ 다윈의 진화론자들을 무너뜨릴 수 있는 방법

知彼知己 百戰不殆(지피지기 백전불태, 『손자병법』 모공편)

첫째, 다윈의 진술

그의 책 『종의 기원』 후반부에서 "내(다윈)가 발표하는 이번의 연구는 필연적으로 불완전할 것이다, 나는 몇몇 문헌들에 대하여는 제시를 할 수 없었다. 몇몇 틀림없이 오류가 드러날 것이다"라고 하였다. 그의 글에서는 "아마도 무엇일 것이다"라는 추정(가정)을 많이 하였다. "나의 생각은 무엇 무엇일 것이다"라는 것을 800회 이상 썼다. 따라서 진화론은 가정이고 허구이다. 성경은 가설이 아니고 "되었다"로 명확하게 말씀하신 것이다.

둘째, 찰스 다윈의 『종의 기원』에서 보는 소진화와 종분화의 주장에서 보게 되는 진화론의 오류이다.

(1) 그는 같은 종 내에서의 작은 변이(진화론의 소진화)가 쌓여서 다른 종이 되는 대진화로 나아간다고 주장하나, 돌연변이나 유전자 변형에 의한 변이(변종)에서도 같은 종 내에서만 있는 일로 다른 종에서는 일어나지 않는다. 결국 소진화는 종이 변화하지 않는 것을 나타내는 것이므로 진화란 말을 쓸 수가 없다.

(2) 또한 종 분화에 의한 진화를 말하나, 종에서 변이가 나오는 것으로 종은 변하지 않으며, 그 종의 질도 변하지 않는다. 가령, 사자와 호랑이를 접목시켰을 때 라이거가 나오는데, 라이거+라이거가 접하면 새끼가 나오지 않는다. 노새는 나귀와 당나귀의 접목인데, 노새가 새로운 종이 된 것이면 노새+노새=노새가 나와야 한다. 그렇지 않다면 이것은 종의 분화가 아니다.

모든 생물은 지구의 식량이 부족할 정도로 번식하지 않는다. 강자의 개체가 살아남으면서 그들이 환경에서 진화해 간다. 그러나 생태계는 복원력이 있고, 자연 스스로 조종하는 기능을 갖고 있다.

변화가 진화를 뜻하는 것이냐? 야구 우완 투수의 오른팔이 발달(공을 던지기 알맞은 신체적 조건으로)하는 것은 진화가 아니다. 신체적 변화가 있다고 하여 진화론적인 것이냐면 그렇지 않다.

진화론자들은 진화론을 발전시키려 해 왔다. 진화론자들은 50년 동안이나 멘델의 유전법칙을 인정하지 않았다. 그에 그치지 않고 허구를 더했는데, 대표적인 사람이 네덜란드의 휴고 드브리스라는 식물학자였다. 그는 달맞이꽃으로 실험하던 중 새로운 종의 식물을 발견했다고 생각했다(생각). "새로운 종은 갑자기 자발적으로 단계를 건너뛰며 발생했고 후손을 건너뛰었다"고 했다. 이 이론은 돌연변이 이론(mutation theory)으로 불렸다. 그러나 가정된 새로운 종이란 동일한 종 안에 다른 변종일 뿐이라는 사실이 밝혀졌을 때, 그의 이론은 허망한 종국을 맞이하였다. 돌연변이의 이론은 추방되어야 한다.

(3) 찰스 다윈은 그 자신이 종의 기원에서 기원을 말하지 않았다.

다만 변이를 말했을 뿐이다. 『종의 기원』에서 보듯이 책의 제목이 『종의 기원』이면 기원을 말했어야 한다. 기원을 설명하지 못하고 어떤 과정에서 분화가 있고 변화가 있다는 것을 말했다. 그가 관찰한 것은 진화가 아니고 변이(變異)였다. 다른 종으로 변이는 없다.

(4) 바이스만은 쥐로 시험하여 허구성을 증명.

독일인으로서 유전학의 선구자로 꼽히는 아우구스트 바이스만(August Weismann, 1834-1914)의 실험은 진화론의 허구성을 증명한다. 바이스만은 901마리의 쥐를 사용하여 쥐 꼬리를 잘라 5대에 걸쳐 실험하여 라마르크의 용불용설이 입증되지 않음을 증명했다. 그 쥐의 꼬리를 자르고 그 쥐가 새끼를 낳고, 5대에 걸쳐서 꼬리 자른 쥐와 교배하여 보았는데, 꼬리가 없어진 쥐가 나오지 않았다. 용불용설이 후천적으로 영향을 주는 것으로, 기린이 나무의 잎을 따먹으려고 목을 빼는 데서 목이 길어졌다고 하면, 다른 동물에서도 발달하여야 하는데 그렇지 않다. 신체 일부가 변형되어도 후손에는 영향이 없다. 라마르크의 학설(용불용설: 라마르크가 제시한 진화의 원리로, 많이 사용하는 기관은 발달하여 다음 자손에게 전해진다는 내용. 즉, 후천적으로 얻은 형질이 유전되어 진화가 일어난다는 내용이다. 예를 들어, 현재 긴 목을 가진 기린은 진화한 형태라고 본다)이 부인된다.

(5) 멘델의 유전법칙이 진화론을 깨뜨렸다.

"개인이 받은 유전인자를 제외하고는 어떤 다른 인자도 자손에세 진달해 줄 수 없다는 것은 지금 생물학에서는 단순한 법칙에 불과하다. 생명체는 자신이 물려받지 않은 어떤 유전자도 후손에게 물려 줄 수 없다."[17] 이는 환경의 변화에 따라 진화한다는 다윈의 이론에 자물쇠를 채웠다. 이 멘델의 법칙은 다윈의 이론이 발표된 지 50년 후에나 인정받게 되었다.

(6) 세인트헬레나화산 폭발은 지질연대에 의한 지구의 나이에 의한 진화론을 부정한나. 세인트헬레나화산은 1980년 5월 18일 본격적으로 폭발이 일어났다. 그 해 3월부터 폭발 징후가 있었는데 폭발 후 2,950m에서 2,550m로 400m나 낮아졌다. 이 화산 폭발로 지질학자들이 수천만 년이 걸린다고 주장했던 그랜드캐년 같은 지층이 단 3일 만에 형성된 것이다. 지구의 나이가 몇 십억 년이라는 것은 참으로 터무니없는 주장이다. 단 3일만에 그랜드캐년과 같은 지층이 형성되었다. 이러한 진화론은 과학적 증명도, 자연적 증명도 받아들이지 않는 맹신이다. 지구 나이가 45억 년이니 하는 것은 다 허구일 수가 있다. 이런 것은 가설인데 가

---

17) 유종호, "지구의 에너지와 생명체"(교과서 진화론 개정추진위원회 www.str.or.kr, 2012. 11. 1)

설은 가설이다.

(7) 진화론이 갖고 있는 문제점.

동일한 진화가 여러 곳에서 일어나야 되는데 실제로 일어나고 있지 않다. 모든 시대에 일어나야 되는 진화이어야 한다. 그런데 그런 진화는 없다. 초기 인류에서 현대 인류까지 인간의 과정도 존재하여야 하는데 없다. 아메바에서 사람으로 진화할 때까지 무수한 중간 단계의 분화된 것이 존재하여야 하는데 그런 화석들이 없다. 우주의 진화 또한 없다. 우주의 시공간, 에너지 점이 팽창하여 빅뱅이 일어났다고 하나 허구이다.

(8) 지구의 연대에 의한 나이.

빙하기와 온난 기온에 의한 지각 변동은 단 한 번만 있었다. 노아의 홍수 때이다. 40주야 동안 온 천지가 물로 가득 찼고, 1년 동안에 물이 빠졌는데 그 때의 모습은 지각의 변화가 있었을 수가 있는데 이런 일은 단 한 번 있었다. 성경은 지구의 연대를 말하고 있지 않다. 45억 년이라는 것들은 과장된 것으로 본다.

우리는 하나님의 창조 사역이란 무기를 가지고 있다. 따라서 진화론의 허구성을 이론적으로 반박하면서 상기의 오류에 덧붙여서, 하나님의 창조 사역을 설명하여 성경이 올바르다는 것에 확신을 가져야겠다.

3. 창조학회의 창조론 증명

우리가 성경에 몰입되어 있어서 진화론에 대하여 학교에서 배운 이래로 특별한 관심을 두지 않고 다만 하나님이 천지를 창조하셨다라는 성경 구절을 믿고 별다른 의심 없이 지내기 쉽다.

빅뱅이 140억 년 전에 일어나고, 지구의 나이가 45억 년이라는 것도 과학적으로 증명이 안 되어 있는 것이며 증명이 안 되는 것을 마치 진리로 말하는 것은 자제해야 한다고 본다. 이 빅뱅이 140억 년 전에 일어났는데, 시간으로 계산해서 140억 년 전이라는 연대가 나왔다. 그렇다면 빅뱅이 일어나게 된 우주의 시공간, 물질, 에너지를 하나로 뭉쳐 갖고 있던 이것은 언제부터 존재하였겠는가? 1,000억 년 전이라고 하자. 그 이전에는 없었는가? 1조억 년 전에도 있을 것이며, 그때 빅뱅은 왜 일어나지 않았는가? 또 그 이전에는? 도대체 우주의 시공간, 물질, 에너지가 왜 140억 년 전에 있었으며, 도대체 이것이 어떻게 있게 되어서, 이것이 빅뱅을 일으켰는가? 이것을 우주의 진화론으로서는 설명해 줄 수 없다. 설명해 줄 수 있는 것은 하나님의 창조 사역뿐이다.

이에 추가하여 하나님의 창조 사역에 대한 창조학회의 끊임없는 노력을 통하여 성경 속의 많은 부분들이 과학적으로 증명이 되는 것들이 점점 많아지고 있다.

여호수아 10장 12-13절 "태양아 너는 기브온 위에 머무르라 달아 너도 아얄론 골짜기에 그리할찌어다 하매 태양이 머물고 달이 그치기를 백성이 그 대적에게 원수를 갚도록 하였느니라 야살(의로운)의 책에 기록되기를 태양이 중천에 머물러서 거의 종일토록 속히 내려가지 아니하였다 하지 아니하였느냐"에서 천문의 발달에 따라서 이러한 태양이 머물렀다는 것을 증명하게 되었다는 것이다.

이러한 점을 통하여 성경의 말씀이 진실임을 과학적으로 설명을 하여 주어도 창조론이 설득력이 있으리라 본다.

4. 성막(출 25-40장)과 언약궤 이동

1. 성막

(1) 성막(聖幕, Tabernacle)의 의의

1) 성막의 개념

출애굽 이후 하나님께서 그의 백성을 만난 곳으로, 하나님의 임재를 상징하며, 백성이 하나님께 제사 드리는 가운데 그분과 교제하는 곳이다. 이동성이 특징이고, 하나님이 항상 백성들과 함께 능동적으로 움직이며 역사하시는 분임을 나타낸다. 성막은 BC 1450년 경에 하나님의 설계에 의하여 모세의 감독하(출 25:1)에 여호와께서 지혜와 총명을 주신 브살렐과 오홀리압 등(36:1)에 의하여 만들어졌고, 그 건축물의 재료들은 이스라엘 백성이 출애굽 당시에 개인이 소지했던 장식물이었다. 이 성막은 이스라엘 자손이 가나안 땅에 들어가기까지 40년 동안 레위 족속들에 의하여 운반되고 관리되었다.

성막은 장차 오실 메시아를 묘사하고 있다. 요한이 말한 진리는 말씀이신 예수 그리스도 하나님이시다. 그는 육신으로 오시고 우리 가운데 거하신 성전이었다(요 1:1, 14). 거한다는 말의 뜻은 구약에서 인간과 함께하시는 성막을 의미하기도 한다. 그러므로 성막은 구약에서는 예수 그리스도의 그림자이며 신약에서는 실체가 된다. 하나님께서 예수 그리스도가 태어나기 약 1450년 경에 장차 오실 메시아에 대하여 예언하신 것이다.

필로와 요세푸스는 성막을 '우주의 상징'으로, 루터는 '사람의 구조'

로 생각하였다. 즉 성소는 사람의 영혼과 같고, 성막 뜰은 사람의 몸과 같다는 것이다.

2) 성막의 여러 명칭(출 25:8, 26:30)

성막은 불러 주는 대상에 따라 여러 가지 명칭을 가지고 있다. 성경에서 성막에는 10가지 호칭이 있으며 다른 명칭 같지만 모두 성막을 의미하고 있다.

① 장막(帳幕)

원래의 뜻이 텐트라는 의미로 성막의 겉모양이 텐트이기 때문에 주어진 이름이다. 성경에 130회 가량 나오고 있다(출 25:9, "무릇 내가 네게 보이는대로 장막의 식양과 그 기구의 식양을 따라 지을찌니라").

② 성막(聖幕)

원어 '미쉬칸'은 거처라는 뜻으로 하나님이 거하시는 곳이라는 의미다. 그러므로 이곳은 가장 신성한 곳이요 최대로 거룩한 곳이요 최고로 엄숙한 곳이다. 성경에 성막이란 말은 100여 회 나오고 있다(출 26:30, "너는 산에서 보인 식양대로 성막을 세울찌니라").

③ 회막(會幕)

회막은 '모이는 곳'이라는 뜻이다. 광야의 이스라엘 백성들은 늘 회막을 중심으로 동서남북에 각각 3지파씩 12지파가 자리 잡고 있었다. 그래서 그들이 모일 때에는 늘 성막에 모였다. 이렇게 모일 때는 늘 회막이라고 불렀다. 그들은 모여서 회개하고, 제사 드리고, 재판하고, 하나님의 뜻을 전달받았다.(출 29:42, "이는 너희가 대대로 여호와 앞 회막문에서 늘 드릴 번제라 내가 거기서 너희와 만나고 네게 말하리라")

④ 증거막(證據幕)

회막에 모여 그들이 한 것은 다음의 세 가지 말씀을 증거하는 것이었다.(민 1:53, "레위인은 증거막 사면에 진을 쳐서 이스라엘 자손의 회중에게 진노가 임하지 않게 할 것이라 레위인은 증거막에 대한 책임을 지킬찌니라")

가. 현재 어떤 사건에 대하여 주시는 하나님의 말씀을 받아 증거해 주었다.

나. 과거 하나님께서 하셨던 말씀들을 늘 잊지 않도록 증거하였다.

다. 재판할 때 증인들이 와서 증거하였다.

⑤ 성소(聖所)

성막을 '거룩하게 구별한 장소'라는 의미에서 '성소'라 불렀다. 거룩한 분이 계시니 거룩하였고 그렇기에 성소다. 성막이 있던 땅이 성소가 아니라 하나님이 계신 곳이 바로 성소다.(출 25:8, "내가 그들 중에 거할 성소를 그들을 시켜 나를 위하여 짓되").

⑥ 법막(法幕)

하나님의 말씀인 율법(십계명 돌판)이 그곳에 보관되어 있기에 붙여진 이름이다. 하나님의 법궤가 바로 그곳에 있기에 법막이라고 불렀다. (대하 24:6, "왕이 대제사장인 여호야다를 불러 이르되 네가 어찌하여 레위 사람을 시켜서 여호와의 종 모세와 이스라엘의 회중이 법막을 위하여 정한 세(稅)를 유다와 예루살렘에서 거두게 하지 아니하였느냐")

⑦ 하나님의 집

장막은 하나님과 관계된 집이라는 뜻으로, 하나님이 거하시는 집이고, 하나님이 말씀하시는 집, 하나님께 제사하는 집, 하나님의 말씀을 보관하는 집, 하나님을 섬기는 집이다. 이같이 성막은 모두 하나님과 관계가 되어 있기에 하나님의 집이라 불렀다.(삿 18:31, "하나님의 집이 실로에 있을 동안에 미가의 지은바 새긴 신상이 단 자손에게 있었더라")

⑧ 여호와의 집

하나님의 또 다른 이름은 여호와이시기에 하나님의 집이나 여호와의 집은 동일하다.(삼상 1:7, "매년에 한나가 여호와의 집에 올라갈 때마다 남편이 그같이 하매 브닌나가 그를 격동시키므로 그가 울고 먹지 아니하니")

⑨ 세상에 속한 성소

본래의 성소는 하늘나라에 있었으며, 하늘나라의 성소가 참 모습이다. 성막은 단지 이의 모형일 뿐이다. 그래서 그 모형이 세워진 곳이 세상이기에 주어진 이름이다.(히 9:1, "첫 언약에도 섬기는 예법과 세상에 속한 성소가 있더라")

⑩ 하나님의 처소

하나님이 계시는 곳이라는 뜻으로 때로는 성막을 하나님의 처소라고 불렀다.(행 7:46, "다윗이 하나님 앞에서 은혜를 받아 야곱의 집을 위하여 하나님의 처소를 준비케 하여 달라 하더니")

(2) 성막의 구조

〈그림-2〉 성막의 구조

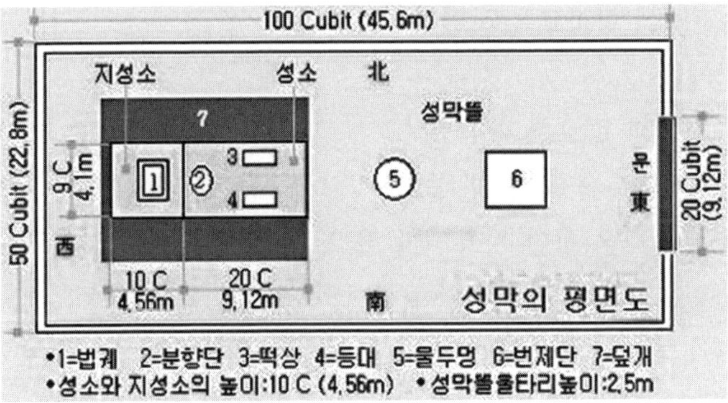

상기의 그림은 성막을 평면도로 표시한 것으로, 성막의 구조는 길이가 약 45.6m(100규빗), 폭이 약 22.8m(50규빗)인 뜰 가운데 세워졌고, 뜰 사면은 휘장으로 가려져 있었으며, 이 휘장은 청동으로 만든 기둥 60개로 지탱되었다(출 27:9-19). 주요 구성물들을 설명하면 다음과 같다.

1) 법궤(언약궤, 증거궤, the ark of Testimony, 출 25:10-22)

하나님 임재의 중심 좌소로 신성시되었던 성물. 모세가 시내산에서 하나님으로부터 받은 두 돌판의 십계명(신 4:13)과 만나를 담은 항아리와(출 14:34)와 아론의 싹난 지팡이(민 17:4 이하) 세 가지가 들어 있다. 십계명은 영을 위한 양식을, 만나는 육신을 위한 양식을, 싹난 지팡이는 부활의 새 생명을 뜻한다. 법궤는 지성소에 위치시켰는데 이곳에는 제사장도 들어갈 수 없으며 오직 대제사장만이 1년에 한 번 7월 10일 온 민족이 지은 죄를 속죄하는 대속죄일(유대력 티슈리 10일 : 양력 9, 10월)에 짐승의 피를 가지고 들어갈 수 있는 곳이다(레 16:1).

법궤의 안팎을 정금으로 싸고 상단 밖의 둘레에 돌아가며 금테가 둘러져 있고 금고리 4개가 붙어 있다. 그리고 법궤를 어깨에 메는 채는 조각목을 금으로 싸서 만들었다(출 37:1-9, 40:17-19). 법궤 위에 속죄소가 있고 속죄소 양 끝에 두 그룹(Cherubim)을 금을 쳐서 만들어 세웠으며 두 그룹의 펼친 날개는 서로 속죄소를 감싸 덮는 듯하고, 그 얼굴은 서로 속죄소를 향하도록 하였다(26:10-22).

2) 금 향단과 향로(출 30:1-16)

성소 안쪽에는 금 향단과 향로가 있다. 이곳에 켤 수 있는 불은 오직 놋 제단에서 나온 불만 사용해야 한다. 레위기 10장 아론의 두 아들이 다른 불을 드림으로 죽었다. 이 향단의 역할은 향을 피우는 것이며 향은 성도의 기도를 의미한다.(눅 1:9, 시 141:2) 이때의 향은 특별하게 만들어졌는데(출 30:38) 하나님의 지시하신 방법으로 만들지 않았다면 누구도 만들 수 없고 만든다면 죽이셨다.

요한계시록 8장 4절을 보면 성도들의 기도가 향과 함께 하나님 앞으로 올라간다. 하나님을 기쁘시게 하는 기도는 반드시 갈보리 십자가에서 흘리신 예수 그리스도의 희생제와 보혈과 관계가 있음을 깨닫게 해준다.

3) 떡상(빵 차리는 상, 출 25:23-30)

성소의 오른쪽(북쪽)에는 진설병을 차려 놓는 상이 있다. 그곳은 빵이 여섯 덩이씩 두 줄로 늘어져 있다(성경 66권, 열두 지파). 하나님께서 만드신 성막의 모든 기구들은 다 옮길 수 있도록 고리들을 만들었다. 이것은 그리스도인들이 이 땅이 영원히 거할 장소가 아니라 순례자요 타국인이라는 영적인 교훈을 암시하고 있다(히 11:13).

상이 의미하는 것은 양식, 곧 매일의 말씀이다. 이 빵은 무교병으로서 무교병은 자아 파쇄를 의미하는 고운 가루로 누룩 없이 매일 아침 새롭게 구워져야 한다. 이 빵을 구약에서는 '차려 놓는 빵'이라 불렸는데(신약에서는 진설병) 이유는 보여지기 위해 차려진 것으로 하나님께서 보실 수 있도록 주님 앞에 차렸다는 것이다.

빵을 차리는 상은 함께 교제하는 것을 의미하며 생명력 곧 힘을 공급하는 것을 의미한다. 하나님께서 우리를 돌보아 주실 것을 보여 주는 예표이기도 하다.

4) 등대(금 촛대, 출 25:31–40)

성소 왼쪽에는 금으로 만든 7개 촛대가 있고 항상 불을 비추고 있다. 이것은 힘을 보여 준다. 또한 성령님을 상징하며 일곱 개로 일곱 영(사 11:1–2, 계 3:1)을 의미한다. 빵을 밝히는 역할을 하는 이 금촛대는 그리스도인들에게 하나님의 말씀을 깨달을 수 있도록 조명을 주시는 것을 보여 주는 것이다.

성막 안에 처음 들어가면 금촛대에서 나오는 불빛 외에는 아무 것도 안 보이는 것처럼, 구원받은 그리스도인들이 거듭난 후 말씀으로 씻거지고 주의 거룩한 삶을 살기 위해서는 오직 성령님의 조명으로 인도함을 받아야 한다.

5) 물두멍(놋대야, 물대야, 놋 바다, 출애굽기 30:18–20)

물이 담긴 크고 둥근 놋대야다. 이 대야는 거대하고 물이 가득 차서 넘친다. 물은 정결케 하는 것이다. 번제단을 지나 죄 용서를 받은 후 자신의 몸을 정결케 하기 위해 이곳에서 씻는다. 구원받은 그리스도인들은 말씀으로 씻어 거룩한 삶을 영위해야 한다. 자신을 거룩하게 씻는 것은 매일 반복되어야 한다.(성막 안뜰은 진흙이다)

힘들고 피곤하면 잊어버리거나 무시하는 경우도 있을 것이다. 그 결과 대부분의 그리스도인들이 성장하지 못하고 육신을 따라 살게 되는 것이다. "너희가 육신대로 살면 반드시 죽을 것이로되……"(롬 8:13) 우리가 거룩한 삶을 살기 위해 오직 주님의 보혈로 우리 죄를 매일 씻어야 한다.

6) 번제단(놋 제단, 출 27:1-8)

안뜰 가운데 위치한다. 제단의 높이는 지성소 안의 자비석(속죄소)과 같은 높이이고 제단 안에는 철망(석쇠)이 있다. 이 곳은 불로 희생제를 드리는 번제단(출 38:1)이며 그 제단의 치수는 사방이 5규빗(가운데 손가락에서 팔꿈치까지 약 44.4cm이다)으로 2m 22cm이다. 놋은 죄에 대한 하나님의 진노를 보여 주며 하나님께 나아가려면 반드시 죄 문제를 해결하지 않으면 안 된다.

성막을 들어서면서 가장 먼저 만나는 것이 죄의 심판을 의미하는 놋 제단이다. 제단은 형벌의 모습을 보여 주며 그 첫 번째가 불로서 지옥을 보여 준다. 이 형벌을 피하는 것은 반드시 희생 제물이 필요하다. 예수 그리스도께서 어린양이 되어 희생 제물이 되신 이유를 분명하게 보여 준다.

7) 덮개(출 36:14-19)

성막을 덮는 양장은 염소털로 만들고 붉게 물들인 숫양의 가죽으로 덮개를 만들며 해달의 가죽으로 그 웃덮개를 만든다. 그러나 그 안은 참으로 정교하게 수놓아진 각양각색의 자수들을 볼 수 있다. 말로 표현할 수 없는 아름다운 모습이다.

8) 안뜰(출 38:9–20)

세마포로 안뜰을 만들라고 하셨다. 성막과 놋 제단과 물두멍을 중심하여 세마포로 둘러 쳐진, 그 안에 만들어진 뜰을 말하는 것이다. 성막의 첫 번째 구획이다. 성막은 바깥에서 그 뜰로 들어가는 입구와 성막 자체(곧 성소)의 입구가 동쪽에 나 있어서 동쪽에서 서쪽으로 들어간다. (지상에서는 동에서 서로, 우주에서는 남에서 북으로 이동하는 것이 주께 가까이 감을 의미.)

9) 성막 문(출 27:16–17)

성막의 가장 동쪽에 위치한 10m 길이의 큰 문(막)이다. 성막으로 들어가는 문은 단 하나여서 누구나 반드시 이 문을 거쳐야 했습니다. 성막의 문이 하나인 이유는 성막 문이 오직 예수 그리스도를 통해서만 허락하신 하나님의 구원 계획을 상징하기 때문입니다. 10m의 길이나 되는 큰 성막 문의 크기는 예수 그리스도를 통하면 누구라도 하나님께 들어올 수 있도록 허락하셨음을 의미합니다.

10) 성소(출애굽기 25:23–40)

번제단과 물두멍이 놓인 뜰을 지나면 성소와 지성소로 이루어진 성막으로 들어갈 수 있었다. 성막의 천장에는 베실과 색실로 만든 휘장 위에 염소 털로 만든 휘장을 얹고, 그 위에 붉게 물들인 숫양의 가죽으로 만든 막을 얹고, 그 위에 다시 해달의 가죽으로 만든 막을 얹었다.

성소에서는 지성소로 들어가기 전 정결한 예식을 치렀다. 성소의 오른편에는 떡 상을 놓아 하나님께 바치는 거룩한 진설병을 항상 놓아두도록 했고, 왼쪽에는 등잔대를 두어 등잔의 불이 꺼지지 않도록 했다. 성소 앞쪽에는 분향단이 놓였는데 제사장은 아침, 저녁으로 향을 피웠고 향 역시 꺼지지 않도록 관리했다. 하나님께서는 모두 금으로 만들어진 성소 안의 기명들을 통해 예수 그리스도를 보여 주시고자 하셨는데, 떡 상 위의 떡은 생명의 말씀이신 예수 그리스도를, 등잔불은 빛이신 예수 그리스도를, 분향단은 하나님과 인간의 중보자이신 예수 그리스도를 상징한다.

11) 휘장(출애굽기 26:31-33)

휘장은 성소와 지성소를 나누는 가림막이다. 하나님께서는 지성소와 성소를 휘장으로 나누게 하시고, 지성소의 출입을 엄격히 제한하셨다. 인간은 죄 많은 속성 때문에 거룩하신 하나님을 직접 목격할 경우에는 즉시 죽임을 당할 수밖에 없었다. 이 때문에 하나님께서는 이스라엘 민족을 보호하시기 위해 지성소를 가리는 휘장을 두게 하셨다.

12) 지성소(출애굽기 25:10-22)

지성소는 히브리말로 '거룩함 중의 거룩함, 최고의 거룩한 곳'이라는 뜻으로 언약궤만이 놓여 있는 길이, 너비, 높이가 똑같은 여섯 평 정도의 작은 방으로, 바깥에서 보이지 않도록 휘장으로 가려져 있다.

언약궤는 하나님이 이스라엘 백성에게 내리신 계명이 적힌 돌판을 담은 금궤다. 이 언약궤 위에는 순금으로 만든 속죄소가 덮여 있다. 우리의 죄를 속하여 주시는 곳이라는 뜻의 속죄소(贖罪所)는 하나님의 은혜가 임하는 자리라는 뜻에서 시은좌(施恩座)라고도 부르는데, 이 속죄소에 하나님께서 직접 임재하셨다. 하나님이 지성소, 속죄소에 임재하실 때 성막 위로 구름 기둥과 불기둥이 일어났다.

대제사장은 일 년에 단 한 번 지성소에 들어가 하나님을 직접 만날 수 있다. 대제사장은 정결하게 씻고 하나님이 허락하신 거룩한 옷으로 갈아입은 뒤, 죄를 대속할 희생 제물의 피를 가지고 들어가야 했다. 대제사장은 속죄소에 대속 제물의 피를 뎃발랐는데 이는 대속 없이는 하나님을 만날 수 없다는 사실을 의미한다. 이는 예수 그리스도의 보혈로 이루어진 대속의 은혜를 상징한다.

(3) 성막의 시대적 의미

구약시대에는, 성막이 지어지기 전부터 회막에서 모세를 만나 주셨던 하나님의 명령에 따라 이스라엘 백성이 성막을 짓고 난 후에는 성막 안 지성소에 계시면서 속죄소에서 친히 만나 주셨기에 그 장막(텐트)를 성소라고(출 25:8) 불렀다. 하나님의 영광은 주로 회막 문(성막 문)에 임하고 있다. 성막은 또한 하나님의 집(출 23:19)으로 불리다가 나중에는 성전이 된다(왕상 6:1-3). 성막을 통해 하나님을 만날 수 있는 길을 발견하게 된다.

고린도전서 6장 19-20절에 제시되는 것처럼 바로 믿는 우리가 성령의 전이요 성전이다. 성막을 공부하고 나면 우리의 몸이 얼마나 귀하고 소중한 하나님의 성전인가를 더 깊이 알게 될 것이다.

성전 이후 시대에 하나님께서 거하시는 곳은 오직 구원받은 그리스도의 몸뿐이다.

예수께서 십자가에서 몸이 찢어지실 때 성막의 휘장이 위로부터 아래로 찢어졌다. 이 사건을 히브리서 기자는, 그 길은 우리를 위하여 휘장 가운데로 열어 놓으신 새롭고 산 길이요 휘장은 곧 저희 육체(히 10:20)라고 성막과 예수를 일치시키고 있다. 그러므로 성막 공부는 곧 예수 공부이다.

성막(광야)은 모세가 하늘에 있는 성막의 모습을 그대로 보고 만든 것이다. 성막의 구조(지성소, 성소, 뜰)는 인간의 형상(영, 혼, 몸)과 일치한다. 성막의 구조를 전체적으로 기억하는 것은 참되게 성막의 역할을 아는데 반드시 필요하다.

성경에서 50장이 성막 이야기이다. 출애굽기에서 13장, 레위기에서 18장, 민수기에서 13장, 신명기에서 2장, 히브리서에서 4장, 모두 50장이 성막만 기록하고 있다. 그러므로 성막을 모르면 성경에서 막대한 부분에 무지하게 된다. 그리고 다른 곳에서 등장하는 성막 이야기는 이루 헤아릴 수 없이 많다. 천지창조가 거창한 것이지만 겨우 11장이 할애되었을 뿐이다. 성막은 천지창조보다 4배 이상 많은 비중을 두고 있다. 믿음의 조상 아브라함 이야기도 겨우 14장뿐이다. 성경에서 단일 주제로 최고로 많은 비중을 둔 것은 성막이다. 그러므로 우리는 성막을 철저하게 이해하여야 한다.

* 한국에 실물 모형의 성막을 견학할 수 있는 곳(평택시에 세계성막복음센터) 이 있다. 웹사이트 www.tabernacle.or.kr 이다.

2. 법궤(언약궤)의 이동

하나님의 임재의 상징인 이 언약궤는 이스라엘 백성들이 광야 생활 40년 동안 그들의 갈 길을 인도하여 주었고, 블레셋에 패하여 이방 민족에게 빼앗기기도 하였지만[엘리 제사장의 아들들이 불량자요 여호와를 알지 못했고(삼상 2:12), 회막 문의 수종드는 여인과 동침하는 악행(삼상 2:22)으로 전쟁에서 지게하고 멸문시킴, 언약궤를 부적처럼 여겼는데[18] 중요한 것은 영적 상태이다.] 다곤의 목을 치고 궤를 들여다본 벧세메스 사람들을 치므로 블레셋에서 스스로 돌려보내도록 하였다. 다윗 왕 때에 다윗성으로 모시고, 솔로몬의 성전 건축으로 비로소 성전의 내전 지성소 그룹들의 날개 아래 모셨다. 이때에는 언약궤 안에 오직 두 돌판만이 있었다라고 기록되었다(왕상 8:9).

---

18) 정형철, 『슈퍼 칼러 성경』(서울, 아가페출판사, 2003), p.413.

법궤(언약궤, 言約櫃: the Ark of Covenant / Jehovah / Lord) 행방

하나님께서 인간에게 주신 십계명이 새겨진 두 돌판과 모세의 싹난 지팡이, 만나를 간직해 둔 함이다. 법궤, 증거궤, 여호와의 궤로도 쓰인다. 처음에는 성막, 나중에는 솔로몬의 성전에 보관했다. 느부갓네살에 의해 성전이 파괴된 이후에는 성경은 궤에 대하여 언급이 없다.

이의 행방에 대하여는 여러 설이 있는데[19]

① 예루살렘의 어딘가에 지하 깊숙이 숨겨져 있을 것이다.

② 르호보암 제5년 애굽 왕 시삭이 예루살렘을 침범하여 성전의 보물과 솔로몬이 만든 금방패를 빼앗아갈 때(왕상 14:25)에 법궤를 가져가 애굽의 수도인 타니스의 신전에 보관했으나 그 후 행방을 알 수 없다.

③ 에티오피아의 초대 황제 메넬라크(시바 여왕과 솔로몬의 아들)가 20세 때에 예루살렘을 방문하고 귀국 시에 사독의 아들 아자리우스가 법궤를 훔쳐 메넬라크와 함께 돌아갔고, 에티오피아의 악숨 시 '시온의 성마리아교회' 안에 있다.

④ 남유다 왕국이 BC 586년 바벨론에게 멸망될 때에 솔로몬 성전은 완전히 파괴되었고 법궤도 행방을 감췄다.

법궤의 이동을 살펴보면 다음과 같다.

1) 모세가 하나님의 명령을 받은 대로(출 25:10-21) 브살렐(출 37:1-9)이 시내산에서 만듦.
2) 광야 40년 동안 이스라엘 백성과 함께 이동.
3) "여호와의 궤를 멘 제사장들의 발바닥이 요단 물을 밟고 멈추면 요단 물 곧 위에서부터 흘러 내리던 물이 끊어지고 쌓여 서리라"

19) 김흔중, 『성서의 역사와 지리』(서울, 엘맨출판사, 2006), pp.143-144.

(수 3:13).

4) "이스라엘 자손들이 길갈에 진 쳤고"(수 5:10).

5) 여리고 성 점령시에 "제사장 일곱은 일곱 양각나팔을 잡고 언약궤 앞에서 행할 것이요 제 칠일에는 성을 일곱번 돌며 제사장들은 나팔을 불 것이며"(수 6:4).

6) "이스라엘은 나가서 블레셋 사람과 싸우려고 에벤에셀 곁에 진 치고 블레셋 사람은 아벡에 진 쳤더니"(삼상 4:1), "우리로 오늘 블레셋 사람 앞에 패하게 하셨는고 여호와의 언약궤를 실로에서 우리에게(에벤에셀)로 가져다가"(삼상 4:3).

7) 에벤에셀에서 블레셋에 패하여 궤는 빼앗겼고 엘리의 두 아들 홉니와 비느하스는 죽임을 당하였다(삼상 4:11). 엘리 제사장이 죽고 사무엘 선지자의 시대 도래.

8) "블레셋 사람이 하나님의 궤를 빼앗아가지고 에벤에셀에서부터 아스돗에 이르니라"(삼상 5:1), "다곤이 여호와의 궤 앞에서 엎드러져 얼굴이 땅에 닿았고 그 머리와 두 손목은 끊어져"(삼상 5:4).

9) 이에 궤를 가드로 옮겨 갔더니 "여호와의 손이 심히 큰 환난을 그 성에 더하사 (…) 독종이 나게 하신지라"(삼상 5:8-9).

10) 이에 블레셋 사람들이 "하나님의 궤를 에그론으로 보내니라". 이에 "에그론 사람이 (…) 우리를 죽이려 한다"하고(삼상 5:10), 궤를 본처로 돌려 보내어 화를 면하자고 함. / 7개월간 블레셋에 있었음.

11) "벧세메스 사람들이 여호와의 궤를 들여다 본고로 그들을 치사 (오만) 칠십인을 죽이신지라" 이에 "벧세메스 사람들이 가로되 이 거룩하신 하나님 여호와 앞에 누가 능히 서리요 그를 우리에게서 뉘게로 가시게 할꼬 하고"(삼상 6:19-20).

12) "기럇여아림 사람들이 와서 여호와의 궤를 옮겨 산에 사는 아비나답의 집에 들여놓고 그 아들 엘리아살을 거룩히 구별하여 여

호와의 궤를 지키게 하였더니"(삼상 7:1), 이십 년 동안 있은지라.

13) 다윗이 왕이 된 후에 아비나답의 집에서 궤를 다윗성(예루살렘)으로 이동할 때에 나곤의 타작마당에 이르러 소들이 뛰므로 웃사가 손으로 궤를 붙들더니 하나님이 진노하사 그곳에서 치시니 궤 곁에서 죽으니라(삼하 6:1-7 ; 대상 13:10)

〈상세 : 법궤 운반 사고〉

다윗이 왕이 되자 가장 먼저 추진한 정책은 (법궤 운반 정책)이었다. 기럇여아림에 있는 법궤를 궁중 곁으로 옮기려는 생각이었다. 그는 새 수레를 만들었다. 삼만 명을 동원하였다. 수금과 비파와 소고와 양금과 제금으로 하나님을 찬양하는 성가대도 조직하였다. 웃사와 아히오 두 사람이 직접 법궤를 나르는 책임자로 임명되었다. 수많은 환영 인파 속에 법궤가 기돈의 타작마당에 이르렀다. 이 때 갑자기 소들이 뛰기 시작하였다.

웃사는 떨어지려는 법궤를 붙잡았다. 그 순간 하나님께서 웃사를 쳐서 그는 즉사하고 말았다. 온 백성의 흥분이 홀연히 무서움으로 변했다. 잔치 자리가 상례 자리로 바뀌었다. 충성스러운 웃사가 즉사한 것은 이유가 있었다.

볍궤 운반을 편리하게 하려고 했기 때문이다. 법궤는 힘들여 반드시 어깨에 메고 날라야 하는 것이다. 그래서 법궤 운반은 잠시 중단되어 임시로 가드 사람 오벧에돔의 집에 방치해 누게 되었다.(대상 13:1-14)

14) 다윗이 그날에 여호와를 두려워하여 -가드 사람 오벧에돔의 집에 궤를 석 달간 있게 하고(삼상 6:11 ; 대상 13:14) 그 "집과 그 모든 소유에 복을 주셨다 한지라 다윗이 가서 하나님의 궤를 기쁨으로 메고 오벧에돔의 집에서 다윗성으로 올라갈쌔"(삼하 6:12), (대상 16:1)

15) 솔로몬 왕이 성전 건축을 마치고 "언약궤를 다윗성 곧 시온에서 메어 올리고자 하여", "제사장들이 여호와의 언약궤를 그 처소로 메어 들였으니 곧 내전 지성소 그룹들의 날개 아래라"(왕상 8:1-6).

〈그림-3〉 법궤의 이동 경로

5. 사사(Judge)란 무엇인가(삿)

1. 사사(士師, Judge)의 개념

사사는 일반적인 사람들 사이에 잘 사용하고 있지 않는 용어이며, 성경에서 사용되고 있는 말로서 여호수아 사후부터 사무엘 선지자까지 (BC 1375–BC 1050, 약 400여 년), 즉 이스라엘의 왕정 이전의 이스라엘 지파 연맹체 시대에 이스라엘을 구원했던 영적 지도자들을 일컫는 말이다.

이 용어는 '권위를 시험하다'라는 뜻의 셈어(히)에서 유래되었으며 '통치하다'라는 뜻으로 사용되었다(왕상 3:9, 왕하 15:5). 성경에서 사사는 왕으로서의 역할(평시에는 재판, 전시에는 전쟁 지휘), 백성의 문제를 가지고 하나님께 나아가는 제사장의 역할, 하나님의 말씀을 백성들에게 전달하는 선지자의 역할 등을 수행하였다.

2. 사사기(The Book of Judges)의 내용

사사기는 구약의 7번째 책으로 랍비의 전통에 따르면 사사기는 사무엘이 기록한 것으로 전해지지만 사사기 자체의 기록 안에는 이러한 언급이 없으며, 여호수아가 죽은 다음부터 사무엘이 탄생할 때까지의 이스라엘 역사를 기술하고 있다. 사사기는 이스라엘 백성들의 가나안 정복에 대한 개관으로부터 그 기록을 시작한다.

먼저 1장 1–21절에서는 남방 지역에 대한 유다 지파와 시므온 지파의 정복 사역을 기록한다. 그리고 22–29절에는 므낫세와 에브라임 등의 요셉 지파에 의한 불완전한 가나안 정복이 기록되어 있다. 30-36절에는 단 지파를 포함한 북쪽 지파들의 상황을 기록하고 있다. 이어서 사사기의 초점은 이스라엘 연맹체 시기에 이스라엘을 다스렸거나 구원하였던 여러 명의 사사들의 사역에 맞춰져 있다(삿 2:6-16:31). 또한 주기적인 반복의 형태, 곧 이스라엘의 불순종과 하나님에 의한 징벌, 이스라엘의 회개와 구원자인 '사사'를 보내심, 그 후 사사의 통치 아래에서 안식 기간을 보냈다는 형태로 그 기술을 정형화하고 있다.

주요한 사사들의 활동을 소개하면 다음과 같다.

1) 옷니엘(3:7-12) : 구산 리사다임에 의하여 압제당한 이스라엘을 구출한 유다 지파 사사이다.
2) 에훗(12-30) : 모압 왕 에글론을 암살한 베냐민 지파의 사사.
3) 삼갈(31) : 소를 모는 막대기로 블레셋 사람 600명을 죽인 사사.
4) 드보라(4:14-5:31) : 이스드렐론 평야에 살고 있던 가나안 왕 야빈(20년 동안 학대)의 군대 장관 시스라를 납달리 지파 사람 바락의 도움을 받은 여선지자 드보라가 격퇴한(헤벨의 아내 야엘이 말뚝을 박아 죽임) 사실을 자세히 기술하고 있다. 4장은 산문적 기술을, 5장은 주전 12세기 경의 드보라의 노래가 실려 있다.
5) 기드온(6:1-8:32) : 그의 소명에 대한 기술과 미디안족의 침입에 대한 격퇴의 기사가 포함되어 있다. 특히 여호와께서 두려워서 떠는 자 2만 2천 명을 돌려보내고 나머지 1만 명 중에서 개의 핥은 것같이 그 혀로 물을 핥은 자 300명만을 뽑아서 미디안을 대적하게 하여 승리로 이끌어 주셨다(6-7장). 기드온이 계속해서 미디안 족속을 추적하는 기록과(8:4-17), 자신에 대한 왕권 수락 요구를 거절한 내용이 포함되어 있다(22-23절). 반면에 그의 아들 아비멜렉은 왕권을 획득하기 위하여 공공연히 요담을 제외한 그의 70명의 형제를 살해하고 세겜에서 반란을 일으켰으나, 데베스의 한 여

인에 의하여 치명적인 상처를 입고 자살함으로써 그 반란은 진압되었다(9장).

6) 둘라 : 잇사갈 사람으로 에브라임 산지 사밀에 거하며 23년간 사사(10:1-2)로 지냄.

7) 야일 : 길르앗 사람으로 30명의 아들에 30성읍을 두고 22년간 사사(10:3-5)로 지냄.

8) 입다 : 길르앗 사람 큰 용사 입다는 서자로 태어나 집에서 쫓겨나 하란에 있는 돕 땅에서 망명 생활을 하며 잡류(雜類, 떠돌이)와 어울렸지만, 침입해 온 암몬 족속을 격퇴했다(10:17-11:33). 승전하고 돌아올 때 자기 집 문에서 제일 먼저 영접하는 자를 하나님께 번제로 드리겠다고 서원함으로써 중대한 과오를 범하게 되고, 자신의 무남독녀를 죽이는 비극을 초래했다(11:31).

9) 입산 : 베들레헴 사람 입산이 7년간 사사로 지냄. 아들 30명, 딸 30명(12:8).

10) 엘른 : 스블론 사람으로 10년간 사사(12:11-12)로 지냄.

11) 압돈 : 비라돈 사람 힐렐의 아들로서 8년간 사사로 지냄. 아들 40명, 손자 30명(12:13-15).

12) 삼손 : 단 지파 삼손은 나실인(민 6:1-21, '하나님께 일정 기간 헌신하기로 결심한 자로 포도주와 독주를 멀리하며, 삭도를 머리에 대지 말고, 시체를 멀리하여야 함'. 이러한 나실인은 하나님 앞에서 온전한 제사로 자신을 드려 헌신봉사한 예수 그리스도의 예표로 해석하기도 한다.)[20]으로 서원하고(13장), 블레셋 여인과 혼인 및 블레셋에 대항하여 발휘되는 다양한 힘의 위력(14-15장), 들릴라와의 관계와 그녀의 배신(16:4-22), 블레셋의 다곤 신전을 무너뜨림과 동시에 삼손 자신도 죽는다(23-31절). '여호와의 영'이 임할 때 삼손은 초인적인 힘을 받았다(14:6 ; 15:14 ;

20) 이병삼, 『성경 난해구절 해설시리즈 2』(서울 : 도서출판 영 문, 2005), p.200.

16:28-30). 20년간 사사로 지냄.

난해 문제 : "먹는 자에게서 먹는 것이 나오고 강한 자에게서 단 것이 나왔느니라"(삿 14:14).

다른 동물을 잡아먹고 사는 짐승에서 음식물이 나왔는데, 그 짐승은 강하고(사자) 그 음식은 달다(꿀)는 뜻으로(14:18), 사자의 주검에서 나온 꿀을 먹은(14:9) 삼손은 자신에게 역사하는 강함을 과시하려는 면에서 수수께끼를 낸 면이 있다고도 해석한다.[21)]

〈표-4〉 12명의 사사(士師)들

순서	사사명	종 족	행 적
1	옷니엘 3:9-11 (유다 지파)	그니스의 아들, 갈렙의 조카, 처 : 갈렙 딸 악사	하나님의 신이 함께함. 메소보다미아 왕 구산리사다임과 싸워서 승리, 40년간 사사
2	에훗 3:12-30 (베냐민)	베냐민 사람, 게라의 자, 왼손잡이	모압 족속의 억압 속에서 이스라엘 민족을 구원, 80년간 사사
3	삼갈 3:31	아낫의 자	블레셋 족속으로부터 이스라엘 민족을 구원. 소 모는 막대기로 블레셋 사람 600명 죽임
4	드보라 4:4- (에브라임), 바락 (납달리)	드보라(여선지,랍비돗의 처), 바락(아비노암자)	가나안 왕 야빈과 그의 군대 장관 시스라를 이스라엘 자손 앞에서 패하게 함. 40년간 사사
5	기드온 6:11 (므낫세)	요아스의 자, 하나님의 신이 함께 함	기드온과 그의 300명 용사들이 미디온 족속을 쳐서 패하게 함. 40년간 사사
6	돌라 10:1-2 (잇사갈)	부아의 아들	23년간 사사, 잇사갈 사람 도도의 손자 부아의 아들
7	야일(므낫세) 10:3-5	길르앗 사람	22년간 사사, 아들 30명, 성읍 30개를 둠
8	입다(므낫세) 11:1-12:7	길르앗 사람, 기생의 자	암몬 족속을 쳐서 패하게 함. 6년간 사사

21) 뉴스앤조이, https://www.newsnjoy.or.kr/news/articleView.html?idxno=34251, 2011. 3. 21. 2.

9	입산(유다) 12:8	베들레헴 사람	7년간 사사. 아들 딸을 각각 30명씩 둠
10	엘론(스불론)	스불론 사람	10년간 사사. 12:11–12
11	압돈(에브라임) 12:13–15	비라돈 사람	힐렐의 자. 8년간 사사. 아들 40명 손자 30명을 둠
12	삼손(단) 13:2–16:31	마노아의 자. 나실인	여호와의 신이 함께하심. 초자연적인 강한 힘으로 블레셋을 쳐서 승리. 20년간 사사

* 엘리 : 제사장 겸 사사[40년간 BC 1119–1079,법궤를 블레셋에 빼앗기고 타락한 두 아들(홉니, 비느하스)도 戰死,삼상 4:17. 한나의 아들을 위한 懇求의 증인, 사무엘을 양육]
* 사무엘 : 기도의 선지자, 제사장, 사사, BC 1075년부터 75년간 사역, 미스바에서 금식기도와 회개(삼상 7:5), 사울과 다윗에게 기름 부음. 두 아들(요엘,아비야)이 不義를 行하여 장로들이 왕을 세워 달라는 요구를 하게 됨(삼상 8:5).

3. 사사기의 의미

사사기는 이스라엘 백성들이 가나안 땅으로 들어간 후 국가로서 그 모습을 구체화시켜 나가는 기간 동안의 사건들을 기록하고 있다. 초기 이스라엘은 자치가 인정되는 각 지파가 느슨하게 연합되어 존재한 것으로 인식되었다(사 17:6, 21, 25, "사람마다 자기 소견에 옳은 대로 행하였더라". 또한 다양한 종교적 습관들이 용인되었다).

사사들이 이스라엘 백성의 구원자요 치리자로 묘사되고 있지만 그들의 실제적인 영향력의 범위는 자신들의 지파에 국한되었다(사 3:27–29, 12:8–15). 전체적인 연합도 일시적인 것으로 나타내고 있다(사 5:13–18, 6:34–35). 각 지파 간의 심각한 동족상잔의 경우(사 12:1–6, 20장)는 계약 공동체의 생존을 위한 염려에 의하여 진정되었다(사 21장).

사사기의 문학적인 양상을 살펴보면, 목격자들의 언급을 포함하는 다양한 자료들이 보존되어 있으며, 고풍스런 문체와 역사적인 인용을 바탕으로 한 드보라 노래(사 5:2–31)는 약 BC 1125년으로 추정되는데, 이는 구약에 있는 기록들 가운데 가장 오래된 것에 속한다.

다른 기록들은 각 지파들의 다양한 구전(口傳)으로써 보전되어 온 것들을 집성한 듯하다. 요담의 우화(사 9:7-15)나 삼손의 수수께끼들(사 14:14, 18, 15:16)은 지파의 전승들 가운데 구전되어 온 것들을 보여 주고 있다. 하나님께서 노하셔서 그들 주변 국가들에 붙이시사 징계하셨으며, 그 백성들이 여호와께 부르짖자 주께서 그들에게 한 구원자를 일으키시고, 그들의 압제자를 축출하여 주셨으며 이에 그 땅에는 안식과 평안이 주어졌다는 형식으로 반복되고 있다.

모세와 여호수아를 통한 구원 사건에 뒤따라오는 이 사사 시대는 놀랍게도 성령께서 특별한 방식으로 활동하신 때이기도 하다. 하나님의 영은 사사들로 하여금 하나님 나라를 위협하는 세력을 대항하여 싸우는 거룩한 전쟁에서 승리를 얻게 해 주었다(사 3:10, 6:34, 11:29, 13:25, 14:6, 19, 15:14 ; 삼상 10:6, 10, 11:6, 16:13). 바로 이 성령이 신약 시대에 교회 위에 강림하셨다. 이때 성령으로 권능을 받은 교회는 복음을 모든 나라에 전파하고 하나님 나라를 확장해 나가는 일을 해 나가기 시작한 것이다.[22]

---

22) 정형철, 『아가페성경사전』(서울 : 아가페서원, 1997), pp.736-738.

6. 분열왕국시대(왕상-대하)

1. 왕국의 탄생

이스라엘의 사사 시대가 끝날 무렵인 사무엘의 때에 이르러 백성들이 사무엘에게 "당신은 늙고 당신의 아들들은 당신의 행위를 따르지 아니하니 열방과 같이 우리에게 왕을 세워 우리를 다스리게 하소서"(삼상 8:5)라고 하였다. 사무엘은 이 요구를 기뻐하지 않았고 이 문제를 하나님께 기도로 아뢰었다. 사무엘은 어찌하는 것이 하나님을 기뻐하게 해 주는 것인지 몰라서 괴로워했다. 이스라엘은 하나님을 왕으로 모시고 하나님의 지배를 받고 사는 가장 이상적인 국가였는데 왕을 구하는 이스라엘 앞에 당황했다.

하나님께서는 "그들이 너를 버림이 아니요 나(하나님)를 버려 자기들의 왕이 되지 못하게 함이니라"(삼상 8:7)고 말하시면서 백성들의 요구를 들어주라고 대답하셨다. 그리고 왕을 세우게 되면 8가지(삼상 8:11-17 병거와 말을 몰기, 밭 갈고 추수하기, 병장비 만들기, 딸들에게 요리와 떡 굽게 하기, 소출을 가져갈 것, 곡식의 십일조, 소년과 나귀에게 일시키기, 양 떼의 십분의 일 바치기 등)의 희생과 고통이 따른다고 자세히 말씀해 주셨고, 왕으로 인하여 탄식하고 하나님께 부르짖는 날이 올 것인데 그때는 하나님이 응답하지 않겠다고 하셨다(8:18).

그러나 백성은 사무엘의 말을 듣지 않고 왕 세우기를 원하여 하나님께서 왕을 세우라 하시니(8:22), 이에 따라 첫째 왕 사울이 세워지고, 둘째 왕 다윗, 셋째 왕 솔로몬이 각각 40년씩 120년간 통일 왕국의 왕으로서 이스라엘을 통치하였다.

하나님께서는 이미 400년 전에 이러한 사태가 올 것을 예견하시고 모세에게 말씀하시기를 너희 백성이 주위의 나라와 같이 왕 세우기를 원하거든 왕의 자격으로서 ① 하나님이 택하여 세운 자를 왕으로 세우고, ② 형제 중에서 한 사람으로 하고, 타국인이나 이방인은 될 수가 없었다.(신 17:15).

그리고 왕의 행동 강령으로 다음의 4가지 사항을 말씀하셨다.

① 병마를 많이 두지 말라(이를 얻으려고 애굽으로 돌아가는 것을 막으려고),

② 아내를 많이 두어 마음이 미혹되게 하지 말 것이며,

③ 자기를 위하여 은금을 많이 쌓지 말 것이며,

④ 율법서를 등사하여 옆에 두고 읽어 하나님 여호와 경외하기를 배우고 율례대로 행하라(신 17:16-19).

그리하면 그의 마음이 그의 형제 위에 교만하지 않으며 이 명령에서 떠나 좌로나 우로나 치우치지 아니할 것이요 이스라엘 중에서 그의 자손이 왕위에 있는 날이 장구하리라(17:20)고 말씀하셨다. 그러나 실제로 이스라엘의 왕들이 대부분 이러한 하나님의 말씀에 순종치 못하고 패역의 길로 갔다.

2. 통일 왕국에서 분열 왕국으로

(1) 사울 왕(BC 1050-1010)

초대 왕 사울은 베냐민 지파 기스의 아들(삼상 9:1)로서 사무엘에 의하여 기름 부어진 여호와의 택하신 자로(10:24) 미스바 총회에서 이스라엘 백성들에 의하여 제비뽑아서 선택이 된 왕이었다(10:17-27). 사울이 이스라엘의 왕위에 오른 후 사방에 있는 대적 곧 모압과 암몬 자손과 에돔과 소바의 왕들과 블레셋 사람들을 쳤으며 향하는 곳마다 이겼다

(14:47).

그러나 아멜렉과의 전쟁에서 그들의 모든 소유를 남기지 말고 진멸하라는 하나님의 명을 거역하고 아각과 그의 양과 소의 좋은 것을 남김으로, 사무엘로부터 "순종이 제사보다 나으니 듣는것이 수양의 기름보다 나으니"(15:22)라는 핀잔과 함께 여호와께서 사울을 버리기로 하셨다(15:23)라고 선언한다.

블레셋과의 길보아 전투에서 사울과 그 세 아들이 죽으면서 사실상 40년간의 사울의 시대는 막을 내리고, 그의 남은 아들 이스보셋이 사울의 군장 아브넬에 의하여 왕위를 계승하여 이스라엘 왕으로 세워졌으나(삼하 2:8), 다윗이 왕위에 오르고 실각되었다.

(2) 다윗 왕(BC 1010–970)

이스라엘의 두 번째 왕으로 그들의 역사상 가장 위대한 왕으로 추앙받고 있다. 룻기 4장 18–22절에 의하면 다윗은 보아스와 모압 여인 룻의 증손이요, 그의 부친은 베들레헴에서 살았던 유다 자손 이새였고(삼상 16:4, 10), 그의 여덟 명의 아들 가운데 막내로 태어났다(삼상 16:10).

소년 시절 하나님을 모욕하던 골리앗을 물맷돌 5개를 가지고서 여호와의 이름으로 죽임으로 유명해졌으며 사울의 아들 요나단이 다윗을 사랑하매 그와 언약을 맺게 되었다(18:3). 이 일 후에 여인들 사이에 사울이 죽인 자는 천천이요 다윗은 만만이라는 노래가 나오자, 사울의 마음이 이에 불쾌하고 노하게 되었다(18:7–8). 그 후 사울이 죽기까지 다윗을 죽이기 위하여 끊임없이 다윗을 괴롭혔다. 다윗은 사울의 추적을 피하기 위하여 놉 땅 아히멜렉 제사장 있는 곳으로(21:1–9), 또 적국의 블레셋 땅 가드 왕 아기스(10–15)에게 가게 되고 미친 짓을 하여 위기를 모면하기도 하였다. 오히려 다윗이 사울을 죽일 수 있는 기회가 엔게디 동굴에서 있었으나 기름부음을 받은 사울을 죽이는 것은 여호와께서 금하는 일이라 하여 죽이지 않았다(24:6).

사무엘상은 전체가 31장인데 이중 19장에서 31장까지가 다윗이 사울로부터의 도피 생활을 기록하고 있다. 이 기간 10년 동안(BC 1020-1010)은 다윗에게는 고난의 시간이었지만 또한 장차 이스라엘 선민을 통치할 신정 왕국의 왕이 될 자로 선택받은 다윗에게 절대 필요한 연단의 기간이었다.[23)]

사울이 전장에서 죽고 다윗은 헤브론에서 유다 족속의 왕으로 기름 부어지고, 이스보셋의 두 장군 바아나와 레갑이 반란을 일으켜 이스보셋을 쳐죽이고 목을 잘라서 다윗 왕에게 선사하였으나(삼하 4:7-8), 다윗은 오히려 두 장군(반역자)을 죽이고 수족을 베어 못가에 달게 하여서 이스라엘이 완전히 멸망하게 되었을 때까지 칠 년 육 개월 동안 치리하였고(삼하 2:11), 비로소 이스라엘과 유다가 통합되자마자 수도를 예루살렘으로 옮긴 후 통일 왕국을 33년간 통치하였다.

다윗은 재위 기간 중에 여호와께서 함께하셔서 적들(블레셋 등)과 싸움에서 이기게 해 주시고(삼하 5:25) 이스라엘에 영광을 가져왔으나, 우리아의 아내 밧세바(8번째 아내)를 범하는 죄를 짓기도 하였다(삼하 11장). 또한 넷째 부인 마아가에서 난 아들인 압살롬은 둘째 부인 아히노압에서 난 암논이 그의 친누이 다말을 강간하자 암논을 죽이고, 또 반란을 일으켜 다윗이 왕궁에서 쫓겨나는(15:17) 수모를 당하게 하기도 하였다. 인구조사로 하나님으로부터 징계(7년 기근, 3개월 도망, 사흘 전염병 중 택일)를 당하여 전염병으로 백성 칠만 명을 죽게 하였다(삼하 24:15).

그러나 하나님께서는 "내가 이새의 아들 다윗을 만나니 내 마음에 합한 사람이라 내 뜻을 다 이루게 하리라"(행 13:22)고 하시며, 다윗과의 언약(David's Covenant)을 통하여(삼하 7:8-16) 하나님은 그 가문의 왕위를 영원히 보존하시겠다고 약속하셨다. 또한 야곱의 예언 속에서 유다 자

---

23) 이병삼, 『성경 난해구절 해설시리즈 2』(서울, 도서출판 영 문, 2005), p.330.

손의 치리자의 통치가 실로가 오기까지 계속되리라는 예언의(창 49:10) 말씀은 일차적으로 다윗에 의해 성취되었고 다윗의 후손으로 오신 만왕의 왕이신 예수 그리스도에 의해 완전히 성취되었다.

(3) 솔로몬 왕(BC 970-930)

다윗이 늙자 왕위 계승 문제가 나왔으며 아들 중에서 제일 연장자인 아도니야(다섯째 부인 학깃의 아들)는 제사장 아비아달과 군대장관 요압과 함께 엔느로겔에서 즉위를 선언하였지만(왕상 1:5-10), 이에 반대하는 선지자 나단, 시위대장 브나이, 제사장 사독 등이 다윗의 승낙을 얻어 밧세바의 둘째 아들 솔로몬이 왕위 계승자임을 선언하는 즉위식을 거행하였다(왕상 1:11-49). 그 후 솔로몬 왕은 40년간 치리하였다(왕상 11:42).

솔로몬은 기존 지파 간의 경계를 무시하고 유다를 제외한 전국을 12구역으로 나누었고(왕상 4:7), 예루살렘을 중심으로 강력한 중앙집권 체제를 도모하면서 부왕의 제국을 강화시켰다. 재위 11년에 부왕이 준비하였던 건축자재로 7년에 걸친 성전 건축을 완성시켰다(왕상 6:38). 후에 왕궁도 건축하였다(7:1-8). 예루살렘을 요새화하였고 전략 거점인 므깃도, 하솔, 게셀 등도 요새화하였다(9:15). 이웃 나라들과 상업적인 교류뿐만 아니라 군사적으로도 협조 관계를 유지하였고, 특히 두로와 희람과 매우 밀접한 연관을 맺고 있었다(5:1-12).

그는 하나님께 부를 구하지 않고 지혜를 구하여 하나님으로부터 부와 지혜를 다 얻게 되었으며(12:23), 잠언의 두 부분(잠 10:1-22 ; 25:1-29)과 솔로몬의 아가, 전도서, 시 127편 등이 그의 작품이다. 또한 그의 명성을 듣고 찾아온 스바 여왕에게 답례로 준 물건 이외에 그의 소원대로 구하는 것을 주기도 하였다(10:13).

그는 애굽의 딸과도 결혼하였고, 그의 이방인 아내들은 솔로몬으로 하여금 이스라엘의 하나님에 대한 순수한 예배에서 멀어지도록 하는

(11:1-8) 우를 범하였으며, 칠백 명의 후궁과 삼백 명의 첩은 그의 마음을 돌려 하나님 여호와 앞에 온전하지 못하게 하여(11:3-4), 그의 사후에 솔로몬 왕국이 분열되는 결과를 낳게 되었다(11:9-13).

3. 분열왕국시대

(1) 분열 왕국의 원인

1) 우상숭배

전술한 바와 같이 천 명의 후궁과 첩을 두고 이방 여인들이 궁 안으로 들어오고, 시돈 왕녀를 통해 아스다롯을 좇게 되고 암몬 왕녀로 밀곰을 좇았으며 모압의 신 그모스를 위하여 예루살렘 앞산에 산당까지 세워졌다(왕상 11:7). 아스다롯은 성과 다산의 여신으로 부도덕한 신이었고(왕하 23:13), 몰렉은 어린 아이들을 제물로 태우는 율법이 금한 종교였으며(레 18:21, 20:1-5), 그모스신 예배는 잔인하고 부도덕한 것이었다.

이에 여호와께서 두 번씩이나 솔로몬에게 나타나 네가 내 언약과 내가 네게 명령한 법도를 지키지 아니하였으니 내가 반드시 이 나라를 네게서 빼앗아 네 신하에게 주리라고 하시고, 다만 다윗과의 약속 때문에 내가 이 나라를 다 빼앗지 아니하고 내 종 다윗과 내가 택한 예루살렘을 위하여 한 지파를 네 아들에게 주리라 하셨다(왕상 11:11-13).

난해 문제 : 하나님은 일부다처제인가 일부일처제인가?(창 2:24)

창세기 2장 24절를 보면 '한 남자와 한 여자가 한 몸을 이루는' 일부일처제(一夫一妻制)가 하나님께서 의도한 올바른 가정제도임을 알 수 있다. 하지만, 이곳에서 볼 수 있는 1,000명의 다처와 성경의 여러 곳에서 실제적으로 부딪치고 있는 다처제인 아브라함 가정(창 16:1-6), 야곱

가정(창 29:16-30), 기드온 가정(삿 8:30-9:57), 엘가나 가정(삼상 1:1-8), 다윗의 가정(3:205:5) 등은 여러 아내들과 여러 배다른 자녀들을 갖게 되어 가족 내의 갈등과 반목 등을 가져오는 폐단을 피할 수 없었다. 이것은 현대사회의 입장이 아니고 과거 그 시대의 중근동 지방의 관점에서 보면 다음과 같은 이유[24]로 일부다처제가 용인된 것으로 보인다.

① 자녀 욕심 : 히브리인들은 자녀에 대한 욕구가 강했고, 아내는 아들을 얻기 위한 수단으로 생각되었다. 사라가 아기가 없자 몸종 하갈을 아브라함에게 준 것이 그 예이다(창 16:3).
② 사랑과 욕정 : 노아의 홍수 이전부터 타락한 인류가 욕정을 채우기 위하여 생겨난 풍습으로 야곱이 레아와 라헬을 취한 경우이다(창 29:18).
③ 정치 동맹 : 이방 국가들 사이에 평화를 유지하기 위하여 자기나라의 공주나 아내를 서로 교환하는 풍습이 이스라엘에도 유입된 것이다(왕상 11:1 바로의 딸).
④ 노동력 확보 : 고대 이스라엘의 경우 농사일과 가축 떼를 돌보는 일에 필요한 노동력의 확보를 위해 많은 아내를 두고 자녀를 가질 필요가 있었다.(삼상 16:11 여덟 번째 막내 다윗이 양을 지키다)

결론적으로 하나님의 의도는 일부일처제이나 당시의 필요와 풍습에 의하여 일부다처제로 변형된 것으로 이 시대의 우리는 일부일처제를 따라야 한다고 생각한다.

2) 애굽의 솔로몬 왕을 약화시키려는 공작

애굽 왕 시삭은 중계무역을 독점하고 있는 솔로몬 왕 체제를 약화시

24) 이병삼, 『성경 난해구절 해설 시리즈 3』(서울 : 도서출판 영문, 2005), pp.76-77.

키기 위하여 정치적 공작을 꾀하였으며, 솔로몬의 대적 세력들을 암묵적으로 애굽으로 받아들여 비호하여 주면서 솔로몬 체제의 약화를 도모하였다. 그 중 하나인 에돔 사람 하닷이 애굽으로 피신하였을 때 바로가 그의 처제를 하닷의 아내로 주고 후대하여 주었으며(왕상 11:14–22), 솔로몬의 두터운 신임을 받고 있었던 에브라임 족속 느밧의 아들 여로보암이 10지파의 왕이 될 것이라는 아히야 선지자의 예언이 있은 후에 솔로몬으로부터 위협을 당하고 애굽으로 피신하게 되자, 솔로몬이 죽을 때까지 그를 보호해 준다(왕상 11:26–40).

3) 다윗왕가 통치에 대한 지파들의 반감

다윗왕가 중심의 통치에 대한 다른 지파들의 반감이 팽배해 있었으며 솔로몬 치하에서 과중한 세금과 부역에 시달리던 사람들이 르호보암의 등극을 계기로 부담을 줄여 달라는 요구를 하였다. 그러나 그는 젊은 신하들의 조언을 채택하여 도리어 더 강경책으로 억압하는데(내 아버지는 채찍으로 너희를 징계하였으나 나는 전갈 채찍으로 너희를 징치하리라, 왕상 12:14) 그 정치력의 부재는 이스라엘 10지파가 여로보암을 중심으로 모반을 일으키는 동기가 되었다.

(2) 남유다 왕국의 왕들의 치세

솔로몬의 뒤를 이은 르호보암은 정치력의 부재로 10지파를 이끌고 독립을 한 북이스라엘을 장악하지 못하고 유다와 베냐민 2지파 중심의 남유다 왕국만을 경영하는 신세로 전락하였으며, BC 586년 바벨론의 느부갓네살에 의하여 멸망하기까지 20왕에 의하여 345년간 통치되었다.

요아스, 아마샤, 히스기야, 요시야 같이 신실한 왕들도 있었지만 다윗처럼 일관된 신앙을 가진 왕은 나오지 않았고, 처음부터 악한 왕들도 있었다. 남왕국의 특징은 북이스라엘처럼 정변이 없었다.

바벨론에 의하여 포로로 끌려간 자들이 남은 자가 되어 신앙을 지켰다. 이하 20왕들의 치세를 간략히 살펴보기로 한다. (요약은 〈표-5〉를 참조)

제1대 르호보암(왕상 11:43, 14:21-31)

솔로몬과 암몬 여인 나아마의 아들로서 세금을 탕감하여 달라는 백성들의 요구(왕상 12:4)를 젊은 신하들의 의견을 받아들여 거절함으로써 반란의 도화선이 되게 했고, 분열 왕국의 장본인이 되었다.

그는 아내가 18명, 첩 60명, 아들 28명, 딸 60명이었고, 제위 5년에 애굽 왕 시삭의 침입을 받아 성전과 왕국을 노략질당했다. 금방패를 빼앗기고 놋방패로 대치하였다(왕상 14:25-28). 영적으로는 처음 통치 3년(대하 11장)까지는 다윗과 솔로몬의 길로 행했지만 제위 5년에 율법과 하나님을 버렸다(대하 12장).

제2대 아비야(왕상 15:1-8 ; 대하 13장)

아비야는 3년 동안 유다를 통치했는데 그는 북이스라엘의 잘못된 제사를 지적하고 남유나의 규례대로 직무를 수행했으나 그는 하나님의 도우심에도 불구하고 타락하여 그 아버지와 같이 악을 행하였고 우상 섬기는 것을 허락하므로 백성들은 회개치 못하고 더 악해졌다. 북이스라엘과 국경 분쟁에 직면하고(13장), 구스의 침공을 받게 되었다(왕상 14:9-14).

제3대 아사(왕상 15:9-24 ; 대하 14-16)

아비야의 아들인 아사는 41년 동안 치리하였으며, 그 조상들이 지은 모든 우상을 훼파하고(왕상 15:12) 일평생 여호와 앞에 온전하였다. 그러나 이스라엘 왕 바아사 사이에 일평생 전쟁이 있었다(왕상 15:16). 유다의 선한 왕 가운데 하나였으나 늙어서 발에 병이 있었다(왕상 15:20).

제4대 여호사밧(왕상 22:41–50)

25년 동안 유다를 통치했고 유다의 선한 왕 중(13대 히스기야 왕, 16대 요시야 왕)의 한 사람이다. 그는 우상숭배를 없애고 전 국가에 율법 교사를 파송하여 종교교육을 실시했다. 또한 종교관리와 민정관리를 임명하여 종교와 정치를 분리했다. 그의 통치 13년에 이스라엘 왕 아합과 동맹 관계를 맺기 위하여 아들 여호람을 아합의 딸 아달랴와 결혼 시켰고(대하 18:1) 이에 대하여 예후의 책망을 받았다. 모압과 암몬 자손의 공격을 물리치는 데 성공(대하 20:1–30)하였다.

그는 통치 초기에는 율법을 유다의 여러 성읍에서 가르치며 부흥 운동으로 왕권이 점점 강해졌으나 통치 말기에 여호와 하나님을 미워하는 자들(아합, 아하시아, 요람)과 연합함으로 씁쓸한 인생 말년이 되었다.

제5대 여호람(왕하 18:16–24 ; 대하 21:1–20)

유다의 12명의 악한 왕 중의 세번째 사람이다. 그는 아합의 딸 아달랴와 결혼한 후에 그들의 악한 길을 따랐다. 그는 우상을 만들었고 그는 왕위에 오른 뒤에 그의 여섯 형제를 죽였다. 선한 아우를 죽이고 포악한 정치 때문에 선지자 엘리야의 심판 예언을 들었다. 결국에는 창자가 빠져나오는 병에 걸려서 죽었다. 그는 열왕의 묘실에도 못 들어갔다.

제6대 아하시야(왕하 8:25–9:29), **마태복음 1장 예수의 족보에서 빠짐**

여호람과 아달랴의 아들인 아하시야는 아버지 아합의 길로 행한 유다의 네 번째 악한 왕이었다. 그는 우상숭배를 계속했으며 이스라엘의 왕인 여호람과 동맹을 맺었다. 예후가 여호람을 죽이기 위하여 이스라엘로 갔을 때 아하시야는 함께 있다가 죽음을 당했으며 또한 그의 42명의 형제 친척들이 죽임을 당하였다.

제7대 아달랴(왕하 11장 ; 대하 22:10–23:21)

아합과 이세벨의 딸로서 유다 왕 여호람의 아내이며 아하시아의 어머니이다. 이세벨과 아달랴는 이스라엘 역사상 5대 악한 여성 중에 포함된다.[이세벨, 아달랴, 들릴라, 세레스(하만의 아내, 에스더 5:14, 6:13), 헤로디아].

그녀는 아들인 아하시야가 죽자 도망한 왕자 요아스를 제외한 모든 왕족을 죽였고 6년 통치 후에 참수형을 당하였다. 그녀는 여호람의 미망인으로 왕비 8년, 아하시야의 어머니로 황후 1년, 왕위를 찬탈하고 왕으로 6년을 정권을 가졌으나 제사장 여호야다의 명령으로 백부장들이 여호와의 전 밖으로 길을 열어 주어 왕궁 말문 어귀에 이를 때에 군대에 의해서 죽임을 당했다(대하 23:15).

제8대 요아스(여호아스)(왕하 11–12장 ; 대하 22:10), **마태복음 1장 예수의 족보에서 빠짐**

요아스는 선하게 시작했다가 악하게 끝난 왕이다. 그는 아달랴가 훼손한 성전을 수리하고 이를 위해 모금을 했다. 그러나 그의 선행은 여호야다 대제사장이 살아 있는 동안 계속되었을 뿐이었다.

제사장 여호야다가 죽자 요아스는 우상숭배에 빠져 선지자들의 충고를 듣지 않았다. 또 여호야다의 아들인 당시의 대제사장 스가랴가 왕의 죄를 백성에게 담대하게 알리자 돌로 쳐 죽이도록 허락하였다(대하 24:20–21). 후에 수리아(아람)왕 하사엘이 유다로 진격해 오자 요아스는 성전의 보물들을 뇌물로 주었다. 말년에 심복들에 의해 암살당했다(대하 24:23–25).

제9대 아마샤(왕하 14:1–22 ; 대하 25장), **마태복음 1장 예수의 족보에서 빠짐**

아마샤는 살해당한 요아스의 아들로서 그 아버지의 살해자들을 죽임으로써 그의 통치를 시작하였다. 전쟁 준비를 위해서 이스라엘의 용병을 은 100달란트에 10만 명 사 왔으나 선지자의 질책으로 돌려보냈다. 그 용병들이 돌아가면서 성을 엄습하고 3천 명을 죽이고 물건을 노략해 갔다. 그는 통치 기간 중 에돔을 격파했는데 돌아올 때에 그들의 신들을 가져와서 그 에돔의 신들을 섬겼다. 그때 선지자의 책망이 있었는데 그것을 무시하고 선지자의 입을 막으므로 멸망을 자초한다.

또 승리에 대해 교만하여 이스라엘의 요아스에게 전쟁을 일으켜 패하고 왕궁의 보물과 사람들을 볼모로 잡혀가게 했다. 그리고 80년을 계속해 온 남북간의 동맹이 무너지고 말았다. 아마샤는 반역자들에 의해 살해당했고 아마샤 이후 유다는 다시 이스라엘과 대립 관계를 가지게 되었다.

제10대 웃시야 / 아사랴(왕하 15:1-7 ; 대하 26장)

웃시야란 말은 "여호와의 힘"이란 뜻이나, 웃시야는 선하기보다는 위대한 왕으로서 그의 후반기 생애는 악으로 물들어져 있다. 그는 에돔, 블레셋, 아람, 암몬 등을 점령했고 예루살렘의 성벽을 튼튼하게 했고, 탑들을 쌓았고 강력한 전쟁 무기를 발명하며 군대의 수를 증가시켰고 예루살렘의 관개시설을 개선함으로 큰 명성을 날렸다.

그는 스가랴가 살아 있는 동안에 하나님을 찾았고 그가 하나님의 뜻을 찾는 동안에는 하나님께서 그가 하는 일마다 형통하게 했다. 그의 업적을 보면 엘롯성을 재건하였고, 블레셋의 강한 성들을 정복하였으며, 아라비아인들을 물리치고 암몬 족속으로 조공을 바치게 하였다.

그러나 그는 교만하여 성전에 들어가 제사장이 하는 분향을 대신 하려다가(대하 26:16) 이마에 문둥병이 들어서 죽는 날까지 문둥병자로 별궁에서 외로운 삶을 보냈다. 그가 살아 있는 동안에 스가랴, 아모스, 호세아가 예언하고 있었으며, 그가 죽던 해에 이사야가 예언하기 시작했다(암 11:1 ; 호 1:1 ; 사 6:1).

제11대 요담(왕하 15:32–38 ; 대하 26:1–9)

요담은 25세 때 왕위에 올라 성전의 윗 문을 건축하고 산간 지방에 성읍을 건축하고 수풀 사이에 진영과 망대를 세우고 암몬을 쳐부수고 매년 엄청난 조공(은 100달란트, 밀 1만석, 보리 1만석)을 거두었다. 요담은 하나님 앞에 정도를 행하였으므로 점점 강하여졌다. 그는 선한 왕이었다.

제12대 아하스(왕하 16장, 대하 28장)

아하스는 이버지와는 달리 악한 왕이었다. 유다의 왕 중 가장 악한 사람으로서 대표적인 배교자였다. 그는 바알과 다른 거짓 신들을 섬겼다. 그는 아들을 우상의 제물로 바치고, 동정녀 탄생에 대해 최초로 들은 왕이었으며, 성전 모독 죄를 짓고 유다 각 성읍에 산당을 세웠다. '이스라엘 왕'이란 불명예스런 칭호가 붙었다. 아하스의 죄에 대하여 하나님의 징벌이 있었지만 그는 회개하지 않았다. 아하스 왕을 끝으로 분열 왕국시대의 종말을 오게 하고 유다만의 시대가 136년 동안 계속되었다.

| 북이스라엘 멸망 후의 유다의 왕 |

제13대 히스기야(왕하 16:20, 18:20 ; 대하 28:27–32)

히스기야는 아하스의 아들로서 유다 왕 중 가장 선한 왕이자 가장 부유했다. 그는 여호와의 전을 성결케 하고 더러운 것들을 성소에서 제거하였다(대하 29:2). 그리고 여호수아 이후 지키지 않았던 유월절을 지키며 종교개혁을 일으켰다. 히스기야는 교만으로 중병이 생겼을 때 그의 간절한 기도로 인하여 15년 동안 생명을 연장시킬 수 있었다(왕하 20장 ; 대하 32:24–31).

그는 말년에 궁중에 있는 많은 보물을 자랑하다가 이사야 선지자의 혹독한 책망을 받았다. 이사야는 그 모든 것이 바벨론으로 옮긴 바 된다고 예언했고, 이는 128년 후에 성취되었다.

제14대 므낫세(왕하 20장, 21:1-20 ; 대하 33장)

므낫세는 남,북 전체 왕 중에 가장 장기집권한 왕이다. 55년 동안 유다를 통치했다. 처음에 그는 아버지가 없애 버린 신당을 다시 세우고 하나님 공경하는 일을 폐하고 자기의 아들까지 사신에게 불살라 제사 지낸 일이 있으며 하나님을 공경하는 사람을 심히 핍박하였다. 후에 앗수르 왕이 예루살렘을 점령하고 므낫세를 잡아갔으나, 감옥에서 깊이 회개함으로 다시 왕 노릇 할 수 있었으며, 그때서야 므낫세가 여호와께서 하나님이신 줄을 알았다(대하 34:13).

제15대 아몬(왕하 21:18-26, 대하 33:20-25)

아몬이란 이름은 애굽 신의 이름을 사용한 것이었다. 그는 2년 동안 아버지가 만든 아로새긴 모든 우상에게 제사하여 섬겼으며 악한 왕으로 군림했고, 부친 므낫세의 나중에 스스로 뉘우치고 겸비함 같이 여호와 앞에서 스스로 겸비치 않고 더욱 범죄하더니 신복들이 반역하여 그를 죽였다.

제16대 요시야(왕하 21:24, 26, 22-23장)

이름은 '여호와께서 치료하신다'는 뜻으로, 그는 31년 동안 왕위에 있었으며 선한 왕 중의 하나이다. 성전을 수리하고 율법을 가르치며 신당을 다 없애고 유월절을 지켰다. 그는 율법책을 발견하여 가르칠 뿐만 아니라 여러 방면에서 종교개혁을 실시하였다. 그는 다윗 이래 가장 경건한 왕이고, 치리를 시작할 때 우연히 성전에서 모세의 율법책을 발견하고, 유다 온 땅에 율법이 읽히도록 하였다.

그의 신앙은 여호와 보시기에 정직히 행하였고, 그 조상 다윗의 길로 행했으며, 좌우로 치우치지 아니했다. 그의 종교개혁은 바알의 모든 산당을 부수고, 부어 만든 우상들을 빻아 가루로 만들어 제사하던 자들의 무덤에 뿌리고, 이방 제사장들의 뼈를 섬기던 제단에서 불살랐다.

요시아는 8세에 즉위하여 16세에 하나님을 찾고, 20세에 예루살렘의 성결 작업을 시작하여 26세 때 성전 정결 완료하고 성전 수리하고, 유월절을 지켰다. 그리고 39세 때 애굽과의 전투 중 므깃도에서 전사하였다.

제17대 여호아하스(왕하 23:30-34 ; 대하 36:1-4)

이름은 '하나님께서 붙드신다'는 뜻이다. 그는 요시아의 둘째 아들로서 히스기야나 요시야를 본받지 않고 므낫세와 아몬의 행위대로 악을 행하였다. 애굽을 반대한 그는 부왕을 죽인 바로 느고에 의해 3개월 만에 폐위되고 불잡혀 가서 죽었다.

제18대 여호야김(엘리야김, 왕하 23:34-24:7 ; 대하 34:4-8)

여호야김은 요시아의 맏아들이다. 애굽의 바로 느고에 의해서 왕위에 오르고, 죄없는 자를 죽이고 예레미야를 핍박하였다. 11년 동안 왕위에 있었으며 악한 왕이었다. 처음 4년은 애굽의 속국이 되었으나, 그 후 바벨론의 느부갓네살에 의해 다시 바벨론의 속국이 되었고, 쇠사슬로 결박해서 바벨론으로 끌려갔다. 이때 다니엘, 사드락, 메삭, 아벳느고도 포로로 잡혀갔다. 그는 죽어 시체가 나귀처럼 취급받아서 예레미야의 예언이 성취되었다.

제19대 여호야긴(고니아, 여고니아, 왕하 24:6-16, 25:27-30)

여호야김의 아들로 3개월간 통치했다. 그는 부친의 모든 행위를 본받아 여호와 보시기에 악을 행하였다(왕하 24:9). 그가 통치한 지 100일째 되는 날, 느브갓네살이 예루살렘을 포위하고 왕과 에스겔, 주요인물 1만 명을 잡아갔다(왕하 24:14).

제20대 시드기야(왕하 24:17-25:21 ; 대하 36:10-21)

시드기야는 요시야의 넷째 아들로서 그의 형제들과 같이 여호와 보시기에 악을 행하였다. 시드기야는 애굽과 동맹하여 느부갓네살을 대항하려고 하였다. 이때 느부갓네살이 다시 쳐들어 와서 도망하는 시드기야를 잡아 눈을 빼고 바벨론으로 끌어갔다. 이때 많은 사람이 바벨론 포로로 잡혀갔다. 예루살렘 성전은 파괴되었고 모든 기물들을 빼앗겼다.

시드기야 왕을 끝으로 20명의 왕이 활동했던 남유다왕국도 끝나고, 그 후 이스라엘은 하스몬 왕조의 독립 기간 104년(BC 167–BC 63)을 제외하고 1948년 5월 14일 영국의 통치로부터 독립할 때까지 2,430년 동안 異민족의 지배를 받게 되었다.

(3) 북이스라엘왕국의 왕들의 치세

북이스라엘은 여로보암에 의하여 건국된 이래 19왕의 치세 동안 253년간 계속되나 BC 722년 호세아 9년에 앗수르의 살만에셀에게 멸망당하였다. 왕들은 한결같이 여로보암의 길(금송아지 산당)과 아합의 길(바알신 숭배)을 행하여 하나님 앞에 악을 행하였다.

제1대 여로보암(왕상 11:26–14:19)

솔로몬은 여로보암이 10지파의 통치자가 될 것이라는 예언을 들었을 때 그를 죽이려 했으나 그는 애굽으로 도망하여 애굽 왕 시삭의 보호를 받았고, 솔로몬이 죽었다는 소식을 듣자 여로보암은 곧 세겜으로 돌아왔다. 그리고 북족 10지파들의 왕이 되어 22년간 치리하였다.

여로보암은 북쪽 지파들이 유대 땅에 있는 예루살렘에 가서 제사를 드리는 것을 막기 위해서 벧엘과 단에 금송아지를 둔 신당을 세워 경배하게 하였다.

제2대 나답(왕상 15:25-32)

여로보암은 아들 나답에게 왕권을 물려주었다. 성경에는 나답에 대해서는 자세한 기록이 없다. 그는 아버지를 좇아 악한 행실을 자행했으며 겨우 2년을 통치한 후, 그가 블레셋의 한 성읍을 포위하고 있을 당시 잇사갈 사람 바아사에게 살해되었다.

제3대 바아사(왕상 15:26-16:7)

바아사는 이스라엘의 장군으로서 약탈과 살육으로 권력을 잡고 나답과 온 집안을 쳐서 죽이고 왕이 되어 24년 동안 통치하였으나 여전히 여로보암의 길을 본받아 악을 행하였다. 유다의 아사왕에게 전쟁을 포고하고 유다로 통하는 길을 막기 위해 라마에 성벽 요새를 축성하였다.

제4대 엘라(왕상 16:6-14)

바아사의 아들인 엘라는 정신이 혼란한 바보였다. 그가 디르사에 있는 그의 궁내대신 아르사의 집에서 술을 마시고 취해 있을 때에 병거 절반을 통솔하던 군대장관인 시므리가 그를 암살함으로써 2년 동안의 그의 통치시대가 끝났다.

제5대 시므리(왕상 16:9-20)

시므리 왕은 새 조정을 시작하고 7일 동안 왕 노릇 하였다. 살육과 약탈로 왕이 되었지만 백성들에세 배척을 당했다. 그때에 오므리가 시므리 왕이 있는 궁을 둘러싸고 죽이려고 하자 스스로 왕궁에 불을 놓고 그 가운데서 타 죽었다.

제6대 오므리(왕상 16:15-28)

오므리는 12년 동안 왕 노릇 했고 이때까지 왕 중에서 가장 강력한 군주였다. 수도를 '디시리'에서 '사마리아'로 이전하였고, 전왕인 시므리

보다도 더 악한 왕이 되었다. 아들 아합을 이세벨과 결혼을 시켰다.

제7대 아합(왕상 16:29–22:40)

아합은 22년 동안 왕위에 있었다. 오므리의 아들인 아합은 이스라엘의 모든 왕 중에서 가장 악한 왕이었다. 우상을 섬기며 바알신을 섬겼고 하나님을 공경하는 선지자와 제사장을 죽이고 바알을 위해 신당을 세우고 백성을 심히 악하게 다스렸으며 그의 아내 이세벨은 베니게 왕의 딸로서 바알신을 이스라엘에 가지고 들어왔다.

그의 바알 숭배가 나라의 큰 기근을 초래하였으며 유다 왕 여호사밧과 사돈을 맺어 군사동맹을 맺고 이득을 얻어 몇 번의 전쟁에서 승리하였다. 그리고 일시적이고 순간적인 회개(왕상 21:29)가 있었지만 결국은 수리아와의 전투에서 전사한다. 이때에 유명한 선지자 엘리야는 갈멜산에서의 우상과 영적 대결(바알 선지자 450명, 아세라 선지자 400명)하여 승리하였다(왕상18:38–40). 딸 아달랴와 남유다 여호람 왕이 결혼하였다.

제8대 아하시야(왕상 22:51–왕하 1:18)

아하시아는 아합과 이세벨의 첫째 아들로 2년 동안 왕위에 있었으며 힘은 아합 왕에 미치지 못했으나 악한 일은 아버지 못지않게 많이 행하였다. 하나님을 배반하고 우상을 숭배하므로 엘리야가 와서 책망하자 아하시야는 두 번이나 엘리야를 죽이려 했으나 하늘에서 불이 내려와 그 군대들을 다 죽이고 그는 여호와의 말씀대로 죽었다.

제9대 여호람(요람)(왕하 3:1–9:29, 대하 22:7–9)

여호람은 아합과 이세벨의 막내아들로 형인 아하시야의 뒤를 이어 왕위에 올랐다. 이때 엘리야가 승천했다. 여호람은 바알을 섬겼으며 모압이 이스라엘을 반역하여 일어나자 유다 왕 여호사밧과 에돔의 도움을 구하여 모압을 치려고 했다. 엘리사의 도움으로 이 싸움에서 승리했다. 엘리사의 명을 따라 엘리사의 생도 중 한 사람이 예후에게 기름을 부어 왕으로 삼자 예후는 이스라엘로 가서 여호람의 염통을 활로 쏘아 죽여 나봇의 밭에 던지었다(왕하 9:24–26).

제10대 예후(왕상 19:15–18 ; 왕하 9–10장)

예후는 엘리사가 보낸 생도 중에 한 사람으로부터 기름부음을 받고 여호람 왕을 죽이고 왕이 된 자로서 잔인함에 있어 전무후무한 사람이었다. 그는 여호람, 아하시아, 이세벨, 아합의 70명의 아들들, 이스라엘에 있는 아합의 추종자들, 아하시야의 42명의 가족들, 사마리아에 있는 아합의 추종자들, 선지자들과 바알의 추종자 모두를 색출하여 죽였다. 예후는 바알을 섬기는 자들을 멸하고 그들의 신당을 공중화장실로 만들며(왕하 10:19–28) 하나님께 칭찬을 받았으나 그는 또다른 우상인 금송아지를 섬기는 죄에서 떠나지 못하였다(왕하 10:29).

제11대 여호아하스(왕하 13:1–9)

여호아하스는 예후의 아들로 수리아의 하사엘과 그의 아들 벤하닷의 손에 붙여져(왕하 13:4) 겨우 명맥만 유지하였다. 그는 여로보암의 범지를 그대로 실행했던 자였으며 17년 동안 이스라엘을 통치하고 죽었다.

제12대 요아스(왕하 13:10–25)

여호아하스와 같이 여로보암의 죄를 따랐으나 몇 가지 잘한 점도 있다. 예를 들면, 엘리사의 죽어 가는 자리에 방문하여 그를 위해 슬퍼한 일(왕하 13:14), 수리아 군대를 3번이나 물리친 일(왕하 13:18–19), 하사엘이 그의 부친에게서 빼앗은 요단 서편의 모든 도시를 회복한 일, 유다의 어리석은 왕 아마사에게 관용을 베푼 일 등이 있다.

제13대 여로보암 2세(왕하 14:28-29)

여로보암 2세는 가장 호전적인 왕이었으며 이스라엘 왕 가운데서 가장 성공적인 행정가였다. 수리아를 안전히 격퇴했을 뿐 아니라 그의 아버지 때 잃어버린 모든 지역을 회복했기 때문이다(왕하 14:25). 그러나 그는 사치와 방탕을 일삼았고 도덕적으로도 부패한 사람이었다(호 2:8). 이 시대에 중요한 사건은 예언 문화가 나타나기 시작하였고, 문서 예언자 아모스, 호세아. 요나가 이때 활동했다.

제14대 스가랴(왕하 15:8-12)

여로보암 2세의 아들로서 6개월간 보좌에 앉아 있다가 살룸이라는 폭도에게 암살되었다. 그는 예후 왕의 4대손이고 그가 죽으므로 예언이 성취되어 예후왕조가 4대로 막을 내렸다. 그는 열조의 행위대로 여호와 보시기에 악을 행하였다(왕하 15:9).

제15대 살룸(왕하 15:18-15)

살룸은 왕위의 찬탈자로서 제6대 이스라엘 왕조의 창설자다. 그는 백성 앞에서 스가랴를 쳐 죽였다. 그러나 그의 왕조는 1개월 후 므나헴이라는 잔인한 병사에게 암살되므로 끝났다.

제16대 므나헴(왕하 15:16-22)

가디의 아들 므나헴이 사마리아에서 왕이 되어 10년 동안 치리했다. 앗수르 왕 불이 그 땅을 치려 할 때 은 1천 달란트로 조공을 바쳐 벗어났다. 이때부터 앗수르의 이스라엘 정복이 시작되었다. 영적으로는 여로보암의 죄에서 평생 떠나지 않았다.

제17대 브가히야(왕하 15:23-26)

브가히야에 대해서는 므나헴의 아들이란 것과 여호와 보시기에 악을 행하였다는 것과 그의 호위대장인 베가의 손에 죽었다는 것 외에는 성경에 기록이 없다.

제18대 베가(왕하 15:27-31, 16장)

베가는 그의 선조들과 같이 금송아지를 섬겼다. 그는 통치 기간 중 수리아의 왕 르신과 동맹을 맺어 유다에 대항하였다. 그는 유다에 많은 손실을 주었고 12만 명을 죽였고 20만 명의 여인들과 자녀들을 사마리아로 잡아왔으며 많은 재물을 노략하였다. 그러나 선지자 오뎃의 권면으로 그들을 다시 돌려보냈다.

제19대 호세아(왕하 16:30, 17장)

북이스라엘의 마지막 왕조인 9대 왕조의 창설자로서 앗수르에 대항하여 애굽과 연합하지만 앗수르 왕 살만에셀에 의해 점령당함으로, BC 722년에 이스라엘 왕조는 막을 내렸다.

북왕국 이스라엘의 253년 역사의 종지부를 찍었는데, 그 이유를 열왕기 기자는 "저희가 하나님의 말씀을 준행치 아니하고, 그 언약을 배반하고, 여호와의 종 모세의 모든 명한 것을 듣지도 아니하며 지키지도 아니하며, 하나님을 떠났기 때문"이라고 말하고 있다(왕하 17:7-18).

북왕국 이스라엘은 모두 19명의 왕이 통치했으며(〈표-5〉 참조), 그 중 7명의 왕만 자연사하였고 나머지는 모두 불운한 죽음을 당했다. 북왕국에서 활동한 예언자로는 아히야, 엘리야, 엘리사, 잇도, 오뎃, 예후, 미가야, 오바댜, 요나, 아모스, 호세아 등이다.

〈표-5〉 분열왕국시대

	통일 왕국	사울 왕Saul (BC 1050–BC 1010)			
		다윗 왕David (BC 1010–BC 970)			
		솔로몬 왕Solomon (BC 970–BC 931)			
순위	남유다(20왕, 345년간 BC 931–BC 586)	성경	순위	북이스라엘(19왕, 210년간 BC 931–BC 722)	성경
1	르호보암(Rehoboam), BC 931–17년간 예루살렘에서 치리, 애굽이 예루살렘을 함락	왕상 12장 대하 12장 (BC 931–913)	1	여로보암(Jeroboam)1/2, BC 931, 22년간 디르사에서 치리, 예배 중심지를 벧엘과 단에 세움	왕상 12:20
2	아비얌(아비야, Abijah), BC 913, 3년간 하나님께 악을 행한자	왕상 15장 대하 13장 (BC 913–911)	2	나답(Nadab)2/2, (BC 910–BC 909) 재위 2년에 바아사에 의해 시해, 2년간	왕상 15:27
3	아사(Asa), BC 910, 41년 치리, 바알신전 훼파, 구스100만 대군을 하나님의 기도로격파. 여호와의 길, 후에 선지자 학대	왕상 15장 대하 14–16장 (BC 911–870)	3	바아사(Baasha)1/2, 24년간, 여로보암 집안 멸절시킴	왕상 15:27
		왕상 15장 대하 14–16장 (BC 911–870)	4	엘라(Elah)2/2 2년간	왕상 16:8–12
4	여호사밧(Jehoshaphat), BC 873, 25년간, 이스라엘 아합과 동맹. 모압과 암몬의 동맹군을 성가대만으로 물리침, 여호와의 길, 3대 선왕(여호사밧, 히스기야, 요시아)	왕상 22:41 대하 17–20장 (BC 870–848)	5	시므리(Zimri 엘라의 부하), 반역으로 7일간 왕	왕상 16:15
		왕상 22:41 대하 17–20장 (BC 870–848)	6	오므리(Omri)왕조 1/4, BC 885, 12년간(6년간 디르사, 6년간 사마리아에서 통치) 모압 정복, 사마리아 수도	왕상 16:23
5	여호람(Jehoram), BC 849, 8년간 아합의 딸 아달랴와 결혼	왕하 8장 대하 21장 (BC 848–841)	7	아합(Ahab)2/4(왕비 이세벨), BC 874, 22년간, 아람 왕 벤하닷과 싸워 이김, 바알숭배, 엘리야와 싸움	왕상 22
6	아하시야(Ahaziah), 1년간, 병든 외삼촌인 북이스라엘의 요람 왕 문병시에 횡사함	왕하 8장 대하 22장 (BC 841)	8	아하시야(Ahaziah) 3/4, BC 853, 2년간치리,無子 바알세붑 신앙(파리떼, Baal-Zebub:god of fly 파리의 주)	왕상 22:51 왕하 1:1
7	아달랴(Athaliah)여왕, 자기가 왕이 되려고 손자들을 죽임. 바알숭배, 7년간	왕하 11장 대하 22, 23	9	요람(Joram/Jehoram 여호람) 4/4, BC 852, 아합의 말자 12년간 치리. 문병온 남유다 왕 아하시야와 요람 왕 : 군대장관 예후의 쿠테타로 피살당함.	왕하 3:1 왕하 9:24

8	요아스(Joash), 7세에 제사장 요야다에 의해 즉위 40년간 치리, 다윗의 길, 신전 수리, 말년에 우상 숭배 허용, 신복들에 의해 살해됨	왕하 12장 대하 24장 (BC 835–796)
9	아마샤(Amaziah), 29년간, 하나님을 의지하고 에돔을 쳐서 이김. 그러나 에돔의 우상을 숭배	왕하 14장 대하 25장 (BC 796–766)
10	아사랴(웃시야, Azariah), 16세에 왕. 52년 동안 재위하는 축복. 교만함(제사장 역할)으로 문둥병에 걸려서 별궁에 기거하며 요담 왕의 섭정	왕하 15장 대하 26장 (BC 783–742, 선왕과 아들 공동 통치, 약 25년)
11	요담(Jotham), 하나님을 경외하며 섬겨서 강해짐. 산당은 제하지 않음. 16년간 치리.	왕하15장 대하27장 (BC 740–736)
12	아하스(Ahaz) 바알 숭배로 하나님의 징계. 아람 왕 르신과 이스라엘 왕 베가가 침입 예루살렘정벌	왕하 16장 대하 28장 (BC 736–716)
13	히스기야(Hezekiah) 3대 선왕 중 한 명. 다윗의 길을 감. 앗수르 18만 5천 명의 군대를 기도로 물리침. 수명 15년 연장. 이에 교만해짐, 29년간	왕하 18/20 대하 29/32 (BC 716–687)
14	므낫세(Manasseh) 제일 악한 왕. 바알 숭배, 55년간	왕하 21장 대하 33장 (BC 687–)
15	아몬(Amon), 2년간 바알신을 섬기는 악한 왕	왕하 21장 대하 33장 (BC 642–)
16	요시야(Josiah) 하나님에 합한 왕. 성전 정화. 율법책(신명기) 발견. 애굽 느고 왕에 의해 므깃도 전투에서 전사	왕하 22/23 대하 34/35 (BC 640–609)
17	여호아하스(Jehoahaz), 요시야 차남, 23세 즉위 3개월 왕, 애굽 느고 왕에 포로로 잡혀감	왕하 23:31 대하 36:1 (BC 609–)

10	예후(Jehu) 1/5, BC 841, 28년간, 엘리사가 기름부어 왕이 됨	왕하 9/10
11	여호아하스(Jehoahaz) 2/5, 17년간 치리 (BC 814–BC 798)	왕하 13:1
12	요아스(Jehoash)3/5 16년간 치리(BC 798–783)	왕하 13:10
13	여로보암(2세Jeroboam), 4/5, 41년 재위, 아모스, 호세아, 요나, BC 783–BC 743)	왕하 14:23
14	스가랴(Zechariah) 5/5, BC 743, 6개월 왕	왕하 15:8
15	살룸(Shallum), BC 743 1개월 왕	왕하 15:13
16	므나헴(Menahem), 1/2, 10년간 통치(BC 743–)	왕하 15:19
17	브가히야(Pekahiah), 1/2, (BC 738–BC 737) 2년간	왕하 15:23
18	베가(Pekah), (BC 737–732), 20년간 치리	왕하 15:27
19	호세아(Hoshea), BC 732–BC 722, 9년간 앗수르 살만에셀 5세에게 멸망	왕하 17:4

결론 : 19왕 모두 여로보암(금송아지산당)의 길과 아합의 길(바알신 숭배)로 행하여 결국 멸망

1. 성전기공 성전완공	BC 966 BC 959
2. 왕궁기공 왕궁완공 :	BC 959 BC 946
3. 엘리야의 사역 시작 4. 아합의 전사 5. 엘리사의 사역시작 6. 아모스의 사역시작	BC 875 BC 853 BC 848 BC 760
7. 호세아의 사역 시작 8. 미가의 사역 시작	BC 746 BC 740

18	여호야김(Jehoiakim), 요시야 장남. 25세 즉위 11년간 왕. 애굽에 의하여 왕이 되나, 바벨론의 포로로 잡혀감. 악한 왕.	왕하 23:36 대하 36:5 (BC 609–598)		9. 북이스라엘 함락 10. 예레미야 사역 시작 11. 앗수르가 바벨론(갈대아 우르/이스라엘 탄생지 : 현재의 이라크)에 의해 멸망	BC 722 BC 627 BC 612
19	여호야긴(Jehoiachin), 여호야김의 子 8세 즉위 3개월 왕. 바벨론에 의하여 폐위. 포로가 됨	왕하 24:8 대하 36:9 (BC 598–597)		12. 바벨론 1차 침입(포로 : 다니엘과 왕족, 귀족) 13. 바벨론의 2차 침입(포로 : 여호야김, 에스겔 선지자)	BC 605 BC 597
20	시드기야(Zedekiah), 요시야의 3남, 21세 즉위. 11년 치리. 바벨론을 배반하고 애굽 편을 들다가 바벨론(느부갓네살)의 침입으로 멸망. BC 586	왕하 25장 대하 36:11 (BC 597–586)–		14. 남유다 함락 (포로 : 시드기야 왕) 므깃도Megiddo BC 609 전투 : 애굽의 느고 왕에게 요시야 왕 전사. 애굽 쇄락의 길	BC 586
	결론: 남유다왕국 12명의 악한 왕과 8명의 선한 왕 (3, 4, 8, 9, 10, 11, 13, 16代 王)			갈그미스(Carchemich BC605) 전투에서 애굽이 바벨론에게 패함. 애굽이 점령당함	

난해 문제 : "선지자 이사야가 여호와께 간구하매 아하스의 일영표 위에 나아갔던 해 그림자로 십도를 물러가게 하셨더라"(왕하 20:11).

"Then the prophet Isaiah called upon the Lord, and the LORD made the shadow go back the ten steps(10도) it had gone down on the stairway(일영표) of Ahaz"(NIV)

위의 성경 구절은 남유다 13대 왕 히스기야가 병들었을 때에 "여호와께서 나를 낫게 하시고 삼일만에 여호와의 전에 올라가게 하실 무슨 징조가 있나이까"(왕하 20:8) 하는 히스기야의 질문에 선지자 이사야의 대답에서 나온 것이다.

이사야는 이에 대하여 해의 그림자(일영표)가 10도를 더 나아가게 해줄 것인지 아니면 10도 뒤로 물러나게 할 것인지를 우선 묻고(20:9), 이에 히스기야는 그림자가 10도 나아가기는 쉬우니 그리할 것이 아니라 10도가 뒤로 물러갈 것이니이다 하니(20:10), 이사야가 여호와께 간구하니 "10도를 뒤로 물러가게" 하셨더라는 것이다.

일영표(日影表)는 해의 그림자를 이용하여 시간을 측정하는 해시계로 아하스 왕 때에 만들었다고 하여 아하스 일영표인데 개략적으로 계산하면 제12대 아하스 왕 BC 730으로 보면 약 2,750년 전에 만든 것으로 볼 수 있다. 이 해시계는 12계단을 만들고 그 주위에 있는 기둥이나 물체위로 해가 지나갈 때 생기는 그림자가 그 계단을 따라 이동하는 것으로 시간을 알도록 하는 것이다.

해 그림자가 10도 물러가게 하였다는 것은 지금 시간으로 계산하면 하루 24시간은(×60)=1,440분이고, 원은 360도이므로 1,440분×10도/360도=40분에 해당한다. 그림자가 뒤로 물러났음으로 해는 40분이 거슬러 올라갔음을 뜻한다.

현대 과학에[25] 의한 태양의 궤도 진행상 24시간이 비어 있음을 발견하였는데, 24시간이 성경에 나타난 그대로 과거 아모리 족속과의 전투 때에 23시간 20분 동안 해가 멈춘 것(수 10:12-14, 태양이 머물고 달이 그치기를 백성이 그 대적에게 원수를 갚도록 하였느니라)과 히스기야 때 40분 거슬러 올라간 것을 더하여 정확하게 하루가 빈 것을 찾아낸 것이다.

전능하신 하나님께서는 낫게 해 주시겠다는 징표로 해를 40분 뒤로 물려 주셨으며, 히스기야의 병도 낫게 해 주시고(20:2, "낯을 벽으로 향하여 기도하고" 20:7, "무화과 반죽을 가져와 상처에 발랐다") 생명을 15년간 연장시켜 주신 것이다.

4. 역사적 교훈

다윗의 통일 왕국은 3대를 가지 못하고 솔로몬의 아들 르호보암 때에 와서 그의 교만과 무능한 정치력 때문에 여로보암의 모반의 빌미를

25) 이병삼, 『성경 난해구절 해설시리즈 3』(서울, 도서출판 영문, 2005), pp.220-222.

주고 남과 북이 갈라지게 되었고, 북이스라엘은 BC 722년 앗수르에 의하여 멸망하고, 그 후 136년 뒤에 남유다도 BC 586년 바벨론에 의하여 멸망하였다.

그 이유를 한마디로 말하면 나라를 통치한 왕들이 여호와 하나님의 길에서 멀리 떠나 있었기 때문이다. 이를 교훈 삼아 우리의 신앙도 점검하는 계기가 되어야 할 것이다.

7. 선지서(예언서)의 시대적 구분(사-말)

1. 선지자[先知者, 예언자(豫言者)]의 의미

(1) 선지자란

평범한 사람에게 하나님의 영이 임하여서 하나님의 말씀을 백성에게 전하는 자라고 말할 수 있다. 히브리어로는 3가지(나비, 로에, 호제)의 의미가 있다. 나비는 하나님의 대변자를 지칭하며 이의 용례는 출애굽기 4장 15-16절 "그(아론)가 너(모세)를 대신하여 백성에게 말할 것이니 그는 네 입을 대신할 것이요 너는 그에게 하나님 같이 되리라". 또한 로에와 호제는 하나님이 주신 메시지를 보는 사람을 지칭한다. 본다는 것은 메시지가 환상을 통하여 임한다는 의미로서 하나님의 마음을 통찰할 수 있는 자를 지칭하며, 또한 백성들에게 주는 메시지를 선포하는 자를 지칭한다.

헬라의 예언자들이 신탁을 해석하는 자로 행동하였는데, 그러나 선지자는 해석자가 아니라 하나님이 주신 실제의 말을 자기편에서 수정하거나 해석함이 없이 발언하였다. 성경은 참 선지자의 기능에 대하여 "내 말을 그 입에 두리니 내가 그에게 명하는 것을 그가 무리에게 다 고하리라"(신 18:18)라고 말하고 있다.

왕정 국가 설립 후에 예배는 예루살렘에 위치한 성전에서 드렸으며, 제사장은 성전에서 하나님 앞에 나라를 대표하여 예배를 드리는 자인데 반하여, 선지자는 윤리와 행위에 더욱 관심이 있다는 것이다. 예레미야와 에스겔은 선지자이면서 제사장이기도 하였다.

선지자들이 감당하여야 할 어려움에는 ① 권력자들로부터의 위험, ②동족과 거짓 선지자들의 조롱과 핍박, ③선지자로서의 삶의 고달픔, ④자기 자신의 주장을 포기하는 것 등이었다.

(2) 선지자의 메시지

1) 메시지 Key Word : "멸망의 길에서 돌이켜 회개하고 하나님께 돌아오라"

선지자의 메시지는 "하나님 말씀에 순종하면 하나님의 백성으로 축복 가운데 살고 불순종하면 버림받고 포로로 잡혀가게 된다는 율법의 핵심을 그들이 살고 있던 시대의 사람들에게 적용하고 회개를 촉구하는 것"이다.

메시지의 형태는 '여호와께서 이같이 말씀하시되' 또는 '여호와의 말씀을 들으라' 등의 형태로 언급되고 있다. 위와 같은 서두 뒤에는 하나님의 음성이 이인칭 직접화법으로 선지자의 입을 통하여 그대로 선포된다.

예) "그러므로 만군의 하나님 여호와가 이같이 말하노라 그들이 이 말을 하였은즉 볼찌어다 내가 네 입에 있는 나의 말로 불이 되게 하고 이 백성으로 나무가 되게 하리니 그 불이 그들을 사르리라"(렘 5:14).

2) 메시지의 내용 : '심판의 메시지'와 '희망의 메시지'의 두 종류가 있다.

- 희망의 메시지(PHS, Prophetic Hope Speech) : '만약에(if —)'로 시작
  '만약에 너희가 회개하고 악에서 떠나 하나님께 순종하면'
- 심판의 메시지(PJS, Prophetic Judgement Speech) : '그러나 만일 그렇지 않으면(If not —)'으로 시작
  '그러나 만일 너희가 회개하지 않고 순종하지 않으면'

  예) 내가 오늘 복과 저주를 너희 앞에 두나니, "너희가 만일 내가

오늘날 너희에게 명하는 너희 하나님 여호와의 명령을 들으면 복이 될 것이요 너희가 만일 내가 오늘날 너희에게 명하는 도에서 돌이켜 떠나 너희 하나님 여호와의 명령을 듣지 아니하고 본래 알지 못하던 다른 신들을 좇으면 저주를 받으리라"(신 11:26-28)

(3) 예언과 점의 차이

점이란 모든 사람의 운명은 날 때부터 정해져 있다는 결정론적 운명론에 기초하는 것이라면, 예언은 인생은 결정된 것이 아니라 언제든지 바꿀 수 있다(선택해라, 회개하고 복을 받든지, 멋대로 살다가 죽든지)는 것으로 하나님은 선지자를 통하여 끊임없이 우리에게 회개하고 하나님의 말씀에 따라 살아나갈 것을 경고하여 준다.

☞ 점에 대하여 알기 쉽게 설명한 예화[26)]

용하기로 소문난 점쟁이가 있어서 사람들은 그를 '쪽집게'보다 더한 '삔셋뜨'라고 부를 정도였다. 유명해진 만큼 돈을 많이 번 이야기는 할 필요도 없을 것이다. 복채 안 내고 점친 날, 이 삔셋뜨 도사가 가만히 앉아 자기의 운세를 점치게 되었는데, 아니 이게 웬일? 앞으로 열흘 뒤에 자기가 죽을 운세라. 그래서 이 점쟁이가 고민 고민하다가 하루를 남겨 두고 그 나라 왕을 찾아갔다. 가서 뵙고 자초지종을 이야기하면서 자기를 보호해서 살려 줄 것을 요청했다. 왕이 이 말을 듣고 보니 좀 의심이 생겼다. 그래서 '네가 만일 그렇게 뛰어난 점쟁이라면 저 상자 안에 쥐가 몇 마리 들어 있나 맞추어 보아라'라고 문제를 냈다. 그런데 이 점쟁이가 한참 통을 흔들며 점을 치더니 '여섯 마리'라고 대답을 했다. 왕이 대노했다.

26) 유진소, 『성경 탐구 40일』(서울, 도서출판 두란노, 1996), pp.78-79.

백성을 미혹하는 사이비 점쟁이라고(원래 점쟁이는 모두가 사이비가 아닐까?), 왜냐하면 그 상자 속의 쥐는 한 마리였기 때문이었다. 그래서 왕은 이 핀셋뜨 도사를 옥에 가두고 그 다음날 사형시키도록 명령했다. 그 다음 날 아침에 왕이 곰곰이 생각해 보니까 좀 이상했다. '폼은 그럴 듯했는데……?' 그래서 그 상자를 다시 열어 보니 밤사이에 쥐가 새끼를 다섯 마리 낳아서 여섯 마리의 쥐가 있는 것이었다. 너무 놀라 신하를 보내어 사형을 중지시키라고 했는데, 아, 이 사형을 집행하는 망나니가 중지하라는 싸인을 멀리서 보고는, 속히 죽이라는 줄 알고 그대로 목을 쳐 버렸지 뭔가? 그런데, 그날이 그가 죽기로 운세가 나온 바로 그날이었다.

이것이 점쟁이의 세계관, 인생관이다. 모든 사람의 운명은 날 때부터 정해져 있어서 제 아무리 애써도 그 정해진 운명을 피할 수 없다는 것이다. 즉 점쟁이는 '결정론적 운명론'을 믿고 있는 것이다.

반면에 예언자는 다르다. 그들을 정해진 운명을 미리 말하는 것이 아니고 하나님께서 그에게 보여 주신 것을 그대로 말한다. 그런데 그것은 '앞으로 이렇게 될 것이다. 놀랬지?'라는 의미보다는 '자, 그러니 선택해라, 회개하고 복을 받든지, 아니면 고집을 피우다가 죽든지'라는 메시지를 담고 있는 것이다. 인생은 결정된 것이 아니라 하나님께서 언제든지 바꿀 수 있는 것이라는 것이다. 그러니까, 우리에게 주시는 예언자의 예언은 반드시 들어야 한다. 반면에 점은 취미로도, 재미로도 볼 필요가 없다.

2. 선지서의 구분

(1) 대선지서와 소선지서

선지서는 선지자가 작성한 글을 말하는 것으로, 작성한 글의 분량에 의하여 편의상 나눈 것이다. 선지자의 외형이나, 상대적으로 중요한 선지자를 대선지자로 구분한 것이 아니다.

- 대선지서 : 이사야, 예레미야, 애가, 에스겔, 다니엘(5권)
- 소선지서 : 호세아, 요엘, 아모스, 오바댜, 요나, 미가, 나훔, 하박국, 스바냐, 학개, 스가랴, 말라기(12권)

(2) 선지서의 시대 및 국가별 구분

시대적인 구분으로는 포로 시대를 기준으로 이전과 기간 중 그리고 포로 귀환 이후의 3단계로 나누고, 국가별은 북이스라엘, 남유다, 앗수르, 에돔의 4국가로 나누어 선지자들의 활동시기와 국가에 따라서 분류하였다.

1) 포로 이전 : 아모스, 호세아(북이스라엘), 요엘, 이사야, 미가, 하박국, 스바냐, 예레미야, 애가(남유다), 요나, 나훔(앗수르), 오바댜(에돔)－총 12권
2) 포로 기간 : 에스겔, 다니엘－총 2권
3) 포로 귀환 후 : 학개, 스가랴, 말라기－총 3권

위의 내용을 요약하면 다음 〈표－6〉과 같다.

〈표－6〉 선지서(예언서, Prophets)의 시대, 국가별 분류

대상국 / 시대	北이스리엘(2명)	南유다(11명)	앗수르(2명)	에돔(1명)
포로 이전	아모스(암 5:18, 20)여호와의 날 (BC 760–753)	요엘(엘 2:28) 만민에 성령이 임함. (BC 835경)	요나(욘 4:11) 자비 (BC 782–753)	
(분열 왕국 시대)	호세아(호 3:1) 한없는 사랑. (BC 740)	이사야(사 7:14) 심판과 구원. 메시아 탄생 (BC 740–680)	나훔(나1:9) 심판 (BC 664–611)	
	(BC 735–700)	미가	(미 5:2) 메시아 탄생	

	(BC 625–587)	하박국	(합 2:4) 의인은 그 믿음으로 말미암아 살리라	
	(BC 625–615)	스바냐	(습 3:17)	
	(BC 627–580)	예레미야	(렘 31:33) 마음속 새 언약	오바댜 (옵 1:15) 공의, BC 586
	(BC 586–585)	예레미야哀歌,	(애 5:21)	
포로 기간	(BC 594–571)	에스겔	(겔 36:26) 새 영(성령)	
	(BC 605–532)	다니엘	(단 6:23) 신실한 하나님	
포로 귀환 후	(BC 537–515)	학개	(학 1:4) 성전 재건	
	(BC 520)	스가랴	(슥 14:9) 왕으로 오실 메시아	
	(BC 400)	말라기	(말 3:10) 십일조 축복	

1. 대선지서 5권 : 이사야, 예레미야, 예레미야애가, 에스겔, 다니엘
   소선지서 12권 : 호세아, 요엘, 아모스, 오바댜, 요나, 미가, 나훔, 하박국, 스바냐, 학개, 스가랴, 말라기

2-1. 1차 유수(BC 605) : 바벨론이 애굽을 치고 남유다에 들러 다니엘과 세 친구 등 포로로,
   2차 유수(BC 598) : 여호와긴과 에스겔 등 1만명 포로,
   3차 유수(BC 586) : 시드기야와 유다 백성

2-2. 1차 포로귀환(BC 537) : 스룹바벨의 인도로 49,897명(스 2:64–65), 성전 재건
   2차 포로귀환(BC 458) : 에스라의 인도로 1,754(스 8:1–20), 율법 지도,
   3차 포로귀환(BC 444) : 느헤미야(유다 총독)의 인도로, 성곽중수

3. 북이스라엘의 선지자 엘리야(7대 아합 왕, BC 874–853)와 엘리사(BC 850–800, 9대 요람, 10대 예후, 11대 여호아하스, 12대 요아스 왕)는 이적과 기사를 통하여, 아모스와 호세아는 말씀을 통하여 하나님이 살아 계심을 보여 주었다.

3. 17개 선지서의 내용 요약

(1) 이사야서 : 메시아

이사야가 하나님을 만나고 소명을 받는 장면(사 6:9)에 이사야서의 모든 메시지가 요약되어 있다. 그것은 '거룩하신 하나님, 위대하신 하나님'이다. 이 하나님은 심판하시는 분이지만, 동시에 용서와 사랑이 많

으신 분이시다. 그 사랑의 절정이 메시아의 오심이다. 따라서 본서는 온통 메시아에 대한 언약으로 가득 차 있다.

1) 동정녀 잉태 : "그러므로 주께서 친히 징조로 너희에게 주실 것이라 보라 처녀가 잉태하여 아들을 낳을 것이요 그 이름을 임마누엘이라 하리라"(사 7:14).

2) 다윗 자손 : "이새의 줄기에서 한 싹이 나며 그 뿌리에서 한 가지가 나서 결실할 것이요"(사 11:1).

3) 예수의 대속 : "그는 실로 우리의 질고를 지고 우리의 슬픔을 당하였거늘 우리는 생각하기를 그는 징벌을 받아서 하나님에게 맞으며 고난을 당한다 하였노라 그가 찔림은 우리의 허물을 인함이요 그가 상함은 우리의 죄악을 인함이라 그가 징계를 받음으로 우리가 평화를 누리고 그가 채찍에 맞음으로 우리가 나음을 입었도다"(사 53:4–5).

4) 메시야의 도래와 사명 : "주 여호와의 신이 내게 임하셨으니 이는 여호와께서 내게 기름을 부으사 가난한 자에게 아름다운 소식을 전하게 하려 하심이라 나를 보내사 마음이 상한 자를 고치며 포로된 자에게 자유를, 갇힌 자에게 놓임을 전파하며"(사 61:1), 예수가 나사렛 회당에서 이 구절을 읽고 청중에게 "이 글이 오늘날 너희 귀에 응하였느니라"라고 하시며 이사야 예언이 그 자신을 통해 성취되었다고 말씀하셨다(눅 4:21).

(2) 예레미야 : 새 언약

예루살렘은 멸망할 것이며, 이것은 유다의 죄에 대한 하나님의 심판이다. 그러나 포로에서 돌아오면, 하나님이 그들과 새 언약을 맺을 것이다.

1) 모세 돌판의 '구약'에서 '새 언약'으로 : "나 여호와가 말하노라 그

러나 그 날 후에 내가 이스라엘 집에 세울 언약은 이러하니 곧 내가 나의 법을 그들의 속에 두며 그 마음에 기록하여 나는 그들의 하나님이 되고 그들은 내 백성이 될것이라"(렘 31:33).

① 언약의 핵심 : "나는 그들의 하나님이 되고 그들은 내 백성이 될 것이라"(33절).

② 새 언약[新約]의 내용 : 하나님의 법을 마음에 새김(33절), 모두가 하나님을 알게 됨(34절), 죄가 영원히 사함을 받음(34절).

2) 70년 후 포로 귀환 : "나 여호와가 이같이 말하노라 바벨론에서 칠십년이 차면 내가 너희를 권고하고 나의 선한 말을 너희에게 실행하여 너희를 이곳으로 돌아오게 하리라"(렘 29:10).

(3) 예레미야 애가 : 슬픔과 희망

예루살렘이 멸망하여 슬프고 하나님이 그 백성을 버리셨으니 더 슬프지만 하나님의 긍휼을 믿는 믿음이 있으므로 희망이 있다.

"여호와여 우리를 주께로 돌이키소서 그리하시면 우리가 주께로 돌아가겠사오니 우리의 날을 다시 새롭게 하사 옛적 같게 하옵소서"(애 5:21).

(4) 에스겔 : 환상과 파수꾼

에스겔은 곧 일어나고 또한 오랜 기간이 지난 다음에 이루어질 하나님의 계획에 대한 환상을 보았다. 이 환상은 너무 아름답고 신비스러울 뿐만 아니라 다양했다. 에스겔은 이런 환상을 가지고 백성들을 권면하며 때로는 경고하기도 하는 하나님의 파수꾼 일을 잘 감당하였다. 특히 이스라엘과 열방들에 대한 하나님의 심판을 선포하고, 장차 메시아 왕국에서의 이스라엘의 회복을 예언하고 있다.

2차 유수 시 여호야긴과 함께 바벨론에 포로로 끌려감. 포로 5년째 선지자 소명.

1) 새 영(성령) : "또 새 영을 너희 속에 두고 새 마음을 너희에게 주되 너희 육신에서 굳은 마음을 제하고 부드러운 마음을 줄 것이며"(겔 36:26).
2) 마른뼈가 살아남(이스라엘의 회복) : "주 여호와께서 이 뼈들에게 말씀하시기를 내가 생기로 너희에게 들어가게 하리니 너희가 살리라"(겔 37:5).

(5) 다니엘 : 용기와 보호

참된 용기와 하나님에 대한 헌신을 보여 주는 기억에 남을 만한 이야기와 하나님께서는 자신을 온전히 의지하는 자를 어떤 역경 속에서도 보호하신다는 것이다. 여호와김 3년(1차 유수, BC 605)에 느부갓네살에 의해 바벨론으로 끌려간 왕족 출신의 소년들 가운데 한 사람이다. 노아와 욥과 대등하게 여겨질 정도로 의롭고(겔 14:14,20) 지혜로운 자(28:3).

1) 신실한 민음 : "왕이 심히 기뻐서 명하여 다니엘을 (사자)굴에서 올리라 하매 그들이 다니엘을 굴에서 올린즉 그 몸이 조금도 상하지 아니하였으니 이는 그가 자기 하나님을 의뢰함이었더라."(단 6:23).
2) 꿈의 해석 : 느부갓네살의 꿈(2,4장), 벨사살의 왕궁벽에 쓰인 손가락 글씨(5장), 그리고 대 바벨론 제국의 미래와 메시아 왕국의 도래에 대한 다니엘 자신의 꿈(7-12장)이 기록되어 있다.

(6) 호세아 : 사랑

호세아가 고멜과 결혼한 것처럼 하나님과 이스라엘 백성의 언약 관계는 결혼 관계로 묘사된다. 호세아가 간음한 아내를 용서하고 찾아나

선 것처럼, 하나님도 이스라엘을 용서하기 위해 찾고 계신다.

1) 사랑 : 호 3:1 "여호와께서 내게 이르시되 이스라엘 자손이 다른 신을 섬기고 건포도 떡을 즐길찌라도 여호와가 저희를 사랑하나니 너는 또 가서 타인에게 연애를 받아 음부 된 그 여인을 사랑하라 하시기로"(호 3:1).

(7) 요엘 : 성령

엄청난 수의 메뚜기가 날아와 유다 민족의 땅을 황폐화시킨 사건과 성령이 임하여 자녀들이 예언을 하고 늙은이가 꿈을 꾸며 젊은이들이 환상을 보게 되는 사건이 기록되어 있다.

1) 성령 : "그 후에 내가 내 신을 만민에게 부어 주리니 너희 자녀들이 장래 일을 말할 것이며 너희 늙은이는 꿈을 꾸며 너희 젊은이는 이상을 볼 것이며, 그 때에 내가 또 내 신으로 남종과 여종에게 부어 줄 것이며"(욜 2:28-29).

(8) 아모스 : 다림줄과 희망

하나님께서 백성을 시험하시고 심판하실 다림줄을 아모스에게 환상으로 보여 주셨다. 그러나 하나님은 그런 중에도 희망의 빛을 비춰 주신다. 그분은 자기 백성과 그 땅을 다시 회복시켜 주실 것이다.

1) 여호와의 날(악의 세력을 심판하는 희망의 날) : "화 있을찐저 여호와의 날을 사모하는 자여 너희가 어찌하여 여호와의 날을 사모하느뇨 그 날은 어두움이요 빛이 아니라"(암 5:18). "오직 공법을 물 같이, 정의를 하수 같이 흘릴찌로다"(암 5:24).

(9) 오바댜 : 공의

에돔의 파멸과 유다의 회복을 선포하고 하나님의 공의의 위엄을 드러내기 위해 기록하였다.

1) 공의 : "여호와의 만국을 벌할 날이 가까왔나니 너의 행한대로 너도 받을 것인즉 너의 행한 것이 네 머리로 돌아갈 것이라"(옵 1:15).

(10) 요나 : 물고기와 순종

큰 물고기가 요나를 삼킨 사건은 요나의 종말이 아닌 선지자를 구원하시기 위하여 하나님이 뻗치신 손을 의미한다. 물고기 배 속에 있는 동안 그는 회개하였고 다시 큰 구원을 선포할 수 있는 기회가 그에게 주어졌다.

1) 자비 : "하물며 이 큰 성읍, 니느웨에는 좌우를 분변치 못하는 자가 십 이만 여명이요 육축도 많이 있나니 내가 아끼는 것이 어찌 합당치 아니하냐"(욘 4:11).

(11) 미가 : 정의, 자비, 겸손

미가는 하나님의 백성들에게 그들의 모든 삶 속에서 정의를 드러내며 다른 사람들에게 자비를 베풀고 하나님 앞에서 겸손하라고 외친다. 유다에 팽배해 있는 종교적 부패와 유다가 행하는 불의를 책망하기 위하여 기록되었다.

1) 메시아 탄생 : "베들레헴 에브라다야 너는 유다 족속 중에 작을찌라도 이스라엘을 다스릴 자가 네게서 내게로 나올 것이라 그의 근본은 상고에, 태초에니라"(미 5:2).

(12) 나훔 : 막강한 힘과 위로

인간의 눈으로 볼 때 니느웨는 넘을 수 없는 막강한 성이었지만 나훔은 계속해서 그의 백성들에게 위로의 말을 선포했다.

1) 심판 : "여호와께서 말씀하시기를 그들이 비록 강장하고 중다할찌라도 반드시 멸절을 당하리니 그가 없어지리라 내가 전에는 너를 괴롭게 하였으나 다시는 너를 괴롭게 하지 아니할 것이라"(나 1:9).

(13) 하박국 : 믿음, 정의

의인은 믿음으로 말미암아 살리라.

1) 의인 : "보라 그의 마음은 교만하며 그의 속에서 정직하지 못하니라 그러나 의인은 그 믿음으로 말미암아 살리라"(합 2:4).
   하박국의 질문 1 : 왜 불의한 자를 그냥 두십니까?
   하나님의 대답 1 : 바벨론을 통해 심판할 것이다.
   하박국의 질문 2 : 그것은 더 말이 안 됩니다. 어떻게 불신자가 신자를.
   하나님의 대답 2 : 의인은 믿음으로 말미암아 살리라.

(14) 스바냐 : 남은 자

하나님은 죄를 미워하시는 거룩한 분이시기 때문에 모든 나라들은 다가올 '주의 날'에 심판을 받게 될 것이다. 그러나 하나님은 주의 백성을 남겨 두시고 그들 가운데 함께하시며 그들을 위로하실 것을 약속하셨다.

1) 여호와는 구원자 : "너의 하나님 여호와가 너의 가운데 계시니 그는 구원을 베푸실 전능자시라 그가 너로 인하여 기쁨을 이기지

못하여 하시며 너를 잠잠히 사랑하시며 너로 인하여 즐거이 부르며 기뻐하시리라 하리라"(습 3:17).

(15) 학개 : 성전 재건

성전 재건이 완성되기 전에 먼저 백성들의 마음이 하나님 앞에 바로 서야 했다. 학개는 백성들로 하여금 자신들의 마음을 세우는 일을 먼저 하도록 권면했다.

1) 재건 : "이 전이 황무하였거늘 너희가 이 때에 판벽한 집에 거하는 것이 가하냐"(학 1:4).

* 판벽(板壁) : 널빤지로 벽을 꾸미는 것.

(16) 스가랴 : 순종, 메시아

이스라엘이 복을 누릴 수 있는지의 여부는 하나님과 하나님 말씀에 대한 백성의 순종에 달렸다고 백성에게 알려 주었다. 또한 '다가올 메시아'는 본서의 중심 내용이다.

1) 왕으로 오실 메시아 : "여호와께서 천하의 왕이 되시리니 그 날에는 여호와께서 홀로 하나이실 것이요 그 이름이 홀로 하나이실 것이며"(슥 14:9).

(17) 말라기 : 온전한 순종

하나님의 백성들이 십일조를 하지 않는 것은 당연히 하나님께 드려야 할 것을 도둑질하는 것이다. 또한 본서의 중요한 사역은 우리 주님이신 예수 그리스도 곧 메시아의 길을 준비하기 위해서 보내신 세례요한을 예비하는 일(말 3:1, "내가 내 사자를 보내리니 그가 내 앞에서 길을 예비할 것이요")이다.

1) 십일조 축복 : "만군의 여호와가 이르노라 너희의 온전한 십일조를 창고에 들여 나의 집에 양식이 있게 하고 그것으로 나를 시험하여 내가 하늘 문을 열고 너희에게 복을 쌓을 곳이 없도록 붓지 아니하나 보라"(말 3:10).

난해 문제 : "다니엘이 진술하여 가로되 내가 밤에 이상을 보았는데 하늘의 네 바람이 큰 바다로 몰려 불더니 큰 짐승 넷이 바다에서 나왔는데 그 모양이 각각 다르니"

네 짐승의 환상(단 7:1-27) 중심 다니엘서 묵시 해석

1) "그 우상의 머리는 정금이요 가슴과 팔들은 은이요 배와 넓적다리는 놋이요 그 종아리는 철이요 그 발은 얼마는 철이요 얼마는 진흙" 등 여러 재료로 이루어진 신상과 신상을 부수는 뜨인 돌 등(단 2:31-45) : 신상을 이루는 금은 바벨론, 은은 페르시아(바사), 동은 헬라, 철은 로마제국을 가리키며, 이 모두를 뜨인 돌 되신 예수 그리스도께서 파하시고 정복하심으로 하나님 나라의 성취가 이루어진다.
   - 손대지 아니한 돌(2:34) : 예수 그리스도의 왕국 상징
   - 열왕의 왕(2:37) : 신약에서는 그리스도를 세상의 왕에 대한 '만왕의 왕'으로 불렀다(계 19:16).

2) "그 나무를 베고 그 가지를 찍고 (…) 그러나 그 뿌리의 그루터기를 땅에 남겨두고 철과 놋줄로 동이고 (…) 짐승의 마음을 받아 일곱 때를 지내리라"(단 4:10-33) : 왕(느부갓네살)은 왕위를 잃고 들짐승과 일곱 때(하나님께서 자신의 목적을 성취하기 위해 정하신 기간)를 지내게 된다. 잘린 나무는 느부갓네살을 의미하며 그가 교만함으로 인해 사람에게 쫓겨나 일곱 때(7년) 동안 소처럼 풀을 먹게 되었다. 후에 왕으로 다시 복권된다.

3) 하얀 석회벽 위에 사람의 손가락이 나타나 글을 쓰자 공포에 질리게 되는데, 이것을 다니엘이 해석한다. '메네 메네 데겔 우바르신' 이란 '세었다, 저울에 달렸다, 나뉘었다'의 뜻으로, 해석하면 메네는 하나님이 이미 왕의 나라의 시대를 세어서 그것을 끝나게 하셨다 함이요, 데겔은 왕을 저울에 달아 보니 부족함이 보였다 함이요, 베레스는 왕의 나라가 나뉘어서 메데와 바사 사람에게 준바 되었다 함이다. 그 밤에 메데 바사 제국의 침입으로 벨사살 왕이 죽고 바벨론이 멸망당함으로 성취되었다.(단 5:5-31)

4) 바다로부터 네 짐승 즉 사자, 곰, 표범, 열 뿔 달린 짐승들이 나옴(단 7:1-7, 15-17, 19, 23) : 네 짐승은 세상을 지배할 강력한 네 제국을 의미한다. 사자는 바벨론, 곰은 메데 바사, 표범은 헬라, 열 뿔 달린 짐승은 로마를 의미하며 네 제국이 일어나 세상을 지배함으로 성취되었다.

5) 사람의 눈과 입을 가지고 있는 작은 뿔이 한 때와 두 때와 반 때 동안 하나님의 성도를 괴롭게 함(단 7:8, 20, 21, 24, 25) : 적그리스도는 성도를 괴롭게 하며 하나님께서 정하신 인간의 삶과 활동의 근본 원리와 규례까지 고치려고 할 것이다. 한 때와 두 때와 반 때 동안의 뜻은 하나님이 선택받은 백성들을 구원하시기 위해 단축시키시는 환난의 기간을 가리키며, 때를 년(year)으로 계산하여 3년 반으로 보기도[27] 한다(계 12:14).

6) 인자 같은 이가 하늘 구름을 타고 와서 영원한 권세를 받게 됨(단 7:13-14) : 예수께서 스스로 인자로 칭하셨으며(요 1:51) 재림하실 때 하나님으로부터 열국을 통치할 권능을 받아 재림하심으로 성취될 것이다(계 11:15).

7) 바사의 멸망 이후 한 능력 있는 왕이 일어날 것. 강력한 왕의 왕

---

27) 日本聖書協會, 『The Study Bible』(東京, 財團法人 日本聖書協會, 2006), p.1393.

국이 갈라져 천하 사방에 나누일 것(단 11:3–4) : 헬라의 알렉산더 대왕이 바사를 멸망시킬 것임(BC 333년 이수스전투에서 다리오를 격파, 다리오는 도망가다가 부하에게 살해당함)과, BC 323년에 알렉산더 대왕이 죽은 후에 그의 왕국이 넷(페르가몬왕조, 안티고누스왕조, 프톨레미왕조, 셀루커스왕조)으로 나뉘어 부하 장수들에 의하여 통치됨.

8) 남방 왕국과 북방 왕국 사이에 힘과 모략을 동원한 싸움(단 11:5–39) : 애굽의 프톨레미왕조가 시리아의 셀루커스왕조 사이에 전쟁이 잦을 것임을 나타냄. 한 왕이 자기 뜻대로 하여 하나님을 불경한 말로 대적하고 스스로 크다고 함 : 셀루커스왕조의 안티오쿠스 에피파네스가 스스로 신으로 칭하고 성전에 신상이 세워지고 돼지 피를 뿌리는 것으로 더럽혀짐.

9) 남방 왕이 그를 찌르리니 북방 왕이 병거와 마병과 많은 배로 (…) 그의 끝이 이르리니 도와줄 자가 없으리라(단 11:40–45) : 에피파네스가 애굽과의 싸움에서 승리하나 아르메니아의 반란 소식으로 회군하던 중 예루살렘 근처에서 갑작스럽게 죽음을 맞게 되었다는 것.

10) 네 민족(your nation)을 호위하는 대군 미가엘(Michael the archangel)이 일어날 것이요 또 환난이 있으리니 (…) 백성 중 무릇 책에 기록된 모든 자가 구원을 얻을 것이라 (…) 영생을 얻는 자도 있겠고 (…) 별과 같이 영원토록 비취리라(단 12:1–3) : 에피파네스의 핍박과 종말의 대환난과 핍박 가운데서도 미가엘이 성도들을 위해 일어날 것이며 생명책에 기록된 자들이 구원을 받을 것이며(계 20:15), 무덤 속에 있는 자들이 그리스도의 음성을 들을 것이며 선한 일을 행한 자는 생명의 부활로 악한 일을 행한 자는 심판의 부활로 나올 것이며(요 5:28–29), 지혜 있는 자는 궁창의 빛과 같이 빛날 것이요 많은 사람을 옳은 데로 돌아오게 한 자(예수를 믿게 한 자)는 별과 같이 영원토록 빛나리라(마 13:43).

8. 포로 후기의 역사(스-느-에)

1. 포로의 과정

통일 왕국이 북이스라엘과 남유다로 분열되고 200년이 지날 즘 북이스라엘은 바벨론의 수도인 다메섹을 BC 732년에 함락 시키고 힘이 강대하여진 앗수르의 침공을 받게 된다. 앗수르의 디글랏 빌레셀(BC 745-727) 왕은 납달리 시파의 영토로 침입하여 많은 성읍을 정복하고 그곳에 살던 이스라엘 백성들을 앗수르에 포로로 잡아갔다(왕하 15:29). 그 후 디글랏 빌레셀 왕은 베가를 죽인 호세아를 북왕국의 왕으로 임명하였다(15:30). 그러나 호세아는 디글랏 빌레셀이 죽자 조공 바치기를 거부하면서, 그의 후계자인 살만에셀 5세(BC 727-722)는 호세아를 옥에 가두고 사마리아로 올라와 삼 년간 에워싸고 점령하여 이스라엘 사람을 사로잡아 앗수르로 끌고가[사르곤 2세(BC 722-705)] 고산강가와 메대의 여러 곳에 이산하여 거주하게 하고(17:4-6), 앗수르와 통혼을 하게 하여 이스리엘 민족의 정통성이 없어지게 하였다.

한편 남유다는 앗수르의 산헤립에게 예루살렘성이 포위당한(BC 701) 후에도 유다는 계속 자치권을 보존할 수 있었기 때문에 유나 백성들은 약해져 가는 앗수르로부터 자유를 회복할 수 있으리라 믿었다. 그러나 유다는 앗수르를 멸망시킨(BC 612) 바벨론 제국을 대적하게 되었고, 느부갓네살 2세는 유다의 동맹국인 애굽을 BC 605년 갈그미스에서 대파하였다. 이때 느부갓네살 2세는 귀국 길에 남유다에 들러 여호야김 왕(대하 36:6)과 다니엘의 세 친구 등을 포로로 잡아갔으며 이를 제1차 바벨론 포로라 한다.

여호야김 왕의 아들 여호야긴이 왕이 된 지 석 달 만에 느부갓네살의 신복들이 예루살렘을 포위한 후에 여호야긴과 그 가족, 귀족들과 용사 만 명과 장인과 대장장이, 또 용사 일천 명과 장인 대장장이 천 명 등을 포로로 잡아갔고 성전 보물도 약탈해 갔다(왕하 24:10-16). 이를 2차 바벨론 포로라 한다.

바벨론 왕이 여호야긴의 숙부 맛다니야를 왕으로 삼고 그 이름을 시드기야로 하였으며, 그가 바벨론에 조공바치기를 거부하므로 화가 난 느부갓네살은 BC 587년에 예루살렘성을 포위하고 18개월 만에 함락 시켰다. 이 때에 시드기야 왕은 두 눈이 빠지고 사슬로 결박하여 끌려갔고, 빈민층을 제외한 모든 유대인들을 또한 끌고 갔다(왕하 24:20-25). 이때 예레미야 선지자는 시드기야 왕에게 바벨론에 항복할 것을 끈질기게 호소하였다(렘 21:3-10). 이를 제3차 바벨론 포로[유수(幽囚 : 잡아가둠)]라 한다.

이하 3차에 걸친 바벨론 포로에 대한 것을 요약하면 다음과 같다.

- 1차 유수(BC 605) : 바벨론이 애굽을 치고 여호야김과 다니엘과 세 친구 등 포로로 잡아감.
- 2차 유수(BC 598) : 여호와긴과 에스겔 등 1만 명 포로로 잡아감.
- 3차 유수(BC 586) : 시드기야 왕과 유다 백성 중 빈민층을 제외하고 전부 포로로 잡아감.

2. 포로 생활의 현실과 의미

포로로 잡혀간 유다 백성들은 실제적으로 노예 생활이 아니었으며, 이는 바벨론이 포로로 잡아온 목적이 노동력을 필요로 하는 것이 아니고 반란을 막으려는 의도였기 때문이다. 여호야긴을 비롯한 포로 등의 생활을 보면 유다에서보다 풍요로운 생활을 하지 않았나 생각된다(왕하 25:27-30).

그러나 물질적으로 빈곤하지 않았을지언정 영적으로는 하나님께 제사를 드릴 수도 없고 절기를 지킬 수도 없는 포로의 입장으로서 황폐한 생활이었을 것으로 보인다. "우리가 바벨론의 여러 강변 거기 앉아서 시온을 기억하며 울었도다"(시 137:1-6).

신앙적인 의미에서 포로생활은 하나님의 심판이요 큰 고통의 시간이었지만, 하나님께서 하시는 역사에는 심오한 뜻이 있고 은혜가 깃들여 있으며, 유다의 포로들은 회개와 반성을 통한 신앙적 유익을 얻었을 것으로 보인다. 그때까지 그들이 국가를 유지하고 살았던 것이 하나님의 은혜요 성전 중심의 신앙생활이 얼마나 소중한 것인지를 깨닫게 되었다.

이렇게 유다 민족이 정신적으로 성숙할 수 있었던 것은 포로 기간 중에도 끊임없이 하나님의 말씀을 대언하고 동족에게 희망을 불어넣어 준 예레미야, 에스겔과 다니엘 같은 선지자의 활약에 크게 영향을 받았다고 사료된다. "나 여호와가 말하노라 바벨론에서 칠십년이 차면 내가 너희를 권고하고 나의 선한 말을 너희에게 실행하여 너희를 이곳으로 돌아오게 하리라"(렘 29:10).

3. 포로 귀환 후 역사

(1) 포로 귀환의 배경

당시의 중동 지역의 패권은 바벨론이 제국을 형성하고 70년 만인 BC 539년에 바사의 고레스 2세 왕(BC 559-530)이 바벨론의 벨사살 왕을 죽이고 바벨론을 점령함으로써 바사 제국으로 넘어가게 되었다. 한편 이스라엘 백성과의 약속을 기억하시는 하나님께서는 패권을 쥔 고레스의 마음을 감동시키사 그의 조서를 통하여 포로된 자들을 돌아가게 하고 성전을 건축하도록 하였다(스 1:1-4 ; 대하 36:22-23).

"바사 왕 고레스 원년에 여호와께서 예레미야의 입으로 하신 말씀을 응하게 하시려고 바사 왕 고레스의 마음을 감동시키시매 저가 온 나라에 공포도 하고 조서도 내려 가로되 바사 왕 고레스는 말하노니 하늘의 신 여호와께서 세상 만국으로 내게 주셨고 나를 명하사 유다 예루살렘에 전을 건축하라 하셨나니 이스라엘의 하나님은 참 신이시라 너희 중에 무릇 그 백성 된 자는 다 유다 예루살렘으로 올라가서 거기 있는 여호와의 전을 건축하라 너희 하나님이 함께 하시기를 원하노라"(스 1:1-3).

(2) 포로 귀환과 내용

1) 1차 포로 귀환(BC 537)과 성전 재건, 스 1-6장, 느 2장 :

스룹바벨 지도자와 49,897명(스 2:64-65)이 예레미야 예언대로 약 70년만(BC 605-537=68년)에 귀환하게 된다. 그러나 그들은 고레스의 칙령이 있고 곧장 귀국하지 않고 익년도에 귀국하였는데 이는 그들의 삶의 터전을 버리고 황폐한 이스라엘 땅으로 돌아가는 길에 마음이 내키지 않았기 때문일 것이다.

이스라엘로 돌아온 그들은 이미 주권도 없고 인종까지 혼혈이 되어서 이스라엘의 정체성을 찾을 수도 없고, 그들이 가지고 있었던 것은 여호와를 섬기는 신앙 하나뿐이었다. 포로에서 귀환한 스룹바벨은 사마리아인들의 방해에도 불구하고(스 4:4) 학개와 스가랴 선지자의 도움을 받으면서 성전 예배를 부활시키고 성전 재건을 시작했다. 성전을 봉헌하고 나서 그동안 지키지 못했던 유월절(스 6:19-22)을 지켰고 이는 이스라엘 백성에게 속죄와 구원, 회복과 새 출발을 의미하는 것이다. 이때의 성전을 제2성전 또는 스룹바벨 성전이라 칭한다. 성전 재건의 공사 기간은 약 20년(BC 536-516)으로 보고 있다.

2) 2차 포로 귀환(BC 458)과 율법 지도, 스 7-10장, 느 7-10장

아닥사스다 왕 제 칠 년(스 7:7)에 에스라를 지도자로 약 1,754명이

귀환하였다(스 8:1-20). 에스라에 대하여는 성경이 "모세의 율법에 익숙한 학사로서 그 하나님 여호와의 도우심을 입으므로 왕에게 구하는 것은 다 받는 자"(스 7:6)로서 그는 여호와의 율법을 연구하여 준행하며 율례와 규례를 이스라엘에게 가르치기로 하고 결심하였다(스 7:10). 하드웨어의 성전 건설에 소프트웨어인 율법을 통하여 이스라엘 백성이 하나님의 백성으로 회복되기를 간구하면서 영적 재건을 꾀하였다.

또한 당시의 피지배 상태하의 이스라엘은 이방인과의 잡혼으로 하나님 앞에 큰 죄를 지었음을 회개하고 이방 여인을 끊어 버리도록 하였다(스 10:11). 제사장 무리 중에 요사닥의 아들과 그의 형제들도 이방의 아내를 내보내기로 손잡아 맹세하고, 그 죄로 말미암아 속건제로 숫양 한 마리를 드렸다(스 10:18-19).

3) 3차 포로 귀환(BC 444)과 성벽 중건, 느 1-6장, 〈표-7〉 참조

아닥사스다 왕 제 이십 년에 느헤미야가 유다 총독으로 귀환하여 무너진 성벽과 불탄 성문을 중수하였다. 느헤미야는 아닥사스다 왕의 술 맡은 관헌으로 당시에는 상당히 높은 자리이며, 어느 날 그의 얼굴에 수심이 있는 것을 본 왕이 이유를 물은즉 "내 조상의 묘실이 있는 성읍이 이제까지 황폐하고 성문이 불탔기 때문이며, 왕이 만일 좋게 여기시면 나를 유다 땅으로 보내어 그 성을 건축하게 해 달라"는 청원을 하여 귀환하게 되었다(느 2:3-5).

성벽 재건에 "산발랏과 도비야와 아라비아 사람들과 암몬 사람들과 아스돗 사람들이 예루살렘 성이 중수되어 간다 함을 듣고 심히 분노하며, 이를 훼방하기 위하여 기습하여 살육을 꾀하매 느헤미야는 성벽 뒤의 낮고 넓은 곳에 백성이 그들의 종족에 따라 창과 활을 가지고 서 있게 하였으며, 일꾼의 절반은 일하고 절반은 갑옷을 입고 전투 준비를 하도록 하였다. 백성들에게 말하기를 너희는 그들을 두려워하지 말고 지극히 크시고 두려우신 주를 기억하고 너희 형제와 자녀와 아내와 집을

위하여 싸우라 하였다(느 4:7-17). 성벽의 중수는 52일 만에 완공되었는데, 대적들조차 하나님께서 이 역사를 이루신 것임을 알았다(느 6:15-16).

느헤미야는 일곱째 달(나팔절, 민 29:1-60, 신년 축일)에 학사 겸 제사장인 에스라에게 율법책을 백성들 앞에 낭독하게 하고 여호와 하나님을 송축하자 온 백성이 율법을 밝히 깨닫게 되어 자신들의 범죄와 나태 등을 깨닫고 통곡하였으나, 느헤미야는 오늘은 성일이라 기뻐하라고 백성들을 격려하였다(느 8:1-12). 이 성벽의 완공은 예루살렘의 재건을 의미하며 거룩하고 구별된 나라로서 이스라엘의 재건을 의미한다.

느헤미야는 에스라를 통한 율법 교육(7:73-8:12)과 초막절을 다시 지키도록 하였고(8:13-18) 금식일을 선포하고(9장), 모세의 율법을 지키겠다는 언약서의 체결(10장), 이방인과의 통혼을 폐지(13장)하는 등의 많은 사역을 하였다.

〈표-7〉 포로 후기 역사

No.	연 도	사 건	비 고
0	BC 722	북이스라엘 19대 호세아 왕 9년에 앗수르의 살만에셀 5세에 의하여 멸망	북이스라엘 멸망
1	BC 586	남왕국 유다의 함락, 시드기야왕이 바벨론의 느부갓네살 왕에 의하여 포로로 잡혀감	남유다 멸망
2	BC 559	바사의 고레스 즉위	
3	BC 539	1st 고레스(BC 559-530)의 바벨론 점령	
4	BC 538	고레스의 1차 귀환 조서	스 1:1, 2
5	BC 537	포로 1차 귀환(지도자 : 스룹바벨, 약 52,000명) 예레미야의 예언대로 약 70년 만에 포로 귀환 성취. 2nd 캄비세스, 3rd 스메르디스	스 2:1
6	BC 536	성전 재건 작업 1차 시작	스 3:8
7	BC 536	성전 재건 작업 1차 방해 중단	스 4:4,23
8	BC 522	4th 다리오(BC 522-486)의 즉위	
9	BC 520	성전 재건 작업 재개, 학개, 스가랴의 사역 시작	스 5:2
10	BC 516	제2성전 완공(스룹바벨성전이라고 함)	스 6:15
11	BC 485	5th 아하수에로(-465)의 바사 통치	
12	BC 480	그리스의 바사 침공	

13	BC 479	왕후로 간택된 에스더	에 2:17
14	BC 474	하만의 책략	에 3:9
15	BC 473	부림절 제정, 12월 14, 15일	에 9:28
16	BC 465	6th 아닥사스다(–425)의 통치	
17	BC 458	2차 포로 귀환(지도자 : 에스라, 약 5,000명) 에스라는 전국에 율법 학교를 세우고 율법 회복을 꾀함	스 7:9
18	BC 445	3차 포로 귀환(느헤미야 / 유다 총독)	느 2:9–11
19		성곽 중수 필역(24시간 교대작업 52만에 완공)	느 6:15
20	BC 433	바벨론으로 돌아간 느헤미야	느 13:6
21	BC 432	느헤미야 2차 귀국	느 13:7
22	BC 433–	말라기의 활동	

스 : 에스라, 느 : 느헤미야, 에 : 에스더
• 포로 시대 : 에스겔, 다니엘/예언서
• 포로 귀환 시대 : 에스라, 느헤미야, 에스더/역사서. 학개, 스가랴, 말라기/예언서

난해 문제 : 이방 여인 아내를 끊어 버리는 비정함에 대한 고찰

"제사장 에스라가 일어서서 저희에게 이르되 너희가 범죄하여 이방 여자로 아내를 삼아 이스라엘의 죄를 더하게 하였으니 이제 너희 열조의 하나님 앞에서 죄를 자복하고 그 뜻대로 행하여 이 땅 족속들과 이방 여인을 끊어 버리라"(스 10:10–11).

(1) 시대적 상황

이 당시의 가장 심각한 문제 중의 하나가 이방 여인과 결혼하게 된 유다 백성의 처리 문제로서 본문에서뿐만 아니라 느헤미야 13장 27–30절에서도 "이방 여인을 아내로 맞아 이 모든 큰 악을 행하여 우리 하나님께 범죄하는 것을 우리가 용납할 수 없음으로 이방 사람을 떠나게 하여 그들을 깨끗하게 하고 또 제사장과 레위 사람의 반열을 세워서 각자의 일을 맡게 하여야 한다"라고 기록되어 있는 것을 보면 에스라와 느헤미야 선지자는 이러한 이방인의 처리 문제로 많이 힘들

어하였음을 알 수 있다.

에스라는 이런 난제 앞에서 하나님의 전 앞에 엎드려 울며 기도하고 자복하였다고 하였다(스 10:1). 애통해하는 에스라를 보고서 에스라의 소집에 모인 이스라엘 총회에서 엘람자손인 스가냐가 에스라에게 이르되 지도자들을 중심으로 온 백성들이 자신들의 이방 여인들과 그 자녀들을 다 내어 보내기로 결의한 사실을 보고하며 이스라엘의 소망이 있음을 말하고 에스라에게 협조할 것을 약속하고 있다(10:12-14).

에스라 10장 18-44절의 명부에 따르면 바벨론 포로로 잡혀갔던 모든 유대인들을 모이게 하고 전수 조사를 하여 이방 여인과 결혼을 한 자들을 전부 기록하고 있는 바, 제사장 17명과 레위인들 6명, 노래하는 자 1명, 문지기 3명, 그리고 평민이 86명 등 113명이었다. 에스라가 이처럼 일부러 잡혼자의 명단을 공개한 이유는 이러한 죄악의 위험성을 경고하고 회개의 모본을 보여 주며 참된 회개를 장려하기 위해서다. '손을 잡아 맹세하여'(19절)라는 행동은 다시는 그러한 죄를 짓지 않겠다는 약속의 표현이다(왕하 10:15).[28]

이에 우리는 결혼하여 이미 자녀까지 있는 상태에서 이방의 아내와 자녀를 내쫓는 것이 하나님의 백성으로서 할 수 있는 일인 것인지 의문을 갖고 생각하여 볼 필요가 있다고 본다. 단순히 배타주의적인 유대 민족의 산물인지 아니면 여기 성경에서 언급한 사항들이 모든 시대에 적용하여도 괜찮은 것인지 고찰하여 보기로 하자.

(2) 구약 및 신약의 이방인 금혼

성경을 보면 이방인과의 혼인을 절대적으로 금지하고 있는 규례(출 34:12-16, 신 7:3-4 "또 그들과 혼인하지 말찌니 네 딸을 그 아들에게 주지 말 것이요

---

28) 정형철, 『예스 주석성경, 개역개정』(서울, 아가페출판, 2010), pp.725-726.

그 딸로 네 며느리를 삼지 말것은 그가 네 아들을 유혹하여 그로 여호와를 떠나고 다른 신들을 섬기게 하므로 여호와께서 너희에게 진노하사 갑자기 너희를 멸하실 것임이니라")가 있음을 알 수 있다. 이 규례를 분석하여 보면 이방인과의 혼인을 금지하는 이유가 다른 신을 섬기게 할 가능성 때문임을 알 수 있다.

신약에서도 "너희는 믿지 않는 자와 멍에를 같이 하지 말라 의와 불법이 어찌 함께하며 빛과 어둠이 어찌 사귀며, 그리스도와 벨리알(사탄)이 어찌 조화되며 (…) 하나님의 성전과 우상이 어찌 일치가 되리요 우리는 살아 계신 하나님의 성전이라 (…) 너희는 저희 중에서 나와서 따로 있고 부정한 것을 만지지 말라 내가 너희를 영접하여 너희에게 아버지가 되고 너희는 내게 자녀가 되리라 전능하신 주의 말씀이니라"(고후 6:14–18)고 하시면서 구약의 이방인과 결혼을 금지하는 내용과 합치되는 사항과 그 이유를 우상이 하나님의 성전과 어찌 일치하겠느냐는 다른 예시로 대신하고 있다.

상술한 구약과 신약에서 이방인과의 결혼을 금지하고 있으며 그 이유가 우상 숭배의 폐해 때문임을 알 수 있다.

역사적으로 이방 여인과 결혼한 사실을 추적하여 보면 모세가 구스 여인을 아내로 맞이한 사건이 있으며(민 12:1–15, 모세가 구스 여자를 취하였더니 그 구스 여자를 취하였으므로 미리암과 아론이 모세를 비방하니라, 이에 하나님이 듣고 미리암에게 나병이 걸리게 벌을 주었으나 모세의 기도로 낫게 하였다.), 기생 라합이나 모압 여인 룻의 경우도 이방 여인으로 유대인들과 결혼하여 구속사에서 예수의 족보(마 1:5)에 올라 있다. 또 요셉의 아내 아스낫도 이방 여인이며 유다의 아내는 가나안 사람 수아의 딸로서 엘과 오난 셀라까지 세 아들을 낳았으며 이들 모두가 예수 그리스도의 선조들이다. 이들이 이방인이라고 하여 크게 비난을 받았다는 성경 구절은 찾기 어려우며, 모세의 경우처럼 이방 여인과 결혼에 대하여 이를 비방한 자를 벌한 것을 보면 하나님께서는 이방 신을 섬기지 않으면 크게 문제 삼지 않은 것같이 보인다.

(3) 견해 및 적용

1차 포로와 2차 포로의 귀환과 그들의 약 80년이 흐르는 세월 동안 이스라엘 사람들이 이방 여인들과 결혼하여 자녀를 낳고 하나님의 법을 어긴 죄에 대하여 에스라와 느헤미야는 이스라엘의 멸망의 원인이 우상숭배로부터 연유하였음을 알고 있었다. 그러므로 동족의 이방인과의 잡혼에 대한 강한 회개와 다시는 이러한 죄악이 있어서는 안 된다는 결연한 의지의 표현으로 이방 여인인 아내와 자녀들을 내쫓는 조치를 취했다고 본다. 그 시대 상황에서는 불가피한 조처라고 이해한다.

이러한 경우를 현대의 결혼에 적용하여 보면 다음의 경우를 고려해 볼 수 있다. 어느 여인과 사랑에 빠져 결혼을 하게 되었는데 그녀가 외국인이고 믿지 않는 불신자의 경우에는 우선 기도를 통하여 그녀가 믿음에 이르도록 인도하여야 할 것이다. 그녀가 모국의 다른 종교를 가지고 있다면 개종을 위한 노력을 하여야 하는데 이는 무거운 멍에로서 메지 말아야 할 멍에를 메게 된 것이다. 따라서 결혼 생활 중에 종교의 문제로 인하여 갈등이 지속된다면 둘의 행복을 위하여 이혼도 고려하여 보는 것이 좋을 듯하다. 자녀가 있다면 자녀의 행복과 장래를 고려하여 좀 더 신중하게 이혼 여부를 결정하여야 된다고 사료된다.

본 저자의 경우는 결혼 전에는 믿지 않는 자이었으나 장로 딸과 결혼하게 되어 그 이후부터는 꾸준히 교회를 다니게 되었고 오늘에 이르게 되었다. 내 인생을 반추하여 보면 모든 것이 하나님의 은혜임을 고백하지 않을 수 없다. 인생은 마라톤 경주이다. 잠시 이루어지지 않는다고 실망할 필요가 없다. 이루어진다는 믿음을 가지고 꾸준히 기도하면 하나님은 우리의 기도에 응답하여 주신다.

"너의 행사를 여호와께 맡기라 그리하면 너의 경영하는 것이 이루어지리라"(잠 16:3).

9. 신구약 중간 시대의 정치·문화적 배경(왕하－대하)
(난해 문제 : 알아두면 성경 이해에 큰 도움이 되는 부분)

1. 앗수르에서 바사(페르시아)까지

북이스라엘과 남유다는 각각 당시의 주변 강대국인 앗수르와 바벨론에 의하여 멸망당하였으며 이들 제국들도 오랜 기간 동안 존속하지 못하고 단명으로 끝나고 다음의 신흥 강자들에 의하여 제국의 자리를 내주고 말았다. 이스라엘을 둘러싸고 벌어진 당시의 열강들의 패권의 역사를 고찰하여 봄으로써 역사의 주관자가 하나님이심을 깨닫게 된다. 이하 중요한 역사적인 사건별로 고찰하였다.

(1) BC 722(북이스라엘 멸망)

북이스라엘은 19대 호세아 왕 9년에 앗수르의 살만에셀 5세에게 멸망당하였다(왕하 17:3). 200년간 여로보암의 길로 가서 7번의 쿠데타를 통하여 19명의 왕이 통치하였으며, 엘리야와 엘리사 선지자 그리고 아모스 선지자를 보내어(암 1:1) 회개를 촉구하였고 마지막으로 호세아 선지자를 보냈으나 듣지 않았나.

또한 남유다 아하스 왕이 이사야의 말을 듣지 않고(아람과 북이스라엘이 남유다 침공 시 하나님만 의지하라고, 사 7:1-9) 친 앗수르 정책을 취하므로 결과적으로 북이스라엘의 패망을 돕는 결과가 되었다(대하 28:21).

(2) BC 612(앗수르 멸망)

바벨론(Babylonia: BC 19세기부터 BC 6세기 초반까지 티그리스 강과 유브라데 강 사이인 남부 메소포타미아 지역에서 세력을 떨쳤던 국가)은 현재의 이라크이다. BC 1130년부터 520년간 上아시아의 주인 노릇을 하였으며, 티글랏 빌레셀 3세(BC 745-725, '불' 왕을 가리킴-왕하 15:19)는 BC 745년 경 Pulu 라는 일개 병사 신분에서 왕위를 찬탈하여 앗수르를 최대 강국으로 만들었다.

바벨론 왕 나보폴라살은 시아사레스(Cyazares)와 메데(Medes)의 도움을 힘입어 앗수르의 수도 니느웨를 함락시켰다(BC 612). BC 610년 앗수르는 하란까지 내주고 애굽의 느고와 연합하여 하란을 탈환하려고 하였으나 BC 609년 실패하고 피지배 민족을 잔인한 방법으로 통치하였던 앗수르 제국은 멸망하였다.

하나님은 유대의 민족주의자인 요나를 통하여 니느웨를 구원하였으나(욘 3:4, 사십일이 지나면 니느웨가 무너지리라), 이후 회개에 합당한 열매를 맺지 못하고 악의 길로 빠져 나훔 선지자를 통하여 예언한 대로 물에 의하여 진멸되었다(나 1:8, AD 1846년 영국의 고고학자 레이어드가 6m 토사 아래 잠긴 니느웨를 2450년 만에 발굴).[29)]

(3) BC 609(므깃도, Megiddo전투)

앗수르가 오랜 친구 나라 스키타이의 배신으로 메대와 손을 잡은 바벨론에게 니느웨를 내주고 하란으로 수도를 옮겨서 명맥만 유지하고 있을 때에 애굽의 느고 왕이 앗수르를 치고 바벨론으로부터 니느웨를 빼앗으려고 유브라데강으로 진격하였다. 이 소식을 들은 남유다 요시

---

29) 조병호, 『성경과 5대 제국』(서울 : 도서출판 통독원, 2012), p.118.

야 왕이 애굽을 치기 위하여 므깃도에서 전투를 벌이나 전사하고, 차남 여호아하스(23세)가 왕으로 옹립되나(왕하 23:29-30) 3개월 만에 폐위되고 장남 여호야김(25세)이 애굽에 의하여 왕으로 세워졌다. 애굽은 유브라데 강까지 올라갔으나 니느웨 탈환에 실패하고 애굽으로 귀환(세력 약화)하였다.

(4) BC 605(갈그미스 전투, Carchemish)

근동의 신 강자 바벨론이 남유다에 조공을 요구하자 애굽에 조공을 바치면서도 3년간은 바벨론에게도 바치었지만 애굽의 느고 왕이 더 세게 압박하자 여호야김이 바벨론에의 조공을 중단하였다. 이에 바벨론의 느브갓네살 왕이 직접 애굽을 유브라데스 하숫가 갈그미스에서 애굽을 쳐서 대승을 거두고 애굽의 전 지역을 수중에 넣고, 예루살렘도 함락시켰다, 이때 여호야김과 다니엘 등이 바벨론에 포로로 끌려갔다(1차 유수). 이후 애굽은 바사(페르시아), 헬라, 로마에 차례로 정복당하였다.

(5) BC 586(남유다 멸망)

20대 시드기야 왕 때에 바벨론의 느부갓네살에 의하여 멸망하였으며, 남유다 350년간 20명의 왕이 통치하였다. 아하스 왕 때에 이사야 선지자의 말을 듣지 아니하고 앗수르의 신을 수입하고 앗수르 식으로 제사를 지냄으로 악의 길로 빠졌다. 히스기야 왕도 후반기 이사야의 충고를 듣지 않고 반 앗수르-친 애굽 정책을 취함으로 남유다 침공의 빌미를 주었다. 히스기야 14년 앗수르의 산헤립이 침입하나 185,000명을 기도로 죽이고(사 37:6-7) 남유다를 구했다. 여호야김, 여호야긴, 시드기야 때에 국제 정세를 잘못 보고 바벨론을 배반하며 애굽 편에 서 멸망하였다.

(6) BC 550(메데 멸망)

바사 왕 고레스 2세에 의해 메대의 수도(엑바타나)가 함락되었다.

* 메대 : 아르메니 동쪽, 메소포타미아 북동쪽, 카스피해 남쪽 위치한 이란 산맥에 거주했던 인도아리안 민족, BC 1000–BC 550년 경

(7) BC 539(바벨론 70년 제국 멸망)

BC 2000년부터 역사에 등장하며 함무라비 왕(BC 1792–1750)의 함무라비법전으로 유명하다. 약 4세기 동안 히타이트에게 지배당하였지만 그 후에 애굽과 교류를 하고 앗수르와 패권을 다투는 규모로 성장하였고, 바벨론의 느부갓네살왕 때인 BC 605년 갈그미스 전투에서 애굽을 무찌르고 제국이 되어 남유다에서 1차 포로를 잡아갔다.

느부갓네살의 아들 마르둑(Amel–Mardu)이 2년간 통치하고, 마르둑을 살해한 매부 네리글리살(Neri–glisar)과 그 아들 라바시 마르둑이 나라를 다스리다가 신하들에게 암살당하였다. 그리고 하란 출신 귀족의 아들 나보니두스(Nabonidus)가 왕이 되고 Sin이라는 신을 섬기면서 그 아들 벨사살 때에 마르둑 신을 섬기는 느부갓네살 집안과 바벨론 사람들이 나보니두스와 벨사살보다는 바사의 고레스에게 마음을 주었다.[30]

바사(–BC 331)의 고레스 왕(BC 559–530)이 바벨론의 벨사살을 죽이고 바벨론을 점령하고, 유대 포로를 귀환시키고 성전을 재건하도록 조서를 내렸다(스 1:1–4).

---

30) 조병호, 『성경과 5대 제국』(서울, 도서출판 통독원, 2012), p.175.

(8) BC 536–BC 331(바사 제국 206년간 통치 후 멸망)

바사 왕 고레스에 의해 바벨론의 포로가 된 유대인들이 귀환하고, 성전이 건축되어 그곳에서 율법을 가르치게 되었다(느 2:10, 4:1–3). 바사가 도시국가로 있었을 때에는 메대(메디아)가 바사를 다스리고 있었는데, 하르파고스(자기 아들을 죽여 만든 요리를 먹음)가 메대 왕 아스티아게스에 대한 반란을 꾀하고 아스티아게스의 외손자 고레스(키루스 2세)를 메디아, 바사의 전체의 왕이 되게 하였다.

1) 초대 왕 고레스는 메디아의 도시 에크바타나를 차지하고(BC 550) 29년간 재위하면서 바벨론을 정복하고 아시아의 지배자가 되었고, BC 537년 스룹바벨을 유대 총독으로 하여 1차 포로를 귀환시켰다(스 2:64).
2) 2대 왕 캄비세스(BC 528–522) : 고레스의 子로 이집트 점령하였고 포악한 성격이었다.
3) 3대 왕 다리오(BC 522–486) : 6명의 중진들이 말(Horse) 시합을 하여 이겨서 왕이 된 자로 스룹바벨의 중단된 성전 건축을 도와줌(스 6:1–4). 그리스와의 마라톤 전투에서 패함.
4) 4대 왕 아하수에르(크세르크세스, BC 485–465) : 에스라와 에스더에서는 아하수에르 왕으로 표기, 와스디 왕비 대신에 에스더가 왕후가 되고 아말렉의 후손인 하만의 유대인 말살 계획을 저지시켰다(에 9:20–22). 부림절 12월 14–15일. 살라미스 해전에서 그리스 연합군의 380척 함대가 바사 600–800척 함대와 싸워서 승리.
5) 5대 왕 아닥사스다(BC 465–425) : BC 458년 에스라가 인도한 2차 포로 귀환을 지원(스 7:12–26)하고, 느헤미야의 성벽 재건 공사를 허락하여 BC 445년에 성벽 재건 공사가 52일 만에 완공(느 6:15).
6) 마지막 왕 다리오 3세 : 이수스 전투에서 알렉산더에 패하여 206년 만에 바사제국이 멸망하고 헬라제국이 등장.

2. 헬라에서 로마까지

(1) 헬라의 통치 시대(BC 331-285)

헬라는 도시국가였으나 마케도니아 왕 필립포스 2세가 크레니데스에서 금광을 발견하여 재력을 확보하고 그 도시 이름을 필립포스(신약성경의 빌립보)로 바꾸었다. 그러나 필립포스에 반기를 든 그리스 연합군을 카이로네이아 전투에서 응징하나 암살당하고, 그의 아들 알렉산더가 23세의 젊은 나이에 왕위를 물려받았다. 그 후 알렉산더에 의하여 그리스가 통일되고 이때 보급된 헬라어가 신약성경의 언어가 되었다.

알렉산더는 이수스(BC 333) 전투에서 페르시아를 무찌르고 두로를 철저하게 불살랐다(사 23:1-3). 알렉산더가 32세의 젊은 나이로 병사하게 되고 사후 7명의 장수에서 4명의 장수가 지역에 따라 분할 통치를 하게 되었다.

- 페르가몬왕조 : 소아시아 북쪽 작은 왕국
- 안티고누스왕조 : 마케도니아 지방
- 프톨레미왕조 : 애굽, 홍해, 동아프리카, 에게해 등
- 셀루커스왕조 : 구 페르시아, 시리아 북부, 인도, 아프가니스탄, 투르케스탄 등

* 프톨레미왕조는 클레오파트라 여왕을 끝으로 문을 닫고, 셀루커스(시리아)왕조도 안티오커스 4세 때 BC 63년에 폼페이우스에게 정복되어 로마의 속주(屬州)가 됨.

(2) 애굽의 통치 시대(BC 285-168)

이 시대에 애굽의 두 번째 왕조인 프톨레미 필라셀프스에 의하여 알렉산드리아 도서관에 비치할 70인(Lxx) 성경이 완성되었다.

(3) 시리아 통치 시대(BC 204–168)

유대인에게 가장 처참한 기간으로서 안티오커스 4세 에피파네스(별명: 미친놈)에 의해 유대인들이 학살되었고 성전에서는 돼지 피가 뿌려지고 신상이 세워진 시대이다.

(4) 하스몬왕조 마카비시대(BC 167–63)

제사장 마타디아스 하스몬(Mattathias Hasmon)의 혁명(우상숭배를 요구하는 셀루커스 관리를 살해)과 그의 아들 시몬 마카비오스에 의해 성전 회복과 약 100여 년간의 독립된 시기이다. BC 142년 셀루커스왕조는 세금을 면제해 주는 방식으로 유대의 독립을 인정해 주므로 페르시아와 헬라제국으로부터 440년 만에 독립을 쟁취하였다.

시몬 마카비오스 통치 이후에 하스몬 왕조는 요한 힐카누스(BC 134–104)와 그의 장남 아리스토불루스(BC 104–103), 그의 동생 알렉산드로 야나이우스(BC 103–76), 아리스토불루스와 야나이우스의 처인 살로메 알렉산드라(BC 76–67), 그녀의 두 아들 힐카누스 2세와 아리스토불룻 2세(BC 67–63)가 6년간 내전으로 서로 다투는 가운데, 3개월의 공성전 끝에 예루살렘은 BC 63년 로마의 폼페이우스 장군에 의해 멸망하고 하스몬 왕 아리스토불루스 2세는 로마로 끌려갔으며 이후 유대는 로마의 속국이 되었다.

(5) 로마의 통치 시대(BC 63– AD 616)

로마의 지배하에 들어간 시대로서, 이때 정치 수완가인 헤롯에 의해 통치되었을 때에 주님께서 탄생하셨다.

1) 로마의 탄생

로마는 BC 8세기경 로물루스, 레무스 쌍둥이와 늑대의 신화에서 탄생. 왕정과 공화정을 거치고 카르타고와의 3차에 걸친 120년간의 포에니 전쟁을 치르면서 강한 나라로 성장. 율리우스 카이사(Julius Ceaser, BC 100년-BC 44)는 공화정의 로마가 체제의 수명을 다함을 알고 황제체제로 가야한다고 생각하였으나 브루투스에게 암살당하였다.

2) 초대 황제 옥타비아누스((Gaius Julius Caesar Octavianus BC 29-AD 14)

원로원은 율리우스 카이사의 양자로 18세인 옥타비아누스를 초대 황제로 추대. 호적 등록을 위하여 고향으로 가게 되었을 때에 예수님께서 탄생(눅 2:1).

3) 2대 황제 디베료(티베리우스 Tiberius Julius Caesar Augustus AD 14-376),

옥타비아누스의 의붓아들. 생모는 리비아. 디베료는 강제로 옥타비아누스의 친딸 율리아와 결혼하고 황제가 됨. 카프리 섬에서 은둔하며 문서 정치. 황위 15년에 본디오 빌라도가 유대의 총독으로 부임, 헤롯 안티파스가 갈릴리 분봉왕, 그 동생 헤롯 빌립 2세가 이두래와 드라고닛 분봉왕, 루시니아가 아빌레네의 분봉왕(눅 3:1).

4) 3대 황제 칼리굴라(Gaius Caesar Germanicus AD 37-41, 4년 재위).

글라우디오의 형(게르마니쿠스:일찍 전사)이 낳은 아들. 흉상을 많이 만들어 자신을 신격화, 유대에 대군을 거느리고 진격해 성전에 자신의 동상 세우고, 유대인 철학자 필로가 면담. 벨릭스의 후임으로 베스도 총독이 유대에 부임(행 25:8-10).

5) 4대 황제 글라우디오(Tiberius Claudius Caesar Augustinus Germanicus AD 41–54).

옥타비아누스의 부인이 된 리비아가 옥타비아누스와의 결혼 전에 첫 번째 남편과의 사이에서 낳은 두 명의 아들 중 둘째 아들인 디베료 황제의 동생 드루수스의 막내아들, 세 번째 황제의 작은아버지. 35년 만에 유대인 왕인 헤롯 아그리파에게 통치를 맡김. 3년 만에 병으로 죽자 유대는 다시 총독 체제. 로마 총독과 군단이 예루살렘에서 가이사랴로 옮김. 모든 유대인은 로마를 떠나라는 명에 의하여 브리스길라와 아굴라 부부가 이달랴로부터 고린도로 오게 되고 이때 바울이 이들을 만남(행 18:1–3).

6) 5번째 황제 네로(Nero Claudius Caesar Augustus Germanicus 16세 즉위 AD 54–68년 14년 재위).

글라우디오의 비서 팔라스가 아그리피나를 글라우디오의 황후로 추천. 아그리피나는 칼리굴라 황제의 동생이자 글라우디오의 조카이며, 결혼하여 이미 네로라는 아들을 두었고 남편과 사별한 상태. 네로의 모인 아그리피나는 삼촌인 글라우디오에게 시집가서 글라우디오와 그 자식들을 죽이고 네로를 황제로 올린 여인. 母를 살해 기독교 박해, AD 64년 7월 18–19일 2일간 로마 대화재. 방화범으로 기독교인 지목하여 200–300명의 순교자가 나옴. 그후 네로는 기록말살형(DANMANATIO MEMORIAE, 오늘날의 탄핵제도)에 처해짐.

7) 11대 황제 도미티아누스(Domitien, AD 81. 9. 14–96. 9. 18.)

44세 때에 암살당하고 기록말살형에 처해짐. 사도 요한이 밧모섬에서 채석장 형벌로 순교. AD 64–AD 313, 249년간 로마제국의 기독교 박해가 계속되었음.

8) 43대 황제 콘스탄티누스(Constantinus, 306-337)

AD 313년 밀라노 칙령에 의하여 기독교가 로마에서 공인됨. AD 325년에는 니케아 공의회에서 아타나시우스의 삼위일체 교리가 정립됨(본질은 동일하나 위격은 다르다). 부친이 로마의 장군으로 영국에 파견되었을 때에 선술집 딸인 모친(그리스도인?)의 영향이 있었을 것이라는 설이 있음. 동방의 비잔티움을 7년간의 공사로 새롭게 하고 그 이름을 콘스탄티노플이라 칭함.

9) 50대 황제 테오도시우스(Theodosius, 379-395)

AD 392년 기독교가 로마제국의 정식 국교가 됨. AD 395년 장남 아르카디우스에게 동로마제국을, 차남 호노리우스에게 서로마 제국을 주어 분할 통치하도록 하고 이후 동서로마시대가 전개 됨.

10) AD 476년 서로마제국이 멸망하고, AD 1453년 동로마제국이 오스만투르크의 술탄 메메트 2세의 침략으로 멸망.

3. 신구약 중간 시대(Intertestamental Age)의 당파적 · 문화적 배경

기독교에 영향을 준 문화적 배경은 유대교, 헬레니즘, 로마의 제국주의이지만 가장 중요한 것은 유대교이며 유대교에는 4종파가 있다.

(1) 유대교

1) 바리새파(초자연주의, Maccabee 전쟁에 가담했던 하시딤(경건한 자)에 기원. BC 167-BC 63 하스몬 왕조 시대에 탄생, 청결한 자-땅의 백성에서 분리시킨 자)

'분리주의자(Pharisees)'라는 뜻의 이름을 가진 바리새파는 마카비전쟁을 적극적으로 도와 싸운 하시딤의 후예들로 여겨진다. 요세푸스에 따르면 바리새파 사람들은 의롭게 되기를 원하며, 늘 신을 기쁘게 해 드리려고 애쓰는 사람들이었다(고대사 12.288, 297). 율법에 따라 경건하게 살아가던 이들은 사제계급이 아닌 평민 대중에 속해 있었으며, 유대인의 일상적인 정치 · 사회적 삶으로부터 격리된 자들이 아니었다. 그들은 시대의 변화에 적응하고 동화되기보다는 자신들의 전통을 유지하고 지켜 나가는 것을 보다 중요한 덕목으로 믿고 실천하였다. 그들은 일견 자신들의 지위를 견고히 하고 영향력을 확대시켜 나가는 데 힘을 기울였다.

바리새파는 하스몬왕조의 시작과 함께 왕조와 갈등 관계에 빠졌다. 하스몬왕조의 정통성과 대제사장(요한 힐카누스의 母의 흠결성–과부, 이혼, 창녀, 과거가 깨끗하지 않다)에 대한 합법성에 이의를 제기하였기 때문이었다. 이 일을 계기로 요한 힐카누스와 알렉산더 야나이가 통치하던 때 바리새파 사람들은 박해와 학살을 당했다. 그 후 왕조를 이끌던 살로메 알렉산드라와 화친하고 바리새파 사람들이 국가의 주요 정책 결정에 참여하게 되면서 자신들의 정적(政敵)인 사두개파 사람들을 가차 없이 제거하기도 했다. 헤롯 대왕 때에는 한때 갈등이 있어 몇몇 바리새파 지도자들이 처형되었지만, 그들은 평민들과 율법사와 서기관들의 정치 · 종교적 연대를 통해 강력한 정치적 힘을 가진 집단으로 이 시대 전반에 걸쳐 영향력을 행사하였다.

바리새파는 사두개파나 율법 학자 등 당내 지도자 계급과 연대해서 예수를 죽이려고 음모하였으며(막 12:13, 18, 28), 이를 위해 헤롯왕가를 지원하는 헤롯당원들과 내통하기도 하였다(막 3:6, 12:13). 예수가 바리새파와 율법 학자들에 대해 '위선자'라 비판한 것은 갈등의 극점이었다(마 23:13–36). 예수는 그들이 "말만 하고 실행하지는 않는다."(마 23:1–12)라고 비판하였다.

2) 사두개파(자연주의자, BC 2세기 다윗 시대의 제사장 사독, 삼하 8:17, 제사장 가계)

'사두가이(Sadducees)'는 다윗 시대의 대제사장(대사제)이었던 사독에서 파생된 말로, 사독의 후손들은 마카비시대까지 사제직을 수행했다. 유대의 종교 및 정치의 최고 지도자인 대제사장을 지지한 당파이다. 주전 2세기에서 예루살렘 멸망(주후 70)에 이르는 기간에 세력을 가졌던 당파로, 귀족계급에 속하고, 대제사장 및 예루살렘의 유력자들로 이루어져 있었다. 바리새인과 대립했는데, 바리새인이 종교적인데 반하여, 그들은 아주 정치적 색채가 강했다. 수는 비교적 소수였으나, 교양도 있었고, 특히 제사장 계급을 독점하여 세력을 폈다. 종교적으로는 보수적, 현세적으로는 그리스 문화에 대하여 해방적이고 세속적이었다. 그 때문에 마카비전쟁 시대의 종교적, 민족적 혁신의 시기에는 냉대되었는데, 하스몬왕조가 세속화됨에 따라 세력을 펴고, 이에 비판적이었던 바리새인과 대립하게 되었다. 이 경향은 뒤의 헤롯왕조의 친로마 정책과도 영합(迎合)하여, 성전을 중심으로, 종교적으로는 제사장 계급으로서 강화되었다.

그들은 예수에게 와서, 때로는 하늘로서 오는 표적을 보이기를 청하고(마 16:1-4), 부활에 대해 난문(難問)을 제출하여 시험하려고도 했다(마 22:23-33). 이들을 예수는 바리새인과 나란히 하여 비난했다(마 16:6, 11). 그러나 복음서를 통하여 바리새인만큼 비난의 대상으로 되어 있지는 않는데, 그것은 그들이 바리새인보다 옳은 데가 있어서가 아니라, 민중을 떠난 사두개인의 신앙은 예수의 시야에 들어오는 일이 적었던 때문이었을 것으로 여겨진다. 그들은 예루살렘 교회 및 바울도 박해했다(행 4:1-22, 23:1-10). 주후 70년의 예루살렘성전 파괴는 그들의 세력을 뿌리째로 뒤엎어, 그 후 그들의 세력은 소멸되었다.

〈표-8〉 바리새파와 사두개파의 특성 비교

구 분	바리새파, Pharisees	사두개파, Sadducees
역사관	하나님의 예정	인간의 자유의지
종말론	영혼의 불멸과 육체 부활	부활을 부인(행 23:8)
영적 존재	천사와 악마의 존재 인정	천사와 악마의 존재 부인(행 23:8)
종교의 권위	구약 전체와 미쉬나(Mishnah : 유전) 인정	모세의 오경만 인정
언어의 뜻	'핫시딤(경건한 사람)'에서 유래한 '분리자', 율법 중심에서 생활 중심의 율법 해석	'싸디킴'에서 유래한 '의로운'
지키는 내용	금식(막 2:18), 십일조(눅 18:12), 회당 중심과 성경 중심의 신앙	모세오경 준수, 성전 중심의 제사법
정치성	독립 추구, 비타협적	현실 유지를 위한 권력자와 타협(로마인과 절충)
소멸	AD 70년 후부터 서서히 소멸, 랍비 중심의 미쉬나 보전학파, 5세기 탈무드 완성	AD 70 예루살렘 멸망 후에 사라짐
특징	1) 회원들과만 식사, 2) 회원인 제사장에게만 십일조, 3) 일주 두 번 금식(월, 목), 예수님 당시 약 6000명(대부분 예루살렘, 산헤드린공회 대부분 회원)	—

3) 엣센(에세네)파(Essene: 금욕주의자)

엣센이란 호씨오스(거룩한)란 뜻이다. 흰옷을 즐겨 입고 독신 생활을 강조했으며, 모든 것을 공유하고 엄격한 규율 아래서 열심 있는 신앙생활을 했다. 1세기 약 4,000명. 1940년 사해 두루마리 사본이 쿰란동굴에서 발견되어 알려짐. 민족적 국수주의적 열광주의자.

마카비 시대의 하시딤 유파를 따르던 유대인의 일파로, 『사해문서(死海文書)』를 가지고 있던 쿰란 종단(Qumran 宗團)은 이 에세네파(派)에 속한다. 규율을 중시한 승원적(僧院的) 십난생활을 보내며, 매일 깨끗이 씻고 마음을 바르고 맑게 가지는 행사와 식사 전후에 축복의 기도를 올리는 종단원(宗團員) 공동의 식사 관습이 있다. 사상적으로는 하나님과 악마, 광명과 암흑, 진실한 영(靈)과 허위의 영, 육(肉)과 영(靈) 등의 2원론적인 사고방식에서 특징을 볼 수 있으며, 이란의 종교 사상의 영향을 받고 있음은 분명하지만 만물은 일체 신의 창조에 의한다는 구약적(舊約的)·유대교적 신(神) 관념의 기초 위에 있다.

기원후 70년의 야브네회의(Jabneh會議) 이후 바리새파(派)가 유대교의 주도적 입장에 선 후로는 거의 소멸하였다. 그들이 유대인, 그리스도교도(에비온派)에게 영향을 준 일은 잘 알려져 있다.

4) 열심당원(Zealot) : 마 10:4 / 막 3:18 / 눅 6:15 / 행 1:13 - 가나안인 셀롯 시몬

로마의 압제에 대항하여 독립을 쟁취하기 위한 당원들로 맛사다에서 1,000여 명이 최후를 맞는다. 자기 자녀를 죽이고 스스로 자결. 12제자 중에 셀롯 시몬이 열심당원.

열심당원들은 라틴어로 "단검(sica)으로 무장한 사람들"을 지칭하는 '시카리우스'(sicarius)에서 따온 말인 '시카리'(Sicarii : Sicarius의 복수형)라 주로 불리며 주머니에 단검을 넣고, 로마의 앞잡이나 유명인사 등의 곁에 다가가서 몰래 암살하는 역할을 하였다. 어찌 보면 닌자나 하사신보다도 앞선 역사 속 테러 또는 암살자 집단의 선례다.

결국 열심당원들은 비슷한 세력을 모아서 AD 66년 제1차 유대-로마전쟁을 일으키는 데 결정적인 촉매 역할을 했고, 이 전쟁에서 예루살렘이 초토화되고 유대인이 60-100만 명이나 죽었다. 아이러니하게도 열심당원들은 유대교의 다른 당파들과 의견이 달라 예루살렘이 점령당하기 전 대부분 쫓겨났다. 그럼에도 마지막까지 마사다에서 로마에 대항해 싸웠으며 최후에는 모두 사망하였다.

오병이어의 기적 때에 많은 무리들이 예수님을 따랐는데 이들 중에 많은 수가 열심당원으로 보고 있다(요 6:10-15). 예수님 대신 석방된 바라바('아버지의 아들'의 뜻)는 성중에서 일어난 민란과 살인으로 말미암아 옥에 갇힌 자로서(눅 23:19) 묘사되고 있는데 그도 열심당원이라고 보고 있다.

* 블로그 성경마당 참조(https://blog.naver.com/sulgiro524/221562923443)

(2) 헬레니즘(Hellenism)

기원전 334년 알렉산더 대왕의 동방 원정에서부터 기원전 30년 로마의 이집트 병합 때까지 그리스와 오리엔트가 서로 영향을 주고받음으로써 생긴 역사적 현상. 세계 시민주의·개인주의적 경향이 나타났으며 자연과학이 발달하였다. 때때로 헤브라이즘의 신본주의의 반대적인 의미로 헬레니즘은 인본주의를 가리킨다.

헬라 문화 중에서 철학은 교리적 체계를 세우는 데 큰 영향을 주었으며, 특히 헬라어(그리스어)로 성경이 기록되어 기독교 발전에 결정적인 영향을 주었던 것이다.

(3) 종교 기관

1) 산헤드린 : 신약시대의 인사 및 종교의 최고 재판 기관이었으며 대제사장 1명, 제사장 24명, 서기관 22명으로 총 71명의 공회원으로 구성되었다.

산헤드린공회의 시작은 페르시아에서부터 출발하였는데, 바벨론 포로로 끌려간 시드기야 왕 이후 지도부가 없게 된 유대의 비공식적 지도부로 이것이 산헤드린공회의 시작이다. 공회의 주체는 유대 출신 페르시아 총독들(스룹바벨, 느헤이먀 등)과 제사장 가문과 제사장 가문은 아니지만 평민 귀족들이 동맹을 맺음으로 가능하게 된 것이다. 이 공회는 AD 6년 로마로부터 유대의 최고 대표기구로 인정받았다.[31)]

예수님께서 산상수훈 중에 공회를 언급하였다. "……형제를 대하여 라가라 하는 자는 공회에 잡혀가게 되고 미련한 놈이라 하는 자는 지옥 불에 들어가게 되리라"(마 5:22)

---

31) 조병호, 『성경과 5대 제국』(서울, 도서출판 통독원, 2012), pp.328-329.

2) 회당 : 포로 시대에 설립된 것으로서 예배 및 교육을 위한 장소.

3) 서기관 : 성경을 해석하고 가르치는 계층이며 국가적으로 높은 위치에 있었다.

10 하스몬왕조와 헤롯가, 유대의 분봉왕(마, 막, 행)
(난해 문제 : 헤롯의 태동인 하스몬 왕조와 신약의 헤롯 왕과 분봉왕)

주변 열강 세력의 피지배 국가에서 잠시나마 독립을 쟁취하게 되었던 하스몬왕조에 대하여 알아보고, 신약의 복음서와 사도행전에서 언급되고 있는 헤롯 왕과 분봉왕의 행적을 연구하며, 이것에 대하여 아는 지식은 성경을 더욱 쉽게 이해하게 해 준다.

특히 헤롯 왕 때에 예수님이 탄생하셨고(마 2:1, 헤롯 왕 때에 예수께서 유대 베들레헴에서 나시매), 십자가형을 선고한 빌라도 총독까지의 성경에 나와 있는 바, 이들의 인물 중심으로 설명하였다.

그러면 어떻게 헤롯 가문이 팔레스타인 지역의 왕이 되었는지 그의 계보를 살펴보기로 하고, 이를 이해하기 위해서는 먼저 하스몬왕조의 탄생과 멸망의 과정을 알아 둘 필요가 있다.

1. 이스라엘의 독립국가 하스몬왕조(마카비시대, BC 167–BC 63)

(1) 하스몬왕조의 태동과 초대 시몬 마카비 왕(Simon Maccabeus)(BC 143–BC 134)

옛 제사장 가문 출신인 마타디아스 하스몬(Mattathias Hasmon)은 우상에게 절하라는 셀루커스왕조의 안티오쿠수 4세의 명령과 친그리스적이며 성전의 희생 제사를 금지시켰던 유다의 제사장 메넬라우스와 도전하여 싸웠으며 셀루커스왕조의 주둔군에 대한 게릴라전을 수행하고 그리스인들도 몰아내었다. 그를 이어서 셋째 아들 유다 마카비, 이어서 막내아들 요나단, 그리고 마지막에는 둘째 아들 시몬 마카비가 혁명을 완성했으며 셀루커스왕조의 인물들을 감금하고 성전을 정화하여 BC 164년 12월에 하나님께 제사를 거행하게 된다.

BC 161년 하스몬가문은 셀루커스왕조가 아니라 로마와 동맹을 맺어서 독립국가의 지배 가문으로 인정을 받게 되며, 이에 유대 내의 영향력을 바라는 셀루커스왕조는 BC 152년 당시의 하스몬가문의 지도자였던 요나단을 대제사장으로 임명한다. 그리고 결국은 BC 142년 유대와 계속해서 관계를 원했던 셀루커스왕조는 세금을 면제해 주는 방식으로 유대의 독립을 인정해 주었으며, 이때 시몬 마카비가 유대의 대제사장 자리에 오르면서 유대 통치자의 자리를 겸하게 됨으로 독립 국가가 세워졌고, 비로소 페르시아(바사)와 헬라제국에서 440년 만에 독립을 하게 되었다.[32]

한편 요나단과 시몬의 '대제사장'직의 정통성에 대하여, 역시 사독가문 출신이 아닌 이유로, 종교적 자유를 위해 함께 싸웠던 하시딤(끝까지 율법을 지킨 경건한 자들로 바리새파가 나오게 됨)을 크게 실망시켰다. 하스몬 왕가가 다윗과 솔로몬 시대만큼 넓은 영토와 힘을 가진 국가를 탄생시켰다 하더라도, 율법에 충실했던 사람들은 자신들의 종교적 희망을 성취시킨 국가 또는 지도자를 받아들이기를 꺼려하였다. 한 마디로 정통성을 얻기에 왕조에는 흠이 많았다(훗날 쿰란의 에세네파는 시몬을 두고 '악한 제사장'이라 불렀다).

프톨레미(Ptolemy, 아브보스의 아들)에 의한 시몬의 암살 사건은 온 유다에 충격을 주었다.(그러나 에세네파는 이를 두고 '벨리알(악마)의 저주받은 사람'이 죽었다며 환호하였다.) 프톨레미는 시몬 자신이 여리고의 사령관으로 임명한 그의 사위였다. 시몬이 술잔치에서 그의 아내와 두 아들과 함께 여리고에서 피살된 것은 기원전 135년이었다. 그러나 게셀의 사령관으로

32) 조병호, 『성경과 5대 제국』(서울, 도서출판 통독원, 2012), pp.266-267.

있던 시몬의 아들 요한 힐카누스는 연락병의 소식을 듣고 피하여 있다가 자기를 죽이러 오는 자들을 잡아 처형하였다. 음모에서 살아남은 그는 백성들의 지지를 얻고, 기원전 134년 예루살렘에서 유다의 통치자이자 대제사장으로 취임하였다.

(2) 요한 히루카누스 왕(John Hyrcanus, BC 134–BC 104)

시몬(BC 143–BC 134)이 자기 사위 프톨레미에게 암살되자 그의 아들 요한 히루카누스가 대제사장직을 승계하고 실권자가 되어 하스몬왕조의 왕이 되었다. 그는 더욱더 영토를 확장하여 BC 598년에 유대 땅에서 분리되었던 이두매 지역도 확보하였고 그때의 이스라엘의 국토는 다윗 왕 시대만큼 커졌다.

(3) 유다 아리스토불로스 왕(Judas Aristobulus 1, BC 104–BC 103)

아버지 요한 히루카누스가 죽자 그의 아들 유다 아리스토불로스는 자기의 왕위 계승을 반대한 친어머니를 감옥에 투옥시켜 굶어 죽게 한 패륜아였다.

왕이 된 유다 아리스토불로스는 짧은 통치 기간임에도 불구하고 갈릴리 호수 북방 이두매 지역을 유다화하였으며 예루살렘의 지위를 인정하고 대제사장의 명령에 복종하여 할례를 허락하는 등 선성을 베풀려고 애쓴 왕이었다.

(4) 알렉산더 얀네우스 왕(Alexandra Janneaus, BC 103–BC 76)

유다 아리스토불로스가 왕위에 오른 지 1년 만에 죽자 그의 아내 살로메 알렉산드라는 시동생 얀네우스를 왕으로 삼고 그의 아내가 되어 또다시 왕비가 되었다.

얀네우스는 동부 요르단과 서부 해안선 일대를 완전히 정복하고 부국으로 나라를 이끌었다. 그는 북으로 갈릴리 호수 동북부까지 쳐들어가 가우라닛에 거주하던 나바테아 족속을 멸하고 영토를 확충하였으며 다윗과 솔로몬 시대의 영토 대부분을 확보한 왕이었다.

(5) 살로메 알렉산드라 여왕(Salome Alexandra, BC 76–BC 67)

BC 76년에 알렉산더 요나단이 죽자 그의 아내 살로메 왕비가 스스로 왕이 되어 10년간 이스라엘을 통치하게 된다. 그는 그의 아들 히루카누스 2세에게 대제사장직을 맡게 하였다.

이스라엘 역사상 알렉산드라 여왕은 아합 왕의 딸 아달랴(역대하 22:10) 여왕 이후 두 번째 여왕이 된 것이다. 여왕은 하나님 경외 사상의 소유자로[33] 바리새파인을 중용하였으며 이 통치 기간에는 바리새인들이 득세하였으며 바리새파가 탄생한 때이기도 하다.

(6) 아리스토불로스 2세(Aristobulus 2, BC 67–BC 63), 하스몬왕조의 멸망

알렉산드라 여왕이 죽자 그의 차남 아리스토불로스 2세가 대제사장이자 왕이 된다.

알렉산드라의 장남 히루카누스 2세(Hyrcanus 2)는 자기 동생 아리스토불로스 2세에 의하여 대제사장직에서 폐위되자 하스몬왕조의 이두매 총독이었던 헤롯 안티파테르(Herod Antipater)에게 보호를 요청하게 되었다. 헤롯 안티파테르는 나바테아 왕 아레타스에게 구원을 요청하여 이

---

33) 김혜윤, “하스몬왕조 살로메 알렉산드라의 왕위 등극”, 『한국카톨릭신학학회』(2004. 12), vol. 5, p. 32.

를 해결하려 하였다.

이에 응한 나바티안왕국의 아레타스 왕은 50,000명이나 되는 대군을 이끌고 예루살렘을 치러 올라왔다. 때마침 로마의 폼페이우스가 파견한 스카우루스 장군이 시리아의 다마스쿠스에 있었는데, 그는 아리스토물로스 2세의 요청과 은 300달란트의 뇌물을 받고 그를 도우러 예루살렘으로 올라갔다. 이 소식을 들은 아레타스 2세는 슬그머니 회군(回軍)하여 오던 길을 되돌아갔다.

이런 일이 있은 후 두 형제는 로마의 폼페이우스에게 다투어 아부하고, 유대국가에 서로 로마를 끌어들였다. 결국 로마의 폼페이우스는 이들과 맺은 협정을 무시하고 무력을 행사하기 시작하였고, 예루살렘을 포위하면서 3개월에 걸친 공성전 끝에 성은 함락되었고, 폼페이우스는 아리스토물로스 2세와 그의 자녀들을 포로로 묶어 로마로 호송하였다. 그리고 히루카누스 2세를 대제사장으로 복직시키고, 제사 행위를 계속할 수 있도록 허가해 주었다.

폼페이는 하스몬왕조가 정복한 여러 도시들 — 힙포, 스키토폴리스, 펠라, 사마리아, 마리사, 가자, 욥바, 그리고 얍니아 등 — 을 다시 원주민들에게 돌려주어 독립시켜 주고, 예루살렘을 포함한 유다는 시리아의 로마 행정관(초대 총독은 스카우러스 장군)이 직접 다스리게 하였다. 이로써 79년간 유지되던 하스몬왕조는 해체되고 로마의 지배하에 들어갔다. 이후 이스라엘은 로마의 수리아 관구에 속하게 되었다.

2. 헤롯가, 유대의 분봉왕

헤롯 안티파테르 1세(Herod Antipater 1, 또는 Antipas, 성경명 안디바, 1세기초)는 하스몬왕가의 알렉산더 얀네우스 왕(BC 103-BC 76)에 의하여 팔레스타인 지방 이두매(막 3:8) 장군으로 임명된 자이다. 그는 하스몬왕조의 혼란기에는 독자적으로 이두매 지역을 통치하였으며 자체 군대를 거느리고 있었다. 이두매 지역은 현재의 네게브 지역으로 에돔 족속이 왕국을 형성하고 지배하던 곳이다.

(1) 헤롯 안티파테르 2세(Herod Antipater 2, BC 55-BC 43)

헤롯 안티파테르는 헤롯왕가의 창시자로서 헤롯 대왕의 아버지이다. 하스몬왕조의 이두메 총독이었던 그는 알렉산드라 여왕이 죽자 왕의 후계 문제를 놓고 다투는 두 아들 히루카누스 2세와 아리스토볼로스 2세 때에 실권을 잡게 된다. 히루카누스 2세는 로마의 스카우러스 장군에 의하여 대제사장으로 임명되나 하스몬왕조의 왕으로는 행세하지 못하였다.

한편 로마 제국도 정치적으로 아주 어려운 처지에 있었는데, BC 60년 로마는 크라수스, 폼페이우스, 가이사 씨이저의 3두 정치가 시작되었다. 그 후 로마의 내전은 골이 깊어 갔다. BC 48년 가이사 씨이저가 이집트 프톨레미 왕의 왕비였던 클레오파트라와 사랑에 빠져 있을 때 폼페이우스는 이집트로 내려와 가이사 씨이저를 제거하려 하였다.

이때 헤롯 안티파테르는 군사를 이끌고 씨이저를 도왔다. 폼페이우스가 이집트의 알렉산드리아에서 암살되자 가이사 씨이저는 더욱더 막강한 권력을 쥐게 되었다. BC 47년 로마로 돌아온 씨이저는 헤롯 안티파테르에게 로마 시민권을 주고 그를 유다의 징세관으로 임명하여 히루카누스 2세를 무력하게 하였다.[34]

그 후 BC 44년 로마에서는 씨이저가 암살되고 대혼란에 빠지게 되었다. BC 43년 로마가 정치적으로 어수선한 때에 팔레스티나에서는 로마의 총독 힐칸 2세가 살해되었다. 그리고 이스라엘 귀족들과 헤롯

34) 정수영, 『마태복음서 강해 1』(서울, 쿰란출판사, 2015), p.57.

장군 사이에 권력 다툼이 벌어지게 되었다. 그러나 해롯 안티파테르는 곧바로 권력을 장악하게 된다.

이때에 로마에 볼모로 잡혀가 있던 하스몬왕조의 마지막 왕 아리스토불로스 2세의 아들 안티고누스가 로마를 탈출하여 고국에 돌아오게 되었다. 그는 수리아의 파더 왕의 도움으로 헤롯 안티파테르를 몰아내는데 성공하였다.

헤롯의 가족들은 로마로 피신하기에 이르렀고 이스라엘은 한때나마 다시 하스몬왕가가 통치를 하게 되었다.

(2) 헤롯 대왕 안티파스(Herod the Great King, Antipas, BC 37–AD 4)

아버지와(안티파테르 2세의 차남) 함께 로마로 도망하여 망명 생활을 하던 그는 거기서 아버지와 친분이 있는 안토니우스와 옥타비아누스로부터 '유다의 왕'이라는 칭호를 받고 예루살렘으로 돌아와 2년 동안(BC 39–BC 37) 안티고누스와 전쟁을 하게 된다. 이 전쟁에서 승리한 그는 안티고누스를 안디옥까지 쫓아가 거기서 그를 처형함으로써 이스라엘의 헤롯 대왕으로 자리를 굳건히 하게 되었다.

헤롯은 에돔 사람이며 이두메 지방 출신으로 이스라엘에 귀화한 인물이다. 헤롯 대왕에게는 항상 유대인의 정통성 문제가 걸림돌이었다. 이를 극복하기 위하여 BC 37년 그는 하스몬왕가의 딸들(마리암느 1세와 2세)과 정략결혼을 하기도 하였다.

그는 10명의 아내를 거느렸으며 사마리아 여인 말타스 사이에서 후에 갈릴리 분봉왕을 지낸 아들 헤롯 안티파스(헤롯 대왕과 약자 이름이 같음)를 낳았다.

그리고 이 문제로 자신을 계속하여 괴롭히는 사두개 제사장의 절반 가량을 처형하였으며 로마를 등에 업고 그의 권력을 공고히 하였다. 헤롯은 그의 정통성 문제와 로마 권력을 의지하는 관계로 이스라엘인들에게는 평판이 좋지 않았다. 이를 극복하기 위하여 그는 도시 재건에 매달렸고 국가재정을 튼튼히 하는 데 힘을 쏟았다.

그는 로마의 실권자 안토니우스와 친분을 두터이 하였으며 그를 위하여 예루살렘 성내에 안토니우스성을 만들어 그를 환대하였다. 이 안토니우스성이 후에 예수님을 십자가에 처형하는 빌라도 법정으로 사용된 곳이다

BC 31년 옥타비아누스가 악티움해전에서 안토니우스와 클레오파트라를 물리치고 승리하였을 때 패한 안토니우스와 교분이 두터웠던 헤롯 대왕은 기로에 서게 되었다.

그러나 헤롯은 아직 살아 있는 클레오파트라에게 등을 돌림으로써 옥타비아누스에게 호감을 사 오히려 갈릴리 주변의 도시들을 상으로 받게 되었다. 권력이 안정되자 헤롯 대왕은 도시들을 헬라, 로마 건축술로 치장하기에 이른다. 사마리아를 재건하였고, 가이사랴항구도 재건하였으며 맛사다요새도 이때에 만들었다.

BC 20년에는 폐허가 된 성전을 두 배나 크게 확장 재건하는 일에 착수하였다. 이 성전은 AD 63년에 봉헌되었으며 이를 헤롯성전이라고 한다. 말년에는 늙은 자신을 왕위에서 몰아낼까 봐 피로 얼룩진 정치를 연출하였다. BC 7년에는 첫째 아들(첫 번째 아내 도리스와 사이에서 난 아들 안티파트)과 둘째 아들(두 번째 처 마리암느 1세와 사이에서 난 아들)을 죽이는 비극을 연출하였으며 AD 4년 자기가 죽기 5일 전에는 셋째 아들(두번째 처 마리암느 1세와 사이에서 난 아들)을 처형하였다. 마태복음 2장 16절에 의하면 유대인의 왕으로 예수님이 베들레헴에 나셨다는 소문을 들은 헤롯은 '베들레헴과 그 모든 지경 안에 있는 사내아이를 박사들에게 자세히 알아본 그때를 기준하여 두 살부터 그 아래로 다 죽이도록' 하였다.

(3) 헤롯대왕 사후의 분봉왕들

헤롯 대왕이 죽자 팔레스타인 영토는 그의 세 아들들에 의하여 분할 통치되었다.

1) 헤롯 아칼레오(Herod Archelaus, AD 4–AD 6)

헤롯 대왕과 4번째 처인 사마리아 아내 말타스 사이에서 태어난 첫째 아들로서, 유다와 사마리아 땅을 다스렸으나 그는 아버지와 비슷한 독재자로 악명이 높았다. 그의 학정은 주민들로부터 심한 반발을 사게 되었고 그들은 결국 로마제국에 그의 추방을 청원하게 되었다. 로마는 그를 AD 6년에 추방하였고 이 지역은 로마의 수리아 총독 구레뇨(눅 2:1–2 이 때에 가이사 아구스도가 영을 내려 천하로 다 호적하라 하였으니 이 호적은 '구레뇨가 수리아 총독' 되었을 때 첫번 한것이라)에 의하여 직접 다스려지게 되었다.

2) 헤롯 안티파스(Herod Antipas, AD 4–AD 39)

아켈레오의 친동생이며 예수님 당시에 갈릴리와 베뢰아 지역(요단과 사해 동편 지역) 분봉왕이었다. 헤롯 안티파스는 나바테아 왕 아레타스 4세의 딸과 결혼하였으나 농생 빌립 1세의 아내 헤로디아에게 반하여 첫 번째 아내와 이혼하고 결혼하게 된다. 이에 세례 요한이 헤롯에게 말하되 "당신이 그 여자를 취한 것이 옳지 않다"(마 14:4) 하였고 이에 헤롯이 옥에 가두고 그의 생일날에 헤로디아의 딸의 청을 들어주어 요한을 목 베게 하였다(마 14:10). 요한이 헤롯의 잘못을 꾸짖은 것은 율법 '너는 형제의 아내의 하체를 범치 말라 이는 네 형제의 하체니라'(레 18:16)에 반하는 행위이기 때문이었다.

예수님은 헤롯을 교활한 인물로 묘사하여 '여우'(눅 13:32)로 표현하고 있으며, 헤롯은 나중에는 빌라도에게 붙잡혀 재판을 받던 예수님을 잠시 대면하기도 하였다(눅 23:6–12).

그는 헬라 문화에 경사되어 있었지만 유대인들의 신앙과 종교적 감정을 해치지 않고 조용히 통치하려고 노력한 헤롯의 아들이다. 그는 AD 25년에 갈릴리 호수 주변 도시 디베랴(Tiberias)를 건설하여 당시의 로마 황제 디베료(Tiberius)의 이름을 따 디베랴라고 명명하였으며 갈릴리와 베뢰아 지역 수도로 삼았다.

AD 36년 자기 딸을 버린 일에 격분한 나바테아의 아레스타 4세의 침략을 받아 패배하였으며, 3년 후 모반자로 몰려 로마에 의하여 폐위되고 유배되었다.

3) 헤롯 빌립 1세(Herod Philip 1), 관직이 없음

헤롯 대왕과 하스몬왕가의 딸 마리암느 2세(제3번째 처)와의 사이에서 태어난 헤롯 안티파스의 이복 동생으로 공직에는 있지 않았다. 마태복음 14장 3절에 "전에 헤롯이 그 '동생 빌립'의 아내 헤로디아의 일로 요한을 잡아 결박하여 옥에 가두었으니"라는 기록이 있다. 빌립은 자기 조카 헤로디아를 아내로 맞이하고 딸 살로메를 낳았다.

헤롯 안티바스는 로마로 가던 도중 이복 동생 빌립의 집에 들른 적이 있었다. 그때 안티파스가 이복 동생 빌립의 아내 헤로디아와 불륜에 빠지게 된다. 마침내 안티파스는 그의 이복 동생의 처 헤로디아를 아내로 삼아 버린다. 세례 요한은 안티파스의 이같은 불륜을 지적하다가 투옥되고 처형된 것이다(마 14:4-12).

세례 요한의 목을 요구한 살로메는 빌립 1세와 헤로디아 사이에서 태어난 딸(막 6:22)로서 후에 헤롯 빌립 1세의 이복 동생 빌립 2세의 아내가 된다.

4) 헤롯 빌립 2세(Herod Philip 2, AD 4-AD 34)

헤롯 대왕과 그의 5번째 처 예루살렘의 미녀 클레오파트라와 사이에서 태어난 그는 갈릴리 호수 동북쪽과 데가볼리 동북쪽 지역인 이두래 지역과 드라고닛(눅 3:1) 지역의 분봉왕이었다. 이 지역은 요단 동편의

북부 지방을 말한다.

그는 헤로디아의 딸 살로메를 아내로 맞이하였으며 헤롯가에서는 가장 존경받는 인물이다. 예수님의 사건과는 관계가 없는 지역의 분봉왕이었다.

5) 헤롯 아그립바 1세(Herod Agrippa 1, AD 37–AD 44)

헤롯 대왕의 두 번째 아내 하스몬 왕조의 딸 마리암느 1세와의 사이에서 태어난 아들 아리스토불로스는 BC 7년에 아버지 헤롯 대왕에 의해 죽게 된다. 그는 아들 아그립바 1세와 딸 헤로디아를 두었다.

아버지가 죽은 후 아그립바 1세는 로마로 보내져서 로마 황실에서 교육을 받았다.

그는 황실에서 로마의 황제 디베료의 아들들과 친밀하게 지냈다. 청년 시절 그는 방탕한 생활을 하기도 하였으나 디베료가 죽고 가이사 칼리굴라가 로마의 황제에 오르자 로마의 새 황제 칼리굴라는 아그립바 1세를 헤롯 빌립의 영토를 다스리는 분봉왕으로 임명하였다.

그후 그는 헤롯 안티파스의 추방 모임에 가담하여 갈릴리와 베뢰아 지방의 통치권도 확보하게 되었다. 그 후 로마의 칼리굴라 황제가 암살되었을 때 아그립바 1세는 클라우디우스가 황제를 계승할 수 있도록 로마 원로원에 중재를 한 관계로 새로운 황제 클라우디우스(Claudius)로부터 유다와 사마리아까지의 통치권을 부여받게 된다.

아그립바 1세가 통치하던 때는 헤롯 대왕 때의 영도와 비슷하였다. 헤롯왕 아그립바 1세는 세베대의 아들 야고보를 처형하였고(행 12:1–2), 베드로를 옥에 가두었던(행 12:5) 사람이다. 그는 두로와 시돈에서 백성들이 그를 신으로 열렬히 환호한 직후에 벌레에게 먹혀 죽었다(행 12:20–23, 22백성들이 크게 부르되 이것은 신의 소리요 사람의 소리는 아니라 하거늘 헤롯이 영광을 하나님께로 돌리지 아니하는고로 주의 사자가 곧 치니 충이 먹어 죽으니라).

6) 헤롯 아그립바 2세(Herod Agrippa 2, AD 50–AD 70)

아그립바 1세의 아들로 태어난 그는 그의 나이 17세에 아버지가 죽게 된다. 나이가 어린 관계로 AD 50년까지는 총독들이 영토를 분할 관할하였으며 AD 54년 로마의 네로황제는 선친 때보다 더 큰 영토를 주어 통치하게 하였다.

사도행전 25장 13–26절에 보면 바울이 전하는 복음은 거절했지만 가이사랴에 있었던 로마 총독 베스도에게 바울의 무죄를 인정하는 말을 한 것으로 기록되어 있다(행 26:32. "이에 아그립바가 베스도더러 일러 가로되 이 사람이 만일 가이사에게 호소하지 아니하였더면 놓을 수 있을뻔하였다 하니라").

그는 헤롯왕가의 마지막 왕으로 AD 70년 예루살렘이 함락된 후 로마에서 살다가 AD 100년에 죽음으로서 헤롯왕가는 끝이 나게 되었다.

3. 로마 황제가 파견한 총독들

로마의 총독은 총 14명이었으며 성경에 나오는 세 명의 총독 중심으로 기술한다.

(1) 빌라도(Pontius Pilate, AD 26–36)

제5대 총독으로 예수님의 재판을 주관하였고 예수님에게 십가가형(마 27:26)을 언도하였다. 디베료 황제가 통치한 지 열다섯 해 곧 본디오 빌라도(Pontius Pilate)가 유대의 총독(Governor of Judea)으로 파견되었다. 헤롯이 갈릴리의 분봉왕(Tetrach)으로, 그 동생 빌립이 이두매와 드라고닛 지방의 분봉왕으로, 루시니아가 아빌레네의 분봉왕으로(눅 3:1) 책봉되었다.

"너희는 내(빌라도)가 누구를 너희에게 놓아 주기를 원하느냐 바라바냐 그리스도라 하는 예수냐"(마 27:15-17).

(2) 벨릭스(Antonius Felix, 52-60)

11대 총독으로 클라우디우스 황제 때 노예의 신분에서 자유민이 된 팔라스(글라우디우스 황제의 비서)의 동생 벨릭스(행운아의 뜻)이다. 바울에게 뇌물을 기대한 총독(행 24:26). "백부장을 명하여 바울을 지키되 자유를 주며 친구 중 아무나 수종하는 것을 금하지 말라"(행 24:23)고 하며 기독교에 호의적이었다. 이는 그가 유대에 있는 동안 그의 아내 드루실라를 통해 그리스도에 대한 이야기를 들었기 때문이다(행 24:24).

(3) 베스도(Porclus Festus, 60-62)

12대 총독으로 전임자 벨릭스에 비해 능률적인 행정을 하고 유대인에게 세심한 배려를 한 인물로 보고 있다.

"이태를 지내서 보르기오 베스도가 벨릭스의 소임을 대신하니 벨릭스가 유대인의 마음을 얻고자 하여 바울을 구류하여 두니라"(행 24:27). 베스도는 바울로부터 죽일 죄를 찾지 못하고 바울이 황제에게 상소한 까닭에 로마로 보내기로 결정하였다(행 25:25).

(4) 알비누스(Albinus, 13대), 플로루스(Gesius Florus, 14대)

성경에는 나오지 않지만 상기의 두 총독들은 온갖 유대인의 재산을 강탈하고 뇌물만 내면 죄수들을 풀어 주고, 무거운 세금을 부과하며 권력을 남용했고 유대인을 못살게 학대하였다.

플로루스는 66년에 성전에서 17달란트를 강탈했고, 유대인들은 이러한 총독의 신성모독적인 태도를 조소하였으며, 결국 로마의 유대 정벌을 초래하여 젊은 사제 요세푸스가 지휘하였던 갈릴리는 67년에 베스파시안(Vespasian) 장군과 그의 아들 티투스(Titus)에 의해 복속되였다. 예루살렘 정벌이 시작된 69년 베스파시안은 요세푸스의 예언대로 황제로 추대되어 로마로 돌아가고, 그의 아들 티투스가 70년 예루살렘을 함락하였고, 마태복음 24장 2절 '돌 하나도 돌 위에 남지 않고 다 무너뜨리우리라'의 예수님 예언이 성취되었다.

- 베스파시안의 황제 등극 예언으로 살게 된 요세푸스(Flavius Josephus)는 로마 사령부에 머물면서 『유대 전쟁사』를 기록(마카비 항쟁부터 마사다 함락까지, BC 166–AD 73). 그는 20년 뒤에(93–94년 경) 『유대 고대사』를 저술하였다.

〈표-9〉 헤롯의 가계도 및 분봉왕

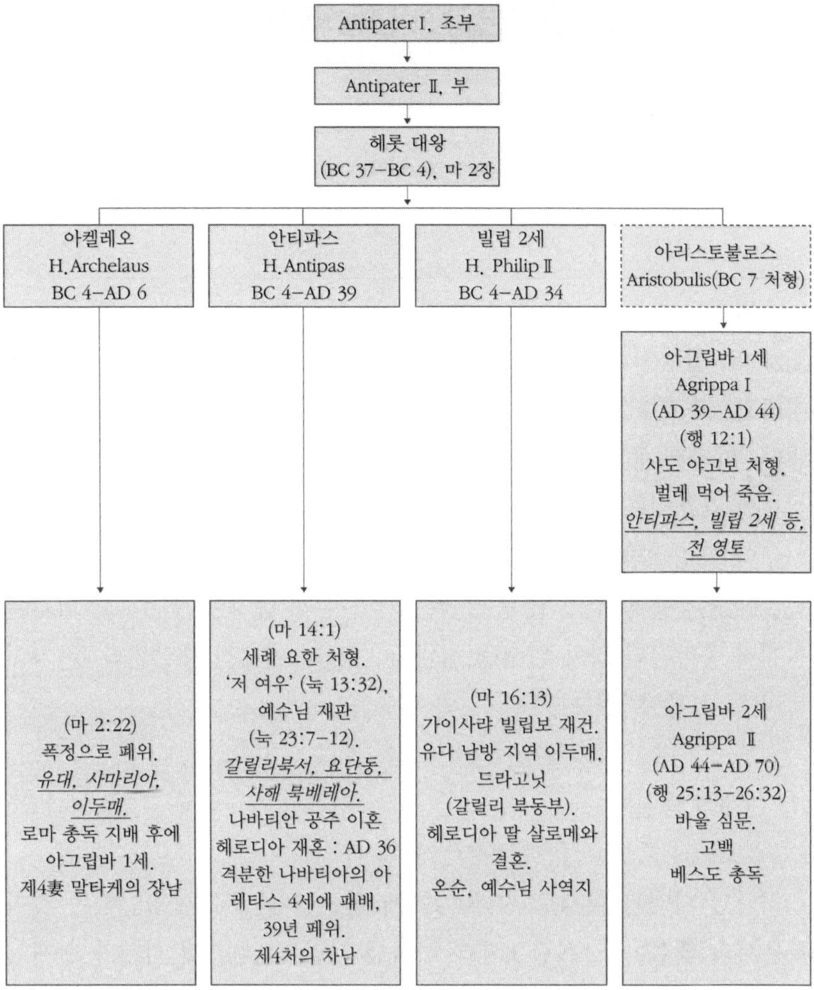

1. Antiparter I 이두매 장군(막 3:8) BC 102-BC 76, Antipater Ⅱ BC 49 카이세르로부터 유다의 징세관.
2. 헤롯 대왕은 10명의 처와 15명의 자녀, 권력 분쟁 후 BC 4년 여리고에서 죽음. 마 2:16(2세 이하 살해)
3. 빌립 2세는 해롯 대왕의 제5처 클레오파트라 子, 아리스토불로스는 제2처 마리암느 1세의 子.
4. 헤로디아의 첫남편 빌립 1세(제3처 마리암메 2세의 아들, 공직 없음)와 결혼하여 살로메를 낳음. 안티파스가 헤로디아를 빼앗아 처로 삼고 세례 요한으로부터 비난 받음(이는 형제 생존 중 그 처를 취함은 율법에 금지, 레 18:16 ; 20:21).

11. 종말론과 천년왕국(단, 마, 계)

1. 종말론의 개념

종말론(eschatology)의 뜻은 헬라어인 에스카토스(eschatos)와 로고스(logos)의 합성어로서 에스카토스는 시간이나 장소상의 맨 마지막을 의미하고, 로고스는 교훈이나 가르침으로 전달된 객관적인 진리를 나타낸다. 따라서 종말론은 모든 만물의 최종적인 완성 및 그 결말에 관한 성경의 교훈이다.[35)]

구약은 이스라엘 공동체의 종말에 초점을 맞추고, 신약은 각 개인의 종말에 초점을 맞추었다. 종말론은 이미 현재 종말이 현존하고 있다는 현재적 종말론과 장차 완성될 하나님 나라의 미래적 종말론의 두 가지로 나누어 볼 수 있다.

(1) 현재적 종말론

하나님 나라가 실제로 지금 여기에 현존한다는 것을 확인하는 것이 복음서의 핵심이다. 복음서에서 하나님 나라를 말할 때 시제가 현재임을 선언한다. "가라사대 때가 찼고 하나님 나라가 가까왔으니 회개하고 복음을 믿으라(막 1:15)"의 영문 성경을 보면 전부 현재 시제로서 다음과 같이 기록되어 있으며, *And saying, The time is fulfilled, and the kingdom of God is at hand : repent ye, and believe the gospel.*(Mark

35) 정기화, 『성경적 종말론』(서울 : 생명의말씀사), 2016, p. 19.

1:15, KJV), 이는 예수의 사역의 시작과 함께 하나님의 나라가 임한다는 것이다.

예수는 새로운 종교를 창설하려고 하지도 않았으며, 이스라엘 신앙을 파괴하려고 하지도 않았다. 오히려 그것을 완성하려고 왔다(마 5:17). 그의 제자들도 새로운 종교를 창설하려 하지 않았으며, 그들은 자기들이 참 유대교와 이스라엘의 진정한 실현을 소유하고 있는 자들이라고 한결 같이 주장했다.[36] 도드(C. H. Dodd)는 예수께서 자신의 초림과 함께 확실하게 하나님 나라가 임했다고 설명하는 '실현된 종말론'을 주장하였다. 그는 하나님 나라의 묵시적 의미는 환상적 표현이며 예수의 하나님 나라에 관한 모든 비유를 철저하게 현재적인 의미로 설명하였다.[37] 그러므로 신약 성서가 하나님 나라의 현재성을 주장하는 것은 당연하다고 할 수 있다. 이스라엘의 희망을 완성하기 위해 오신 예수를 메시아로 고백하는 자들에게 메시아가 이 땅에 왔으니 당연히 하나님 나라가 '지금 여기에' 이루어지는 것은 당연하다. 그러므로 예수의 오심과 그의 선포, 귀신 축출 및 치유 사역과 같이 이미 실현된 종말론과 하나님 나라의 확장됨 등이 예수의 하나님 나라의 현재성이라 할 수 있다.

(2) 미래적 종말론

조지 래드(George E. Radd)는 하나님 나라의 현재성을 이스라엘의 소망의 성취라고 말하면서도 '성취지만 완성은 아님'이라고 주장하며, 하나님 나라는 완성을 향해 가는 미래성에 있다고 하였다.[38] 래드는 현재

36) J. Bright, 『하나님의 나라』, p.256.

37) Herman. N. Ridderbos, 『하나님 나라』[The Coming of the Kingdom (Philadelphia: The Presbyterian and Reformed Publishing Company, 1962), 오광만 역(서울, 엠마오, 1994), pp.36-37.

38) George Eldon Radd, 『예수와 하나님의 나라』[The Presence of the Future(The Eschatology of Biblical Realism)], 이태훈 옮김(서울, 도서출판 엠마오, 1996), p.141.

적 성취와 미래적 완성, 즉 현재적이며, 동시에 미래적인 하나님 나라를 고수하는 문제가 중요하다고 하며, 현재와 미래 사이의 긴장 속에서 하나님 나라의 역동성을 발견할 수 있다고 하였다.[39] 그렇다면 하나님 나라의 완성은 무엇을 말하며, 언제, 어떻게 이루어지는가? 결론적으로 말하자면 하나님 나라의 완성은 주기도문에 나타난 것처럼 '하나님의 나라가 임함'(마 6:10 ; 눅 11:2)을 말한다. 이는 언제라고 하는 정해진 시간적인 개념(행 1:7 ; 참고 : 눅 17:20-21)이나 국가의 개념이 아니라, 공간적인 혹은 통치 영역의 개념이며, 인자가 재림함(마 24:30 ; 막 13:26 ; 눅 21:27 ; 행 1:11)으로써 이루어진다고 할 수 있다. 복음서의 종말론은 '언제'에 치중하지 않고 인자의 재림에 초점을 맞추고 있다. 세계의 종말이 오면 어쩔 수 없이 인자가 오는 것이 아니라, 심판주이신 예수가 다시 오셔서 그의 왕권을 행사하시는 때가 종말인 것이다.[40]

성경에서 종말론은 다니엘서, 마태복음, 요한계시록 등에 나와 있으며 이하 설명하기로 한다.

2. 성경에서의 종말론(Biblical Eschatology)

(1) 다니엘서의 종말론

종말론에 대하여 전체적인 개념을 알게 해준 장으로서 이를 알지 못하고는 마태복음이나 계시록 상에 기술된 종말론을 제대로 이해할 수 없다. 따라서 다니엘서에 나와 있는 종말론 전체의 숲에 대하여 나타내고자 한다.

39) Ibid, p. 148.

40) 정택훈, 하나님 나라와 천년, 『천년왕국과 종말』, 총신대학부설 한국교회문제연구소편(서울, 도서출판 솔로몬, 1993) p.17.

*** 중심적 성경 구절 : 다니엘서 9장 24 - 27절**

"네 백성과 네 거룩한 성을 위하여 칠십 이레로 기한을 정하였나니 허물이 마치며 죄가 끝나며 죄악이 영속되며 영원한 의가 드러나며 이상과 예언이 응하며 또 지극히 거룩한 자가 기름부음을 받으리라 그러므로 너는 깨달아 알찌니라 예루살렘을 중건하라는 영이 날 때부터 기름부음을 받은 자 곧 왕이 일어나기까지 일곱 이레와 육십 이 이레가 지날 것이요 그 때 곤란한 동안에 성이 중건되어 거리와 해자가 이룰 것이며 육십 이 이레 후에 기름부음을 받은 자가 끊어져 없어질 것이며 장차 한 왕의 백성이 와서 그 성읍과 성소를 훼파하려니와 그의 종말은 홍수에 엄몰됨 같을 것이며 또 끝까지 전쟁이 있으리니 황폐할 것이 작정되었느니라 그가 장차 많은 사람으로 더불어 한 이레 동안의 언약을 굳게 정하겠고 그가 그 이레의 절반에 제사와 예물을 금지할 것이며 또 잔포하여 미운 물건이 날개를 의지하여 설 것이며 또 이미 정한 종말까지 진노가 황폐케 하는 자에게 쏟아지리라 하였느니라

상기의 성경 구절에 대하여 알기 쉽게 풀어 보면 다음과 같다.

1) 이레의 뜻

이레는 일곱이라는 숫자로 성경에서는 완전수로서 축복과 행운의 수(창 2:3)이다. 7일은 안식일이고 7년은 안식년이며 안식년의 7배는 희년(7×7) 이며 희년의 10배인 70이레는 이스라엘의 완전 회복기간이다. 70년 만에 이스라엘 백성이 바벨론 포로에서 돌아와 회복되었듯이 70이레(490년)는 하나님의 백성들의 완전한 회복 기간을 의미한다. 즉 예수 그리스도로 말미암아 이 세상 나라는 심판을 받을 것이며 믿는 자들은 구원을 얻을 것이요, 믿지 않는 자들은 지옥으로 떨어질 것이다.

2) 칠십 이레의 시기

이에 대하여는 3가지 설(제1차 귀환령 BC 530년, 제2차 귀환령 BC 457년, 제3차 귀환령 BC 445년)이 있으나 예루살렘을 중건하라는 영이 날 때부터 기름 부음을 받은 자(예수 그리스도) 곧 왕이 일어나기까지 일곱 이레와 육십이 이레가 지날 것이요(단 9:25)에서 역산(逆算)하여 연대를 추론하여 보면 제2차 귀환령(아닥사스다 왕 7년의 칙령 에스라 7:7–8)이 있었던 BC 457년으로 봄이 타당하다.

BC 457년+AD 26년(예수 공생애 시작)=483년

7 이레+62이레=69이레×7년/이레=483년

3) 공백기 : 신약시대, 이스라엘 형벌시대

70이레 중에 62이레와 한 이레 사이를 공백기라 하며, 이는 69번째 이레와 마지막 한 이레인 70번째 이래가 다니엘서 9장 26절의 사건이 성취되는 알 수 없는 시간적인 간격이 흐른 후에 이어질 것으로 보는 견해이다. 최초로 주장한 학자는 히폴리투스(Hippolytus)인데 그는 교회의 대 환난 통과와 69번째 이레와 70번째 이레 사이에 공백기가 존재한다고 인정한 학자이다.

이 공백기는 이스라엘에게는 곧 형벌의 기간이요 이방인에게는 곧 구원의 기간으로 분명히 신약시대를 의미하는 것이다. 본문은 이스라엘에 비참한 형벌이 있을 것을 말하고 있다. 64년 폭군 네로의 통치로 서곡이 울려 퍼지며 AD 67년 봄과 70년 5월에 시작된 로마 군대의 침공으로 시작하여 그해 9월 26일에 이르러 예루살렘이 디도(Titus)에게 넘어감으로 멸망하였다.

이스라엘의 역사는 근대 나치 히틀러에 의하여 600만 명이 독가스실의 연기로 사라지는 비극을 겪었고, 1948년 5월 14일 유엔에 의하여 독립이 이루어지기까지 고난과 피압박의 형벌의 시대를 보내어야 했다. 이러한 2,000여 년의 피 흘림의 역사는 유대 군중들이 "그 피를 우

리와 우리 자손에게 돌릴찌어다"(마 27:25)라며 망언한 결과가 이루어진 것이다.

* 이스라엘의 상세한 피 압박 상황은 〈표-10〉 이스라엘의 역사를 참조.

4) 한 이레(대환난 기간)

가. 한 이레의 해석

[단 9:27] 그가 장차 많은 사람으로 더불어 한 이레 동안의 언약을 굳게 정하겠고 그가 그 이레의 절반에 제사와 예물을 금지할 것이며 또 잔포하여 미운 물건이 날개를 의지하여 설 것이며 또 이미 정한 종말까지 진노가 황폐케 하는 자에게 쏟아지리라 하였느니라

– 이레가 7년을 의미하는 것은 상기의 1)에서 설명하였으며, 있는 그대로 해석하는 것이 온당하다.

– 위의 그는 재림 직전의 적그리스도로 본다. 그 이유는 제사 예물을 금지하며, 포악하며, 가증한 것이 날개를 의지하여 설 것이며 , 황폐케 하는 자이며, 하나님의 예정된 진노를 받을 자이기 때문이다. 이는 [마 24:15] "그러므로 너희가 선지자 다니엘이 말한바 멸망의 가증한 것이 거룩한 곳에 선 것을 보거든(읽는 자는 깨달을찐저)"

예수님이 다니엘서 9장 27절 마지막 한 이레를 인용하시며 하신 말씀은 AD 70년의 예루살렘 파괴와 예언적 원근 통시법을 통해 연결된 종말 대환난 때의 장면을 말씀하신 것으로 사료되며, 이는 '그가' 결국 대환난 때 적그리스도임을 확인시켜 주는 결정적 증거라 말할 수 있다.

나. 한 이레의 적그리스도 활동

대환난 기간에 적그리스도가 나타나 각종 환난(7가지)을 일으키는 주인공으로 활동할 것이다. 적그리스도는 로마 교황으로 보는 것이 개혁주의 신학자들의 공통 견해이다.

㉮ 한 이레 언약을 정할 것임

[단 9:27] 그가 장차 많은 사람으로 더불어 한 이레 동안의 언약을 굳게 정하겠고

[계 6:2] 내가 이에 보니 흰 말이 있는데 그 탄 자가 활을 가졌고 면류관을 받고 나가서 이기고 또 이기려고 하더라

[마 24:22] 그 날들을 감하지 아니할 것이면 모든 육체가 구원을 얻지 못할 것이나 그러나 택하신 자들을 위하여 그 날들을 감하시리라

그는 이스라엘에 평화를 약속하는 언약을 맺을 것이다.

㉯ 이레의 절반에 제사와 예물을 금지할 것임.

[단 9:27] ……그가 그 이레의 절반에 제사와 예물을 금지할 것이며

[계 13:6] 짐승이 입을 벌려 하나님을 향하여 훼방하되 그의 이름과 그의 장막 곧 하늘에 거하는 자들을 훼방하더라

적그리스도는 갖가지 공략을 통해 이스라엘의 평화를 보장해 줄 것이다. 그러나 머지않아 그 언약은 산산이 깨어지고 말 것이다. 적그리스도는 하나님을 대적하는 자이다. 그리고 성도들을 훼방하는 자이며, 성도들이 하나님을 예배하고 예물을 드리는 일체의 행동이 적그리스도에 의해 철저히 훼방을 받게 될 것을 말해 주고 있다.

ㄱ. 대환난 절반(하치)의 시기

절반을 의미하는 원어인 '하치'는 다음 세 가지의 뜻이 있다. ① 절반의 의미 ② 어느 시간대에서 결정적 행동이 이루어지는 불특정한 시점의 의미 ③ 특정한 비율로 나뉘어 그것이 고착된 상태를 나타내는 의미. 즉 이 단어는 완전한 절반만을 가리키는 데에만 사용되지는 않았다. 여기서도 이 단어는 이레의 완전한 중간인 3년 반 시점이 아니라 적그리스도가 나타나 마침내 결정적 권세를 잡고 배교를 저지를 중대한 시점을 나타내는 것으로 볼 수 있다. 그러므로 본문 다니엘서 9장

27절에서도 '절반'으로 보기보다 적그리스도가 결정적으로 활동하는 시점, 성도에 대한 대대적 핍박이 이루어지는 시작 시점을 나타내는 것으로 보는 것이 적절하다.

ㄴ. 포악하여 가증한 것이 날개를 의지하여 섬(대환난의 중간 절정)

"또 포악하여 가증한 것이 날개를 의지하여 설 것이며"(단 9:27) 이는 적그리스도가 신격화하는 것을 뜻한다. 70인 역에서는 "그리고 멸망의 가증한 것이 성전 위에 설 것이며"라고 번역한다. 즉 적그리스도는 제사와 제물을 중단시킴으로 다시 말해 참예배를 근절시킴으로 대환난을 시작하게 하고 세상 모든 권세를 장악한 후 자기를 하나님이라 주장한다. 이것이 대환난의 절정의 시기 즉 대환난의 중간이다. 날개를 의지한다는 것은 세상 통치자로서 자신의 권력과 힘을 가지고 하나님을 대적하는 것을 표현하는 것이다.

ㄷ. 정한 종말까지 진노가 황폐하게 하는 자에게 쏟아짐(대환난의 결말)

"……또 이미 정한 종말까지 진노가 황폐하게 하는 자에게 쏟아지리라 하였느니라"(단 9:27). 정한 종말은 '대환난의 끝'이다 적그리스도와 그에 속한 모든 악인들에게 하나님의 진노가 완전히 쏟아부어지는 때이다. '정한'은 원문에 '예리하게 자르다' '결정하다' 등을 뜻 한다. 이는 누군가 판단하고 계획하여 확고하고도 섬세하게 확정지었다는 의미를 지닌다. 이는 하나님께서 적그리스도가 극악한 죄악으로 진노를 쌓는 기간, 그리고 성도들이 대환난으로 인하여 당할 고난을 인내하는 기간을 확정하셨음을 뜻 한다. 마태복음 24장 22절에 그때의 환난이 극심하여 그 날들을 감하지 않으면 모든 육체가 구원을 얻지 못할 것이기에 택하신 자들을 위해 그 날들을 감하시겠다는 말씀이 있다. 그러므로 이는 적그리스도로 인한 대환난이 절정에 달한 후 머지않은 시점에 예수님이 재림하셔서 대환난을 종식시키실 것임을 알 수 있다. 적그리스도의 무시무시한 활동은 끝이 없을 것 같지만 그는 이미 정한 종말 안에서 활동하고 때가 되면 저는 무저갱에 들어갈 것이다. 그의 종말이 정해졌다는 것은 이미 승리가 보장된 것이다. 정한 종말은 적그리스도의 완전한 궤멸이 성취될 시한이다.

"저희가 어린 양으로 더불어 싸우려니와 어린 양은 만주의 주시요 만왕의 왕이시므로 저희를 이기실터이요 또 그와 함께 있는 자들 곧 부르심을 입고 빼내심을 얻고 진실한 자들은 이기리로다"(계 17:14).

만주의 주 만왕의 왕이신 어린양이 짐승을 이긴다고 기록되어 있다.

5) 재림 때 이루어질 6가지 현상(축복)

"네 백성과 네 거룩한 성을 위하여 칠십 이레로 기한을 정하였나니 허물이 마치며 죄가 끝나며 죄악이 영속되며 영원한 의가 드러나며 이상과 예언이 응하며 또 지극히 거룩한 자가 기름부음을 받으리라"(단 9:24).

① 허물이 마침 ② 죄가 끝남 ③ 죄악 영속

④ 영원한 의 ⑤ 이상과 예언이 응함 ⑥ 거룩한 자 기름부음

전자인 3가지는 소극적인 면과 인간의 부패함을 나타내며 없어져야 할 것들이고, 뒤의 3가지는 적극적인 면으로 전적인 주님의 역사로서 나타나야 할 것들이다.

칼빈은 이상의 일들이 예수님의 초림으로 이루어졌다고 주장했다(무천년 주장). 그러나 이것은 반드시 재림으로 보아야 한다.

그 이유에 대하여 1) 초림으로 6가지 현상이 완성되지 않았기 때문에 허물도 마침이 안 되었고 아직도 죄가 많고 죄악이 영원히 속해지지 않았고 영원한 의도 이루어지지 않았다. 또한 이상과 예언과 거룩한 자의 기름 부음이 나타나지 않았다. 2) 전체 내용을 역사적 사건으로 영해할 수 없다. 70이레 내용은 결코 영적인 사건이 아니라 역사적인 사건이다(칼빈은 다른 부분은 육적으로 해석하다 6가지 현상은 영적인 해석을 했다. 또 칼빈은 모든 성경을 주석했지만 계시록에 대하여는 어떤 주석도 쓰지 못했다).

3) 재림 때 이루어질 6가지 사건은 한 이레 이후의 내용이기 때문이다.
4) 6가지는 재림으로 이루어질 완전 구원의 모습이다.

오늘날은 70이레 중 나머지 한 이레 즉 대환난을 눈앞에 둔 시대이다. 하나님의 구원 달력인 70이레를 깨달아야 종말론 계시록의 틀을 이해할 수 있게 된다. 그러므로 이제 70이레의 신앙 곧 재림 신앙을 가슴에 품고, 이러한 신앙을 가지고 이 시대 승리자로 굳건히 서서, 살아계시고 역사를 주관하고 계시며, 우리와 함께 계시는 임마누엘의 하나님을 체험하면서 살아가는 신앙인이 되어야겠다.

이제 성도들은 옷깃을 여미며 한 이레를 준비하는 신앙을 가져야 할 때이다. 그 날과 그 시는 아무도 모른다(마 24:36). 오직 깨어 있는 빛의 자녀들에게만 주의 재림이 도적같이 임하지 못한다는 사실(살전 5:4-5)을 기억하며 영적인 무감각의 상태인 잠자는 신앙이 되지 말고 하나님의 전신갑주로 무장하는 성도(엡 6:13-18, 히 10:23-25)가 되자.

3. 천년왕국설(Millennialism)

요한계시록 20장 1-10절에서 천년이라는 말이 6번 반복되어 나오고 있으며, 왕 노릇이라는 말도 2번 나오고 있다. 천년과 왕 노릇이라는 말에서 천년왕국이라는 용어가 탄생하게 된 것이다.

천년왕국이란 그리스도께서 재림하셔서 이 땅을 천년동안 통치하실 것이라는 뜻으로 재림의 시기를 두고 여러 가지 학설이 초대교회로부터 다양하게 제기되어 왔다. 이에 대하여 예수 그리스도의 재림이 천년왕국 전에 있다는 전천년설, 뒤에 있다는 후천년설, 그리고 천년은 상징적인 기간일 뿐이고 그리스도의 초림부터 재림 사이의 긴 기간을 천년왕국이라고 보는 무천년설 등이 있다. 이하 이들에 대하여 설명드린다.

(1) 전천년설(premillennialism)

전천년설은 예수 그리스도의 재림이 천년왕국 전에 이루어진다는 주장이다. 전천년설은 사도시대부터 초대교회에 받아들였다. 전천년설은 그리스도의 지상 재림 전에 대환난과 적그리스도의 출현이 있을 것으로 본다.

그리스도의 공중 재림, 생존한 그리스도인들의 공중 휴거, 7년 대환난, 천년기 시초에 그리스도 안에서 죽은 자들의 첫째 부활, 부활한 성도들이 그리스도와 함께 천 년 동안 왕 노릇한다는 것이다. — 그리스도의 재림의 때에 성도들에게는 복된 휴거가 일어나고, 공중에서 그리스도를 영접한 후에 천년 동안 이 땅을 통치하기 위하여 주께서 성도들과 함께 강림하실 것이다.

이 천년 통치는 이스라엘의 회복을 가져올 것이고(겔 37:21-22 ; 습 3:19-20 ; 롬 11:26-27), 우주적인 평화가 성취될 것이다(사 11:6-9 ; 시 72:3-8 ; 미 4:3-4)

그리스도의 재림으로 적그리스도는 멸망하고 부활한 성도들이 왕이신 그리스도와 더불어 통치하는 평화의 나라가 도래할 것으로 본다. 이 천년기의 끝에 사탄이 무저갱에서 다시 풀려나 성도들을 미혹하고 대적하나 최후의 심판을 받아 악인과 함께 영원한 형벌에 처하게 될 것이다(계 20:7-10).

이는 그리스도의 재림이 천년왕국 전에 온다는 것으로, 전천년설은 요한계시록 20장 4-6절과 이사야 11장 6-9절(메시아 오심을 예언) 등을 성경적 근거로 삼고 있다.

전천년설은 공중 강림과 지상 재림을 구분하는 세대주의적 전천년설과 그들을 구분하지 않는 역사적 전천년설로 나누인다.

1) 세대주의적 전천년설(Dispensational Premillennialism)

우리가 살고 있는 현시대는 신약의 교회시대이며, 그러나 어느 순간 구원받은 성도들이 공중으로 휴거되어 공중으로 강림해 오시는 어린 양을 만나 공중 혼인 잔치를 벌인다. 상대적으로 지상에서 구원받지 못한 불신자들은 지상에 남아서 전 인구의 3분의 1이 죽는 혹독한 환난을 겪는다.

〈그림-4〉 세대주의적 전천년설

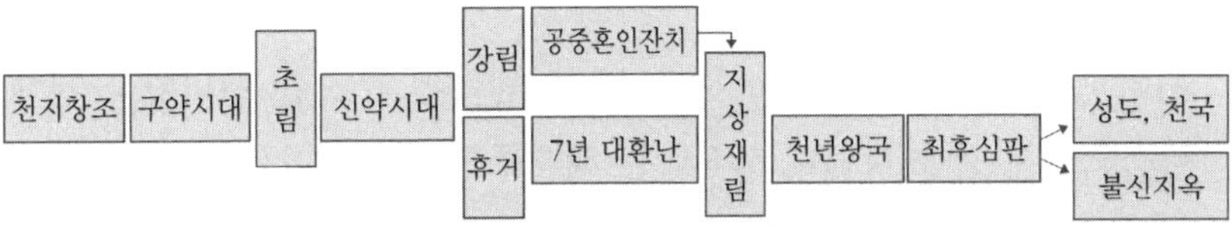

그리고 7년 대환난 말기에 지상 통치를 받는 10개국의 세력들(단 11:40, 겔 38:1-60)이 이스라엘을 멸망시키려는 아마겟돈(므깃도)전쟁(계 16:12-16)을 일으킬 것이다. 아마겟돈전쟁은 적그리스도가 일으킨다. 그리고 천년왕국이 끝나면 아마겟돈전쟁과 비슷한 지역을 거점으로 온 세계 각처의 그리스도께 충성하는 성도들과 그리스도의 통치를 거역하는 반도들과의 전쟁인 곡과 마곡[마곡(흑해 부근 지방, 스키타인 땅?) 땅에 있는 로스와 메섹과 두발 왕 곧 곡(겔 38:2)의 연합군은 이스라엘에 패배(겔 39:4)]의 전쟁(계 20:7-10)이 마지막 전쟁으로 다시 일어날 것이다.

2) 역사적 전천년설(Historical Pre-millennialism)

공중 강림과 지상 재림을 구분치 않고 단지 지상 재림만 있다는 주장으로 이 점에서 세대주의와 견해를 달리한다. 그리고 신약교회시대의 종말에 7년 대환난을 겪고 난 후에 그리스도의 지상 재림이 실현된다고 한다. 이는 미국의 Fuller 신학교의 래드(G.E, Ladd) 교수의 주장이다.

전천년설의 특징으로서 첫째, 전천년설은 천년 간에 걸친 예수 그리스도의 지상 통치를 말한다. 즉, 이 땅 위에 하나님의 뜻이 이루어지며 완전한 평화와 정의가 실현되고 실제적으로 모든 악이 제거될 기간이라고 본다. 둘째, 전천년설은 요한계시록 20장의 두 부활(목 베인 자의 첫째 부활과 생명책 기록된 자 영생)을 동일한 유형의 부활, 즉 육체적 부활로 해석한다(무천년설과 후천년설은 두 차례의 부활은 서로 다른 형태의 부활이라고 주장한다). 이는 천년의 간격을 두고 서로 다른 두 그룹에 적용되는 부활인 것이다. 또한 첫째 부활에 참예한 자들은 둘째 부활에 참예하지 않는다는 것이다.

위의 두 가지 주장 중에서 가장 오래 계속된 주장은 천년왕국 전에 그리스도께서 공중 강림해 오신다는 세대주의적 전천년설이다. 이는 초대교회 사도들의 신앙이었다. 이 같은 사도들의 신앙이 마태복음 24장과 25장에 나타나고 고린도전서 15장, 데살로니가전서 3장 13절과 4장 13-18절, 베드로후서 3장 8-13절과 요한계시록에 나타나 있다.

이러한 사도들의 신앙은 초기 교부인 바나바(Banabas), 유스티아누스, 테르툴리아누스, 몬타누스까지 이어졌고 이들은 성경을 문자적으로 믿으면서 이러한 신앙을 유지하였다.

그런데 알렉산드리아 신학교 교장인 오리게네스(Origen)가 성경의 우화적 영적 해석을 시작하면서 성경의 문자적 해석이 멀어진다. 결정적으로 아우구스티누스(Augustine)가 성경을 상징적으로 해석하면서 성경의 천년왕국이 상징으로 해석되기 시작하였고 무천년설이 시작되었다.

(2) 무천년설(Amillenialsisim)

이 설을 따르는 오리게네스나 아우구스티누스 등은 누가복음 17장 20-21절, 마태복음 12장 28절, 로마서 14장 17절에서의 하나님 나라가 현재와 관계된 것이고 미래와는 무관한 것이라고 주장한다. 무천년설은 천년왕국, 즉 그리스도의 지상 통치가 없을 것이라는 견해이다.

다시 말해서 재림 직후에 바로 최후의 대심판이 있을 것이며, 그 즉시로 의인들과 악인들은 최후의 상태에 들어가게 된다는 것이다.

요한계시록 20장 1–10절의 내용은 계시록이 상징적인 책이기 때문에 이 구절을 상징적으로 해석하여야만 사도 요한의 저술 의도에 부합한 해석이라는 것이다. 따라서 무천년설은 천년이란 기간이 상징적 기간일 뿐이고 다만 그리스도의 초림부터 재림까지의 긴 기간을 천년왕국 기간으로 보는 견해이다.

〈그림–5〉 무천년설

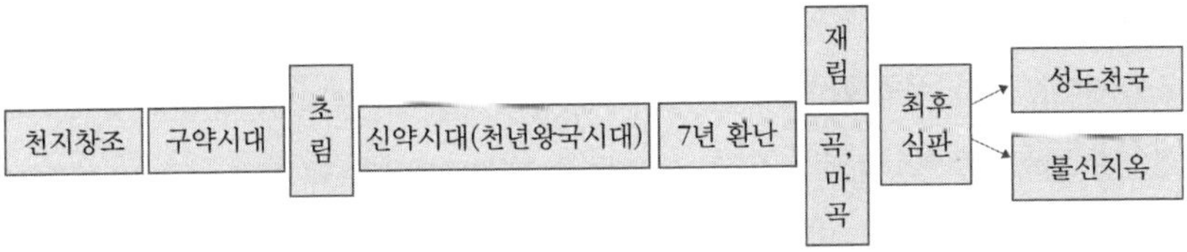

따라서 휴거나 대환난도 없다는 것이다. 환난은 늘 있는 것이고 휴거란 부활한 성도가 주님을 만나는 것이라고 주장한다.

이러한 사상은 종교개혁자인 루터와 칼빈 그리고 그의 후계자인 카이퍼, 렌스키, 보스 등이 계승하였고, 영국 옥스퍼드 대학 교수인 C.H. Dod와 미국 웨스민스터 신학 교수인 J.E. Adams 등이 주장하였다.

이 설의 주장은 구속의 진리가 예수 그리스도의 사역으로 성취되었다는 단순 논리로 이해시키는 장점이 있으나 성경을 해석하는 데 있어서 문자적 해석은 배격하고 상징적으로만 해석해야 한다는 신학적 편견을 극복하지 못한 단점이 있다.[41]

또한 무천년설은 구원의 원리에 맞지 않는다. 성경에서 말하는 구원의 원리는 영과 육의 만물이 다 구속되는 것인데 이것은 천년왕국 때에 이상적으로 성취된다(롬 8:19–23).

---

41) 정수영, 『마태복음서 강해 2』(서울, 쿰란출판사, 2015), p.374.

(3) 후천년설(Postmillennialism)

이 후천년설은 예수 그리스도의 재림이 천년왕국 후에 온다는 것으로, 그리스도의 재림에 선행하여 모든 민족의 개종과 세계의 기독교화를 기대한다. 후천년설은 요한계시록을 상징적 또는 영적으로 해석한다. 따라서 천년왕국은 언제 시작해서 언제 끝나는지 명확하지 않다고 주장한다.

그들은 재림 이전에 세상의 여건들이 더 나빠지지 않고 오히려 더 나아질 것을 기대하지만, 성경은 재림 직전의 시기는 배교와 환난과 핍박의 때이며 신앙이 식어지며 참된 믿음을 보기 힘든 때라고 하고 있다(눅 19:8 ; 마 24:6-14 ; 눅 21:25-28 ; 살후 2:3-11 ; 계 13 ; 딤후 3:1-5).

18세기 영국 성공회 학자인 다니엘 휘트비(Daniel Whitby, 1638-1725)가 체계적으로 이 설을 정립하였다. 그는 『The Parapphrase and Commentary of the N.T』에서 계시록 20장의 해석으로 첫째 부활(20:5-6)을 중생이라고 해석함으로써 앞의 무천년설과 동일한 주장을 하였고, 세계가 다 회개하고 그리스도께 돌아온다는 만인 회복설을 주장했다.

교황을 적그리스도라 했고 교황과 터키족이 패배한 후 땅 위에 평화와 안정이 온 후에 그리스도가 재림한다고 했다. 그는 그리스도의 재림 시기는 '모든 족속으로 제자를 삼아'(마 28:19)라는 명령이 실현되는 때라고 하였다. 그래서 사회적, 경제적, 정치적으로 복지가 실현되어 악은 무시해도 좋을 만큼 좋은 때가 될 때 그리스도께서 지상왕국을 다스리기 위해 왕의 자격으로 재림하신다고 하였다.

19세기와 20세기 초까지 후천년설을 주장하는 이가 계속하여 나왔고, 프린스턴 신학교의 찰스 하지(C.H. Hodge), 스트롱(A.H. Strong), 행게스턴버그(Hengestenberg) 등 개혁주의 신학자들이 이 주장을 옹호했다. 그러나 제1차 세계대전과 제2차 세계대전을 통한 처참한 현실을 통해서 이러한 학설은 의미가 퇴색되고 현재는 별로 인기 없는 학설이 되었다. 왜냐하면 후천년설의 낙관주의적 세계관은 현실성과 미래의 세계와는 어울리지 않기 때문이다.

〈그림-6〉 후천년설

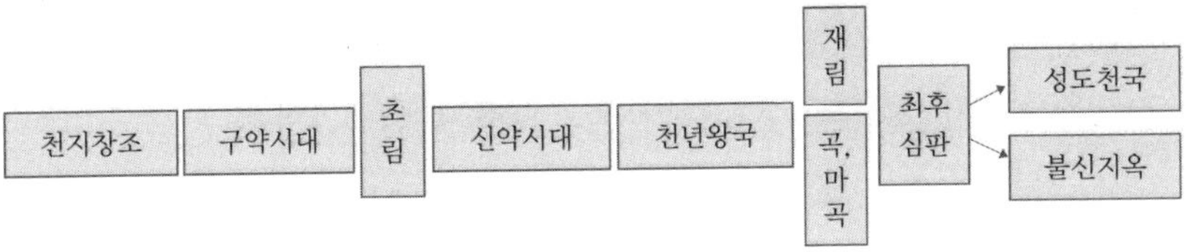

앞에서 우리는 종말론을 설명하는 세 가지 학설을 살펴보았다. 전천년설, 무천년설, 후천년설의 세 가지 학설의 공통점은 이들 모두 세상의 마지막에는 큰 전쟁이 있을 것이라는 데에 동의하고 있다는 점이다. 다만 그 시기에 대하여는 둘로 갈라지는데 전천년설은 천년왕국 전에 있을 것이라고 하며, 무천년설과 후천년설은 천년왕국이 다 끝난 후에 그리스도의 재림 직전에 있을 것이라는 차이가 있다.

4. 종말론과 관계된 용어

(1) 세대주의(Dispensationalism)

세대주의 신학은 영국의 형제교회(Separatist Plymouth Brethren) 지도자 존 넬슨 다비(John Nelson Darby: 1800–1882)에 의해서 시작되었다. 세대주의는 각 시대마다 하나님의 구원의 방식이 있으며, 그 다양성은 미래 예수 재림까지 시대별로 규정되었다고 주장하였다. 극단적인 알레고리적 성경 해석과 축자영감설을 수용하여서, 종교개혁 맥을 따르는 역사적 성경 해석을 중심으로 하는 신학과는 다른 입장에 있다. 영어권의 영국과 미국의 칼뱅주의 교회에 널리 알려졌으나 20세기 초반이 지나며 그 직접적인 영향력은 급속히 사라졌고 그 명맥만 유지되었다.

세대주의는 역사의 시대를 7시대로 구분하여 그때그때마다 하나님이 그의 백성을 다스리는 방법이 다르다고 가르친다. 세대주의 신학은 인류 역사를 다음의 7세대로 구분한다.

① 무죄시대(창 1:28–3:21, Innocence, 창조부터 인류 타락 전까지)

② 양심시대(창 3:22–8:14, Conscience, 인류 타락부터 노아까지)

③ 인간통치시대(창 8:15–11:9, Human Government, 노아부터 아브라함까지)

④ 약속시대(창 11:10–출 18:27, Promise, 아브라함부터 모세까지)

⑤ 율법시대(출 19:1–행 1:26, Law, 모세부터 그리스도까지)

⑥ 은혜시대(행 2:1–계 19:27, Grace, 교회시대)

⑦ 천년왕국시대(계 20:1–10, Kingdom of Millennialism, 천년왕국)

이렇게 구분하여 그때그때마다 하나님이 다르게 인간을 다스린다는 것이 세대주의자들의 신학이다. 모든 세대에 하나님의 은혜로 구원을 얻는다는 말을 하지만 율법과 은혜를 엄격히 구분한다. 그러므로 위와 같은 7가지 세대에서 각각 인간에게는 다른 책임이 주어지며 하나님은 7시대에 각각 다르게 인간을 통치한다고 가르치며 우리는 지금 "은혜시대"에 살고 있는데 율법인 십계명을 존중은 하지만 우리 생활과 신앙의 유일한 법칙으로 지킬 의무는 없다고 말한다.

세대주의는 일관된 문자적 해석을 종말론(전천년설)에도 적용하며 따라서 구약의 예언이 천년왕국시대에 문자적으로 성취될 것이라 해석한다. 세대주의는 교회와 이스라엘을 엄격하게 구분하기 때문에, 천년왕국에서 성취된 구약의 예언은 교회가 아닌 이스라엘에 해당된다고 해석한다. 따라서 교회는 환난이 시작되기 전 지상으로부터 들어 올려 질 것이다(환난 전 휴거).

(2) 휴거(携擧, Rapture)

성경에는 휴거라는 단어 자체가 소개되지 않으나 데살로니가전서

4장 16-17절, "주께서 호령과 천사장의 소리와 하나님의 나팔로 친히 하늘로 좇아 강림하시리니 그리스도 안에서 죽은 자들이 먼저 일어나고 그 후에 우리 살아 남은 자도 저희와 함께 구름 속으로 '끌어 올려' 공중에서 주를 영접하게 하시리니 그리하여 우리가 항상 주와 함께 있으리라"에는 그 의미가 나타나고 있음을 알 수 있다.

그리스도의 공중 재림 시 주를 믿고 죽은 성도들이 먼저 부활하고, 그때까지 살아 있는 성도들이 육체의 변화를 받아 공중으로 들어 올려져서 주를 만나게 되는 종말적인 사건을 가리킨다. 이렇게 휴거된 성도는 곧 이어 전개될 지상의 7년 대환난(마 24:21, "이는 그때에 큰 환난이 있겠음이라 창세로부터 지금까지 이런 환난이 없었고 후에도 없으리라)을 피하게 되는데(마 24:40-42, "그때에 두 사람이 밭에 있으매 하나는 '데려감을 당하고' 하나는 버려둠을 당할 것이니라", 44, "너희도 예비하고 있으라 생각지 않은 때에 인자가 오리라"), 대환난이 끝난 후 그리스도와 더불어 지상으로 재림하여 천년왕국 동안 주님과 더불어 왕 노릇하게 된다.

휴거가 언제 어떻게 이루어질 것인지에 대하여 다음과 같은 의견이 있다.

1) 부분 휴거설(Partial Rapture Theory)

휴기 때 모든 그리스도인들이 다 휴거되는 것이 아니라 영적으로 깨어 준비된 영혼만이 휴거 당한다. 그러나 성경은 예외 없이 모든 성도가 다 휴거될 것을 말하고 있다(살전 4:15, 17에서 '우리'라 표현, 고전 15:51에서도 '너희', '우리'라 표현).

2) 중간 휴거설(Mid-tribulational Rapture Theory)

대환난 중 전 3년반을 통과한 후에 후 3년 반에 휴거한다. 하나님의 진노가 7년 대환난 전반기에는 없고 후반기에만 쏟아진다. Archer는 계시록 14장 14절을 휴거의 시점으로 보고 Buswell은 계시록 11장 18절을 휴거의 시점으로 본다.

그러나 성경은 제6장부터 일곱 인의 심판이 있고 9장에도 인류의 3분의 1의 죽음이 예고되어 있다.

3) 환난 후 휴거설(Post-tribulational Rapture Theory)

교회는 7년 대환난을 하나님의 보호 아래 다 통과하고 난 후 예수 그리스도의 재림 직전에 휴거되어 예수와 함께 지상에 돌아온다. 이 설은 마가복음 13장 9-13절, 누가복음 23장 27-31절, 마태복음 24장 1-44절 등에 근거한 것이다. 마태복음 24장 29절은 환난을 말하는데 이때의 환난은 그리스도의 재림 때 사건을 말한다. 요한계시록 13장 1-18절에는 대환난 때 순교자들이 많이 일어난다고 하였다. 이런 성경 구절들을 근거로 대환난을 다 통과한 후에 휴거가 이뤄진다.

4) 환난 전 휴거설(Pre-tribulational Rapture Theory)

모든 성도는 7년 대환난이 시작되기 전에 지상으로부터 공중으로 옮겨지는 휴거에 참여한다. 이 설에 의하면 현재 교회 시대의 성도들에게 성령께서(살후 2:6-7) 하나님의 진노를 막고 계신다. 그래서 하나님의 진노가 면제되고 있으며(살전 1:10 ; 5:9), 교회시대인 요한계시록 2-3장 때는 시험의 때를 면하게 해 주실 것을 약속하셨다(계 3:10).

마태복음 24장 4-14절은 교회시대의 마지막에 나타날 말세의 징조들을 설명했고, 마태복음 24장 15-28절은 대환난 기간을 설명했으며, 마태복음 24장 29-31절은 그리스도의 지상 재림 사건을 설명한 것으로, 이를 고려하면 휴거는 대환난 직전에 이루어진다고 본다.

(3) 대환난(Tribulation)

예수님의 말씀 마태복음 24장 21절, “창세로부터 지금까지 이런 환난이 없었고 후에도 없으리라”에서 대환난을 예고하셨다. 또한 신약에서 마가복음 13장 19절, 24절, 요한복음 16장 33절, 사도행전 14장 22절, 로마서 5장 3절, 고린도후서 4장 17절, 데살로니가전서 1장 6절, 데살로니가후서 1장 4–6절, 요한계시록 2장 10절 등 신앙생활을 하는 동안에 받을 세상적 환난이 있지만 또한 앞으로 있을 환난도 예고하고 있다.

구약에서 언급하고 있는 아모스 3장 14절에서는 이스라엘의 모든 죄를 보응하는 날에는 제단들의 뿔을 꺾고 큰 궁들이 무너질 것이라 예언되었고, 8장에는 이스라엘의 끝이 예언되었으며, 9장 전반에도 처참한 멸절이 예언되었다. 이러한 환난은 하나님의 진노의 때(습 1:15, 18 ; 살전 1:10), 하나님의 심판의 때(계 14:7, 15:4), 하나님의 분노(사 26:20–21, 34:1–3), 야곱의 환난의(렘 30:7–8 ; 단 12:1), 황폐케 하는 날(단 9:27 ; 습 1:14–15) 등에 나타나고 있다.

마태복음 24장 15절 “너희가 선지자 다니엘의 말한바 멸망의 가증한 것이 거룩한 곳에 선 것을 보거든 (읽는 자는 깨달을진저)”에서 다니엘서 9장 27절, “잔포하여 미운 물건이 날개를 의지하여 설 것”이 언급되었고, 11장 31설에도 “멸망케 하는 미운 물건을 세울 것”, 12장 11절, “멸망케 할 미운 물건을 세울 때” 등을 말하고 있는 것이다.

대환난의 용어는 성경에는 직접적으로 나타나지 않지만 구약과 신약에서 나타나고 있는 성경적인 개념이다.

다니엘서 9장 24–27절에서 나오는 일흔 이레(seventy weeks, 이레는 7년으로 70에 7을 곱하면 490년)에 대하여는 이미 종말론에서 상세하게 설명했다.

(4) 백보좌(白寶座) 심판

요한계시록 20장 11절 "또 내가 '크고 흰 보좌'와 그 위에 앉으신 자를 보니 땅과 하늘이 그 앞에서 피하여 간 데 없더라"에서 크고 흰 보좌(a great white throne)로부터 유래한 용어가 백보좌이며, 보좌는 왕적 통치를 상징하는 표현으로 하나님의 우주적 통치를 나타내는 용어로 사용되고 있다. 요한계시록의 여러 곳(4:2, 4:9, 5:1, 5:7, 5:13, 6:16, 7:10, 7:15, 19:4, 21:5)에서 보좌라는 말이 하나님의 통치라는 의미로 사용되고 있다.

다니엘서 7장 9절, "내가 보았는데 왕좌가 놓이고 옛적부터 항상 계신이가 좌정하셨는데 그 옷은 희기가 눈 같고 그 머리털은 깨끗한 양의 털 같고 그 보좌는 불꽃이요 그 바퀴는 붙는 불이며"에서도 흰 보좌에 대하여 언급되어 있다.

그러면 흰 보좌에 앉으신 분이 누구인지 살펴보면, 요한복음 5장 22절에서 "심판을 다 아들에게 맡기셨다"라고 했다. 로마서 14장 10절에서 "우리가 다 하나님의 심판대 앞에 서리라", 고린도후서 5장 10절 "그리스도의 심판대 앞에 드러나", 디모데후서 4장 1절 "하나님 앞과 산 자와 죽은 자를 심판하실 그리스도 예수 앞에서"라고 한 것으로 보아, 하나님과 본질상 하나이신 그리스도께서 심판주가 되심을 알 수 있다.

이때의 상황은 어떤 때일까? 그때는 "땅과 하늘이 그 앞에서 피하여 간 데가 없더라"라고 기록되어 있는데, 이 뜻은 현재의 저 하늘과 우리가 살고 있는 이 땅 전체인 우주가 일순간에 사라질 것을 뜻한다. 하나님께서 우주 만물을 창조하셨을 때에 "보시기에 좋았더라"(창 1:4, 10, 12, 18, 21, 25, 31)라고 감탄을 하셨다. 그러나 인간의 죄악이 세상에 가득함과 마음에 생각하는 모든 계획이 항상 악함뿐임을 보시고 땅 위의 사람 지으심을 한탄하시게 되었다(창 6:5-6). 노아를 통해 회개의 기회를 주셨고 아브라함과 족장을 통해 기회를 주셨으나 인간은 돌이키지 않았다. 지금 우주 만물은 죄악된 인간들의 지속적인 범죄들의 연속으로 인해 피조물들까지 다 고통을 당하고 있다(롬 8:19-23).

이렇게 죄로 물든 우주 만물은 더 이상 존재할 필요가 없어진다. 그래서 하나님께서는 현재의 저 하늘과 이 땅을 완전히 소멸하신다. 그리고 미래의 성도들이 살게 될 영원한 천국은 완전히 새로운 하늘과 새로운 땅이다(계 21:1 ; 사 51:6 ; 마 24:35 ; 벧후 5:10-14).

심판의 대상은 '죽은 자들, 큰 자나 작은 자 모두'로서 아담 이래 태어난 모든 인류를 지칭한다고 한다. 백보좌 심판대 앞에는 구원받은 성도나 받지 못한 성도나 인류가 다 같이 심판을 받으며, 생명책에 기록된 대로 구원을 받고, 행위를 기록한 책에 의하여 심판을 받는다고 한다. 생명책(계 20:12, 15)이란 구원받을 자의 이름이 기록된 책이고, 행위의 책이란 죽은 자들의 행위가 기록된 책이다(롬 26장 ; 벧전 1:17). 이 때의 심판 대상들인 아담 이래 구원받지 못하고 죽은 모든 자들이 지금은 영적으로 음부(지옥)에 있지만 장차에는 영체로 변화되어 행위의 심판을 받고 둘째 사망(계 20:14)인 불 못에 던져져서 영원한 고통을 당하게 된다는 것이다(계 20:10).

(5) 새 하늘과 새 땅

요한계시록 21장과 22장에 기록되어 있는 새 하늘과 새 땅은 현재 우리가 살고 있는 이 땅과 저 하늘이 다 없어지고 오게 된다. 요한계시록 21장 1절의 새 하늘과 새 땅은 단순히 새롭다는 의미가 아니고 이전에 인지되어 왔던 성격이나 본질이 완전히 개조된 새로운 모습으로 탈바꿈한 새 하늘과 새 땅이다. 창세기 1장 1절 "태초에 하나님이 천지를 창조하시다"의 하늘과 땅은 완전히 없어지게 된다.

새 하늘과 새 땅은 눈물이 없고, 죽음도, 애통도, 곡하는 것도 아픈 것도 없는 곳이다(계 21:3).

5. 마태복음 24장 해석(응용 종합편)

(마 24장 1–51절, 종말의 예언, 초림과 재림 사이를 살아갈 성도들에게 주는 교훈)

(1) 마태복음 24장 1–14절 종말(終末)의 징조

성전 파괴, 주께서 메시아로 임하심과 세상 끝의 징조가 어떤 것인지 베드로, 안드레, 야고보, 요한(막 13:3)의 질문에 대한 예수님의 대답 : 1) 거짓 그리스도와 사람의 미혹을 주의 2) 전쟁, 기근, 지진의 증가 3) 성도들에 대한 박해와 거짓 선지자들의 출현과 불법 성행

◎ 이러한 어려운 상황에서도 끝까지 참고 견디는 자가 구원을 받고, 천국 복음이 모든 민족(미전도 종족이 8,000여개/2,000년)에게 전도될 때 비로소 종말이 온다.

☞ 종말(Eschatology)의 진행 순서

1) 교회시대의 끝

AD 33년 오순절 성령강림 이후 현재까지 2,000년 이상 지속되고 있는데 언제 끝날 것인지에 대하여, 무천년주의자(Amillenialism)는 초림에서 재림 때까지 계속된다고 주장하며 이들은 요한계시록 20장 1–10절의 천년왕국을 믿지 않는다. 전천년설(Pre–millenialism)은 요한계시록 20장에 근거하여 그리스도의 재림이 올 때까지 교회시대는 계속된다고 하며 재림으로 주님이 다스리시는 천년왕국과 영원한 세계가 이어진다고 주장한다. 후천년설(Post–millenialism)은 그리스도의 재림이 천년왕국 이후에 "모든 족속으로 제자를 삼아"(마 28:19)라는 명령이 실현되는 때에 그가 지상 왕국을 다스리기 위해 왕의 자격으로 온다고 주장한다.

2) 휴거(携擧: 끌어올려, rapture, 살전 4:17)

타의에 의해 공중의 구름 속으로 끌어 올려 감을 말한다. 주님께서 이 땅에 지상 재림하시기 전에 먼저 공중으로 강림('파루시아', '나타남', 고전 15:23)하시는 사건이 있게 된다. 모든 성도가 7년 대환난이 시작되기 전에 지상으로부터 공중으로 옮겨지는 휴거에 참여한다는 환난 전 휴거설(Pre-tribulation rapture theory)과, 교회는 7년 대환난을 하나님의 보호아래 다 통고하고 난 후 예수 그리스도의 재림 직전에 휴거되어 예수와 함께 지상에 돌아온다는 환난 후 휴거설(Post- tribulation rapture theory)이 있다.

3) 그리스도인의 상급

홀연한 그리스도인의 공중 휴거와 동시에 지상에서는 7년 대환난이 시작되며, 죄에 대한 심판은 없어졌고(요 5:24), 고린도전서 3장 10-15절, 고린도후서 5장 1-10절에 근거하여 휴거 직후 공중에서 상급 심사가 있다. 절제하며 그리스도인의 품격을 잘 지킨 성도에게는 썩지 않는 면류관을 주신다(고전 9:25-27). 면류관을 받은 자들은 그것을 어린양 보좌 앞에 던지며(계 4:10) 어린양이신 주님만 영광을 받으시도록 한다.

4) 어린羊과 교회의 혼인 잔치(계 19:1-10)

하나님께서 주인이 되시며 신랑은 그리스도, 신부는 교회가 되어(고후 11:2 ; 엡 5:22, 5:32) 혼인식과 공중에서 잔치가 있게 된다. 그리스도인은 부활의 영광을, 구원받지 못한 자들은 7년 동안 대환난을 겪게 된다.

5) 대환난(大患亂, 마 24:15-28 ; 계 2:10 ; 요 16:33 ; 고후 4:17)

마태복음 24장 15절 "너희가 선지자 다니엘의 말한바 멸망의 가증한 것이 거룩한 곳에 선 것을 보거든 (읽는 자는 깨달을찐저)", 16절 "그 때에 유대에 있는 자들은 산으로 도망할찌어다"에서 멸망의 가증한 것이란 다니엘서 9장 27절 "잔포하여 미운 물건이 날개를 의지하여 설 것",

다니엘서 11장 31절 "멸망케 하는 미운 물건을 세울 것", 다니엘서 12장 11절 "멸망케 할 미운 물건을 세울 때"의 말씀을 인용하여 하신 것이다. 7년 대환난의 진행은 1환난 : 요한계시록 6-7장(7인의 환난), 2환난 : 요한계시록 8-14장(7나팔의 환난), 3환난 : 요한계시록 5-18장(7대접의 환난) 등이 전 3년 반과 후 3년 반으로 나누어 지상에서 진행.

6) 그리스도의 재림

그리스도의 탄생은 초림이고, 그다음 휴거 때 그리스도인들이 공중에서 주님을 만나는 사건이 강림이다. 이때 지상에서는 7년 대환난이 진행되며 이것이 끝난 후에 1. 구약성도들, 2. 오순절 이후 신약시대 구원 받은 자, 3. 휴거 때 변화되어 주님을 만난 성도들이 그리스도와 함께 지상으로 오는 사건이 재림이다.

주님은 초림(初臨) 때에 구세주로 오셨고, 앞으로 강림(降臨) 때에는 신랑으로 만나서, 재림(再臨) 때에는 천년왕국의 통치자로 구원받은 자들과 함께 오시게 된다.

7) 천년왕국(千年王國, 계 20:1-10)

이곳에 천년이란 단어가 6회 등장하며(2, 3, 4, 5, 6, 7절) 왕 노릇이 2회 등장하여(4, 6절) 천년왕국이란 말이 생겼다. 이의 해석에 다양한 설이 있다.

세대주의적 전천년설, 역사적 전천년설, 무천년설, 후천년설 등이 있다.

세대주의(Dispensationalism)란 성경에 기록된 전체 역사를 7시대로 구분 :

1. 무죄시대(창 1:28-3:21), 2. 양심시대(창 3:22-8:14), 3. 인간통치시대(창 8:15-11:9), 4. 약속(족장)시대(창 11:10-출1 8:27), 5. 율법시대(출 19:1-행 1:26), 6. 은혜시대(행 2:1-계 19:27), 7. 천년왕국시대(계 20:1-10).

7년 대환난 기간의 큰 사건들 : 아마겟돈 전쟁의 참혹함, 곡과 마곡의 전쟁으로 이어지는 마지막 전쟁, 사탄의 최후 발악에 대한 것(계 20:7, 9-10).

8) 백보좌(白寶座) 심판(계 20:11)

크고 흰 보좌를 줄여서 백보좌로 표현한 것. 요한복음 5장 22절을 보면 심판을 다 아들에게 맡겼다는 것을 알 수 있다. 로마서 14장 10절에서 "우리가 다 하나님의 심판대 앞에 서리라"고 했으며 그때에 "땅과 하늘이 그 앞에서 피하여 간데 없더라"(계 20:11)고 했다. 생명책에는 구원받는 자들이 기록되어 있고, 행위의 책이란 죽은 자들의 행위가 기록된 책(롬 2:6, 벧전 1:17)이다. 심판의 대상은 아담 이래 구원받지 못하고 죽은 모든 자들이며 지금은 영적으로 음부에 있지만 장차에는 영체로 변화되어 행위의 심판을 받고 둘째 사망인 불못에 던져져서 영원한 고통을 당하게 된다. 지옥불못은 적그리스도인 짐승과 거짓 선지자들(계 19:20)이 들어가 있는 곳이고, 최후까지 발악하던 사탄이 갈 곳(계 20:10)이다.

9) 새 하늘과 새 땅(계 21, 22장) :

우리가 살고 있는 이 땅과 저 하늘은 장차 다 없어진다(계 21:1-8 ; 마 24:35 ; 히 1:10-12 ; 벧후 310-11). 그리고 새 하늘과 새 땅이 있게 된다. 그곳은 눈물이 없고, 죽음도 애통도, 곡하는 것도, 아픈 것도 없는 곳이다(계 21:4). 새 예루살렘의 생활(21:9-22:5)에 대한 기록이 있고, 요한계시록 22장 6-11절에는 천사가 전해 주는 진술이 있고, 12-17절에는 예수 그리스도의 조속한 재림에 대한 경고가 주어진다. 18-21절에는 계시록의 예언을 덧붙이거나 감하여 빼 버리는 자에 대한 경고로 끝을 맺는다.

(2) 마태복음 24장 15-28절 대환난(大患亂)

예수님께서 종말의 징조를 말씀하시고(마 24:3-14), 그리고 가장 큰 환난이 일어나는 때의 상황을 과거 600년 전의 다니엘 예언으로 설명(단 9:27, 단 11:31, 단 12:11 ; 상기 5) 참조)하며, 다니엘의 예언이 구체적으로 실현되는 것을 보게 되거든 그때가 환난의 시절임을 깨달으라고 하셨다. 멸망의 가증한 것은 BC 169년 세루커스왕조의 8대 통치자 안티오쿠스 에피파네스가 예루살렘 성전 안에 제우스신 상을 설치하고, 가증한 동물인 돼지를 제물로 삼고 제사를 지냈다. AD 70년 Titus 장군이 성전에다 독수리 문양이 그려진 로마 황제의 깃발을 꽂아 놓았다. 이 때 당시 110만 명이 죽고 9만 7천 명이 로마군의 포로로 잡혀갔다. 교회 성도들만이 갈릴리호수 동쪽의 데가볼리의 Pella로 피신하여 목숨을 구했다.

4월 말부터 9월 초는 건기, 9월 중순부터 4월 초순까지 우기로 약 600mm정도 비가 온다. 1-2월은 춥고 비가 많다. 1마일 이상 여행을 못 하는 안식일이 되지 않도록 기도하라고 하셨다.

(3) 마태복음 24장 29-31절, 그리스도의 재림(再臨)

이사야 13장 9-10절, "해가 돋아도 어두우며 달이 그 빛을 비취지 아니할 것"과 유사하게 재림 시에는 "하늘의 권능들이 흔들리리라"고 했다. 에스겔 32장 7-8절, "해를 구름으로 가리우며 달로 빛을 발하지 못하게 할 것임이여", 요엘서 2장 31절 "해가 어두워지고 달이 핏빛".

성경의 세계관은 3층천으로 되어 있다고 믿으며, 바울이 셋째 하늘(고후 12:2)의 목격담을 말한다. 1층은 대기권, 2층은 해·달·별들이 있는 태양계와 은하계, 3층은 천사들과 영적 존재들이 있는 하나님의 세계이다.

그리스도의 재림 시 천체의 전반에 대변화가 일어난다. 모든 민족이 슬퍼하고, 인자가 권능과 영광을 띠고 구름을 타고 오신다. 나팔 소리와 함께 천사를 보낸다.

(4) 마태복음 24장 32-51절, 종말을 준비하는 자세

무화과나무(쉬케스)는 봄이 오면 잎사귀가 무성해지고 여름이면 곧 열매를 맺는다. 이처럼 징조가 보이면 재림이 가까이 왔다는 것을 알아라는 뜻이다. 이 세대가 지나가기 전에 다 일어나리라. 예수님의 말씀의 때인 AD 33년에 한 세대 기간 30-40년을 더하면 AD 70년 예루살렘 멸망이 1차적인 의미가 있고, 주님의 재림 전이 2차적인 의미가 있다고 본다.

재림의 때는 성부만이 아신다. 에베소서 1장 3-14절에 성부 하나님은 입안자/계획자요(3-6), 성자 하나님은 실행자(7-10), 성령 하나님은 인치셔서 영광을 찬송(11-13)하도록 역할을 분담했다. 우리 성도는 항상 깨어 있어야 하는 것으로, 이는 재림을 준비하는 자세이고, 도둑을 경계하는 집주인의 태도이며, 가정을 잘 관리하도록 맡긴 충성되고 지혜로운 가산관리인으로서의 의무로 설명하고 있다.

메시아인 그분의 재림을 고대하며, 우리는 항상 깨어 있어서 그분이 언제 오시더라도 온전히 살아온 우리의 삶을 떳떳하게 고백할 수 있는 생애가 되기를 기도드린다!

☞ 이스라엘의 역사 : 그 고난의 여정을 살피고 하나님의 뜻을 생각해 보자.

〈표-10〉 이스라엘의 역사

연 대	사 건
BC 2166	아브라함(아담의 20대손) 갈대아 우르를 떠남
BC 1446	출애굽(야곱이 애굽에 들어간 후 430년 만에, 70명이 장정만 60만 출 12:37)
BC 1375-BC 1050	士師 시대(옷니엘에서 삼손까지 12명의 사사가 활약)
BC 1050-BC 930	사울 왕 BC 1050-1010, 다윗 왕(아담의 33대), BC 1010-970 솔로몬왕 BC 970-930 통일 왕국 후 남유다(르호보암 왕)와 북이스라엘(여로보암 왕)로 분열

BC 959(성전 완공)	솔로몬 왕
BC 722(북이스라엘 멸망)	앗수르의 살만에셀 5세에게 19대 호세아 왕 때 멸망(왕하17:3)
BC 609	앗수르제국 멸망, 바벨론의 나보폴라살에 의하여
BC 605 (갈그미스,Carchemish) 전투	바벨론의 느브갓네살 왕이 직접 유브라데스 하숫가 갈그미스에서 애굽을 쳐서 대승을 거두고 애굽의 전지역을 수중에 넣음. 예루살렘도 함락. – 1차 유수(BC 605) : 바벨론이 애굽을 치고 남유다에 들러서 다니엘과 세 친구 등 포로. – 2차 유수(BC 598) : 여호야김의 아들인 여호야긴(18세)이 왕이 된 지 만 3개월 만에 에스겔을 포함한 1만 명과 함께 포로. 그리고 숙부 시드기야로 왕을 삼음(대하 36:10) – 3차 유수(BC 586) : 시드기야 왕은 눈 빠지고, 예루살렘에 최소한의 인력만(포도원지기, 농부 등) 남기고 다잡아감. 70년 만에 포로 귀환(BC 605–BC 537): 바벨론에서 70년이 차면 – 이곳으로 돌아오게하리라(렘29:4–10), 예레미야가 편지로 이 사실을 포로의 다니엘에게 알림(단 9:2).
BC 586(남유다 멸망)	20대 시드기야 왕 때 바벨론의 느부갓네살에 의해 멸망(대하 36:20)
BC 550(메대 멸망)	바사 왕 고레스 2세에 의해 메대의 수도(엑바타나) 함락 * 메대 : 아르메니 동쪽, 메소포타미아 북동쪽, 카스피해 남쪽 위치한 이란 산맥에 거주했던 인도아리안 민족, BC 1000경–BC 550)
BC 539 (바벨론/70년 제국 멸망)	바사(페르시아–BC 331)의 고레스 2세 왕(BC 559–530)이 바벨론의 벨사살을 죽이고 바벨론을 점령. 유대 포로(모든 나라의 포로들 전부)를 귀환시키고 성전을 재건하도록 지원.
BC 539–BC 331	바사의 통치 시대
BC 516(제2 성전 완공)	스룹바벨(에스라 6:15)
BC 331–285 (헬라 통치시대)	알렉산더(23세 : 단 8:5) 이수스전투(BC 333), 가우가멜라전투 BC 331에 승리하고 페르시아를 정복(다리오/다레이오스 3세), 두로를 철저하게 불사름(사 23:1–3). 알렉산더 BC 323, 32세의 나이로 병으로 요절. 사후 4명의 장수가 분할 통치(단 8:8). 페르가몬왕조 : 소아시아 북쪽은 작은 왕국 안티고누스왕조 : 마케도니아 지방 프톨레미왕조 : 애굽, 홍해, 동아프리카, 에게해 등 셀루커스왕조 : 구 페르시아, 시리아 북부, 인도, 아프가니스탄.
BC 285–204 (애굽 통치시대)	애굽의 두 번째 왕조인 프톨레미 필라셀프스에 의하여 알렉산드리아도서관에 비치할 70인(Lxx) 성경이 완성된 시대이다.
BC 204–168 (시리아통치시대)	유대인에게 가장 처참한 기간. 셀루커스왕조의 안티오커스 4세 에피파네스(단 8:9)에 의해 유대인들이 학살, 성전에서는 돼지 피가 뿌려지고 제우스 신상이 세워진 시대이다(단 8:13, 9:27 ; 마 24:15).
BC 167–63 (마카비/하스몬왕조시대)	제사장 마타디아스 하스몬(Mattathias Hasmon)의 혁명과 그의 아들 시몬 마카비오스에 의해 성전회복(단 8:14)과 약 100여 년간의 독립된 시기이다.

BC 63 (로마 통치 시작)	BC 63년 로마의 폼페이우스 장군에 의해 멸망하고 하스몬 왕 아리스토불루스 2세는 로마로 끌려갔으며 이후 유대는 로마의 속국이 됨.
AD 0	예수 탄생(아담의 60대, 로마 옥타비아누스Octavianus 황제)
BC 63- AD 313	로마제국의 지배, 헤롯 왕 통치
AD 20-AD 33	나사렛 예수의 목회
AD 64	헤롯 성전(46년 동안 건축, 요 2:20)
AD 70	두번째 성전 파괴 됨(로마 티투스Titus 장군에 의하여)
AD 73	마사다에서 유대인 최후의 항전
AD 210	미쉬나(구 법전 모음집) 완성
AD 313-AD 616	비잔틴(동로마제국, 현재의 터키 이스탄불) 지배
AD 313	콘스탄티누스황제 밀라노칙령으로 기독교를 공인
AD 325	콘스탄티누스황제는 니케아종교회의에서 그리스도의 신성을 부정하는 아리우스파를 이단으로 단죄하여 교회를 통일하고 니케아신경이 공포
395	동로마와 서로마로 분리, 476 : 서로마제국 멸망
614	페르시아 침입
636-1099	아랍 지배
1099-1291	십자군(우르반 교황)의 통치 : 라틴계 예루살렘 왕국
1453(동로마제국 멸망)	오스만 투르크의 술탄 메메트2세의 침략으로 멸망
1291-1516	마믈룩(이집트의 마믈룩왕조시대(1171-1517년)) 지배
1517-1917	오스만제국 지배
1917	영국이 오스만제국의 팔레스타인 지배 종식 영국이 벨푸어(Belfour)선언으로 "팔레스타인에 유대인의 민족적 조국 건설을 보장"한다고 약속
1918-1948	영국의 통치
1948	이스라엘 건국 선포(5월 14일) 및 영국의 통치 종료 아랍 5국 이스라엘 침공(5월 15일)으로 독립 전쟁(1948. 5-1949. 7)
1949	이집트, 요르단, 시리아, 레바논(이라크 제외) 휴전협정 조인, 초대 크세네트(의회) 선출, 국제연합의 59번째 회원국으로 가입
1975	유럽공동시장(ECM) 회원국에 가입
1994	가자 지구와 여리고 지역에서 팔레스타인 자치정부 인정

주) 회색 부분 이스라엘 민족의 피지배 시대

12. 절기의 종류
(출 12:6, 레 25:8, 요 10:22)

절기(節氣, Feast)의 사전적인 의미는 '한 해 가운데서 어떤 일을 하기에 좋은 시기나 때'로 나타내고 있지만 성경적인 의미로서의 절기는 민족적·종교적으로 중요한 사건들을 기념하기 위하여 지키는 정기적인 의식 또는 축제를 말한다.

이스라엘 민족의 초창기에는 순례 절기(pilgrim feast, 거룩한 춤, 종교적 행진)와 기타 절기(정한 절기)로 나누어 구별이 있었다. 정한 절기는 이스라엘의 모든 절기를 포괄할 수 있는 보다 일반적인 용어이지만 안식일과 월삭과 같이 태음력에 기초한 절기들을 가리킨다(겔 45:17, "왕은 본분대로 번제와 소제와 전제를 절기와 월삭과 안식일과 이스라엘 족속의 모든 정한 절기에 드릴찌니 이스라엘 족속을 속죄하기 위하여 이 속죄제와 소제와 번제와 감사 제물을 갖출찌니라" ; 46:11, "절기와 성회 때에 그 소제는 수송아지 하나에 밀가루 한 에바요 숫양 하나에도 한 에바요 모든 어린양에는 그 힘대로 할 것이며 밀가루 한 에바에는 기름 한 힌씩이며").

순례 절기는 농업에 그 기원을 두고 태양력에 의해 계산된 공동적인 세 절기인 무교절과 칠칠절(오순절)과 초막절에 한정되어 있다. 이러한 절기들은 전 가족들의 성정 순례나 기타 성지 순례(출 10:9), 제사, 공동식사(삼상 1:4)를 포함하고 있다. 일반적으로 행진, 춤, 술잔치와 더불어 기쁨이 동반되었다(시 107:27, "저희가 이리 저리 구르며 취한 자 같이 비틀거리니 지각이 혼돈하도다").

바벨론 포로기 이후에는 새로운 절기들이 도입되면서 모세오경의 규정에 입각한 '정경적' 절기들과 후대의 관습에서 유래한 '비정경적' 절기들 사이에 구별이 이루어졌다. 양 절기의 의식 가운데 히브리어 정경의 다섯 두루마리(Megilloth:Scroll) 중에서 한 두루마리를 낭독하는 순서가 포함되었다. 유월절에는 아가를, 오순절(맥추절)에는 룻기, 초막절에는 전도서, 예루살렘 함락일에는 애가서, 부림절에는 에스더를 각각 낭독하였다. 정경적 절기에는 안식일, 월삭, 안식년, 희년, 순례 절기(유월절, 칠칠절, 초막절) 등이 있고, 비정경적 절기에는 수전절, 부림절, 율법기념일 등이 있다.

여기서는 구약의 절기와 신약의 절기로 구분하여 설명드리도록 하겠다.

1. 구약의 절기

(1) 안식일(Sabbath)

하나님께서 창조 시에 정하신 여섯 날 동안 일하고 일곱째 날에 안식한 것을 따른 것으로(창 2:2-3), 십계명의 제4계명이며(출 20:8, "안식일을 기억하여 거룩하게 지키라") 이날은 어떠한 일도 하지 않고 예배와 신앙 학습을 위해 시간을 드린다(레 23:3, "엿새 동안은 일할 것이요 일곱째 날은 쉴 안식일이니 성회라 너희는 무슨 일이든지 하지 말라 이는 너희 거하는 각처에서 지킬 여호와의 안식일이니라").

금요일 해 질 때부터 토요일 해 질 때까지를 안식일로 지킨다.

(2) 월삭(New Moon)

매월의 시작하는 첫날 '일을 절제하고 하나님께 번제물과 화목제물을 드리며 나팔을 불어 하나님이 이스라엘 백성을 기억하게'(민 10:10) 하는 날을 가리킨다. 일곱 번째 달인 티쉬리(Tishiri)월이 시작될 때(9월 중순 경)에는 특별한 월삭 의식을 가졌는데(레 23:24-25 '칠월 곧 그 달 일일로 안식일을 삼을찌니 아는 나팔을 불어 기념할 날이요 성회라 아무 노동도 하지 말고 여호와께 화제를 드릴찌니라). 이는 일곱 번째가 완전을 의미하는 것으로 생각하기 때문으로 보인다.

(3) 안식년(Seventh Year)

매 칠 년마다 땅을 경작하지 않고 쉬게 하는 해를 말한다(출 23:10–11, "너는 유년 동안은 너의 땅에 파종하여 그 소산을 거두고 제 칠년에는 갈지 말고 묵여 두어서 네 백성의 가난한 자로 먹게 하라 그 남은 것은 들짐승이 먹으리라 너의 포도원과 감람원도 그리할찌니라"). 토지의 안식년을 선언한 것으로 토지가 하나님의 소유임을 나타내고 있다. 또한 포도원의 저절로 자란 열매들은 가난한 자나 짐승들이 먹도록 함으로 하나님의 피조물에 대한 사랑을 알게 한다(참조, 레 25:5–7).

(4) 희년(Jubilee)

안식년이 일곱 번째 오는 49년째의 다음 해(50년째)를 희년으로 지키도록 규정하였으며, 이때 종들은 자유를 얻었고, 땅은 2년 동안 연속하여 안식을 얻었으며, 희년에는 미리 비축해 둔 농산물을 먹었다(레 25:12절). 하나님께서는 안식년과 희년을 위하여 3년 동안 먹을 수 있는 수확을 그 전의 해에 주신다고 약속하셨다(21절). 희년에는 팔려 온 종이라도 다시 자기 집으로 돌려보내고, 남에게 산 재산도 다시 본래의 주인에게 돌려주어야 했다(13절)(레 25:8–18).

(5) 유월절(Passover)

하나님께서 이스라엘 자손을 애굽의 속박에서 구원해 내신 것을 기념하는 종교의식으로, 니산월 또는 아빔월(태양력 3-4월) 14일 저녁이다. 그 다음 날부터 1주간이 무교절이며 양절기도 연속하여 지내게 된다. 애굽사람들로부터 출애굽의 여러 사건을 통하여 이스라엘 장자들을 살려 주심을 기념하면서, 1년 된 수양을 잡고 그 피를 문설주와 인방에 발랐다(출12:6). 양을 구어 무교병과 쓴나물을 아울러 먹되 머리와 다리와 내장을 불에 구워 먹고, 아침까지 남겨 두지 말며 남은 것은 불사르고, 먹을 때는 허리에 띠를 띠고 발에 신을 신고 손에 지팡이를 잡고 급히 먹어야 했다.(출 12:8-11).

유월절 어린양(흠 없고 일 년된 수컷 양이나 염소 중에서 취함 12:5)의 피는 그리스도께서 흘리신 보혈을 상징한다(벧전 1:18-19). 어린양은 예수님을 상징한다.

(6) 무교절(Feast of Unleavened Bread)

니산월(태양력으로 3-4월) 15-21일의 1주간을 지키는 명절로 유월절 다음 날로부터 7일간 무교병을 먹으며 지키는 절기이다(출 12:17 ; 레 23:6 ; 스 6:22). "칠일 동안은 누룩을 너희 집에 있지 않게 하라 무릇 유교물을 먹는 자는 타국인이든지 본국에서 난 자든지 무론하고 이스라엘 회중에서 끊쳐지리니"(출 12:19)라며 누룩 없는 떡을 먹을 것을 명령하셨다. 이는 출애굽 시 누룩 없는 떡을 먹는 데서 기원했으며 후에 유월절과 결합되어 "유월절이라 하는 무교절"(눅 22:1)로도 표현되었다.

누룩은 죄악된 생활을 상징한다. 악과 부패, 외식은 누룩처럼 빨리 전파된다(마 16:6, "예수께서 이르시되 삼가 바리새인과 사두개인들의 누룩을 주의하라 하신대").

(7) 칠칠절(Feast of Weeks, 오순절 : Pentecost)

칠칠절은 유월절 안식일 이후 50일째 되는 날(오순절, 5월 말)을 의미하며, "안식일 이튿날 곧 너희가 요제로 단을 가져온 날부터 세어서 칠 안식일의 수요를 채우고 제 칠 안식일 이튿날까지 합 오십일을 계수하여 새 소제를 여호와께 드리되"(레 23:15-16), 떡 두 개와 일년된 어린 양 일곱 마리와 어린 수소 한 마리와 수양 두 마리를 여호와께 드리는 번제로 드릴 찌니 이는 화제로 여호와께 향기로운 냄새이다(레 23:15-18). 초실절은 곡물의 첫 이삭을 제사장에게로 가져가는 것이고 제사장은 그 단을 여호와 앞에서 흔들어 안식일 이튿날 일년 된 수양을 번제로 드리고 소제로는 기름 섞인 고운 가루 십분의 이 에바를 드린다(레 23:10-13). 엄밀히는 초실절 후 오십일 째에 드리는 것이 칠칠절이다. 그러나 때때로 같은 의미로도 혼용된다. 초실절(출 34:22, "칠칠절 곧 맥추의 초실절을 지키고 가을에는 수장절을 지키라") 또는 맥추절(출 23:16, "맥추절을 지키라 이는 네가 수고하여 밭에 뿌린 것의 첫 열매를 거둠이니라 수장절을 지키라 이는 네가 수고하여 이룬 것을 인종에 밭에서부터 거두어 저장함이니라")이라고도 한다.

(8) 초막절(수장절, Feast of Booths)

티쉬리(일곱째 달)월 15일(10월 초)에 시작하여 7일 동안 초막절로 지켰다. 이스라엘 자손이 광야에서 임시로 만든 장막이나 초막에 거주하였는데 이것은 임시 처소에서 거주하는 동안에 하나님께서 보호해 주심을 상징하는 것이다(레 23:33-36, 39-43). 또한 이 절기는 가을의 추수와 저장을 기념하는 축제로서 수장절(Feast of Ingathering)로도 불렀다(출 23:16 ; 34:22).

(9) 수전절(하누카, Feast of Dedication)

안티우쿠스4세 에피피네스가 성전을 더렵힌 지 3년째인 BC 164년에 유다 마카비가 성전을 다시 청결케 하고 봉헌한 것을 기념하여(마카비1서 4:52-59) 등불을 밝히고 아홉 번째 달인 기슬르(Chislev)월 25일에 시작하여 8일 동안 축제를 거행하였다. "예루살렘에 수전절이 이르니 때는 겨울이라"(요 10:22). 제단봉헌축일이라고도 한다.

(10) 부림절(Purim)

아달월 14일과 15일(2월말), BC 473년경(아하수에로 왕)에 페르시아에 살고 있던 그들의 조상을 살육하려던 하만의 계략(제비뽑는 : Pur)으로부터 기적적으로 그들이 구원받은 것을(에스더와 모르드개) 기념하여 정한 절기이다(에 9:20-28).

"에스더가 왕의 앞에 나아감을 인하여 왕이 조서를 내려 하만이 유다인을 해하려던 악한 꾀를 그 머리에 돌려보내어 하만과 그 여러 아들을 나무에 달게 하였으므로(에 9:25).

(11) 율법기념일(Simhath Torah)

초막절 바로 다음인 티쉬리월 22-23일(10월 초) 모세의 율법에 대한 기쁨을 표현하고 연례적인 오경 완독을 의미하는 하루나 이틀간의 절기를 지켰다. 〈표-10〉 참조.

〈표-11〉 구약시대 절기의 종류 및 내용

순서	종류	성서	내용	의미
1	안식일 Sabbath	출 20:8-11	매 칠 일마다 금요일 해 질 때에서 토요일 해 질 때까지 사이에 안식으로 지키는 것. 일을 하지 않고 예배와 신앙 학습	정경적 절기 Canonical feast
2	월삭 New Moon	민 10:10	매 달이 시작되는 날은 일을 절제하고 번제를 드리며 택한 백성을 향한 하나님의 신실하심에 대한 그들의 기쁨을 상징하는 나팔을 불었다.	〃
3	안식년 Seventh Year	출 23:10 레 25:4-7	매 7년마다 일 년 동안 땅을 쉬게(토지의 안식년), 가난한 자들과 들짐승들은 밭과 포도원에서 저절로 자란 열매를 먹을 수 있도록 했다. 토지의 소유권이 하나님께 있음을 기억하도록 했다.	〃
4	희년 Jubilee	레 25:8-18	일곱 번째 안식년/49년 다음 해(50년)는 종들은 자유를, 백성들은 그들이 획득한 재산을 본래의 주인에게 돌려주었으며, 땅은 또 다른 안식 기간을 갖는다. 雄羊の角ヨーベル수양 뿔を吹いて告知されたことで"よべるのとし"	〃
5	유월절 Passover 히 : 페싸흐 : 넘어가다. 목숨을 살려주다의 뜻	출 12:1-28	하나님께서 이스라엘 자손을 애굽의 속박에서 구원해 내신 것을 기념하는 종교의식. 니산월/아빔월(태양력 3-4월) 14일 저녁. 그다음 날 부터 1주간이 무교절. 양절기 혼용. 애굽사람들에게 출애굽의 여러 사건을 통하여 이스라엘 장자들을 살려 주심을 기념하면서, 1년된 수양을 잡고 그 피를 문설주와 인방에 발랐다(출12:6). 양을 구워 무교병과 쓴 나물을 먹었다. 유월절 어린 양 : 예수님	오경적 절기 중앙 성소 순례 절기
6	무교절(제교절) Feast of Unleavened Bread	출 12:15	히브리 달력으로 니산월(태양력으로 3-4월) 15-21일의 1주간을 지키는 명절. 유월절 다음 날로부터 7일간 무교병을 먹으며 지키는 절기이다(출 12 : 17 ; 레 23 : 6 ; 스 6 : 22). 원래는 농경제였는데 출애굽 시 누룩 없는 떡을 먹는 데서 기원했으며 후에 유월절과 결합되어 "유월절이라 하는 무교절"(눅 22 : 1)로 표현되기도 했다. 사도 바울은 무교절을 깨끗한 생활의 상징으로 말했다(고전 5 : 8). (→ 유월절)	〃

7	칠칠절 Feastof Weeks, 오순절 Pentecost	출 34:22 레 23:10–21	유월절 후 안식일 이후 50일째 되는 날 : 오순절(5월 말)을 의미. 이날에 밀 추수의 열매들이 여호와께 드려졌다. 초실절 또는 맥추절이라고도 한다.	〃
8	초막절(수장절) Feast of Booths, Ingathering	출 23:16 레 23:33–36	티쉬리월 15일(10월 초)에 시작하여 7일 동안 초막절로 지켰다. 이스라엘 자손이 광야에서 임시로 만든 처소에서 거주하는 동안에 하나님께서 보호해 주심을 상징(레 23:33–36). 이 절기는 가을의 추수와 저장을 기념하는 축제	〃 5. 7. 8. 3대 절기
9	수전절, 하누카 Feast of Dedication	요10:22	안티우커스 4세가 성전을 더렵힌 지 3년째인 BC 164년에 유다 마카비가 성전을 다시 청결케 하고 봉헌한 것을 기념. 제단봉헌축일. 아홉 번째 달인 기슬르(Chislev)월 25일에 시작하여 8일 동안 축제 거행.	비정경적 절기 Noncanonical feasts
10	부림절 Purim	에 9:20–25	아달월 14일과 15일(2월 말)에 BC 473년경(아하수에로 왕)에 페르시아에 살고있던 그들의 조상을 살육하려던 하만의 계략(제비뽑는 : Pur)으로부터 기적적으로 그들이 구원받은 것을(에스더와 모르드개) 기념	〃
11	율법기념 Simhath Torah		초막절 바로 다음인 티쉬리월 22–23일(10월 초) 모세의 율법에 대한 기쁨을 표현하고 연례적인 오경 완독을 의미하는 하루나 이틀간의 절기를 지켰다.	〃

2. 신약의 절기

(1) 부활절(復活節, Easter)

1) 의미

부활절은 예수 그리스도가 장사한 지 사흘 만에 사망의 권세를 이기시고 부활하신 것을 기념하는 날이다. 교회력에서 그리스도의 부활을 기념하는 축일이다. 그리스어로 파스카(Phascha)라고 한다. 그리고 부활절 전의 40일을 사순절이라고 하여 그리스도의 수난을 묵상하는 기간을 가진다. 또한 부활절 이후 성령강림절(Whitsunday/Pentecost)까지의 50일의 기간을 부활절 이후의 기쁨의 50일(The Great Fifty Days)이라고 한다. 이 기간은 흔히 부활절기(Eastertide)로 불리기도 하였는데, 이 기간 동안에 교회는 오직 예수 그리스도의 부활에 대한 최고의 기쁨을 표현할 수 있도록 격려한다.

2) 시기

오늘날 우리(서방 교회)가 지키고 있는 부활절은 제1회 니케아공의회(325년 6월 19일)에서 결정된 것으로 춘분(春分 : 3월 21일경) 후의 최초의 만월 다음에 오는 첫째 일요일로 보통 3월 22일부터 4월 26일까지 지켜진다. 동방정교회에서는 율리우스력을 사용하여 부활절을 정하고 있어서 우리와는 일자가 다르다(2021년 5월 2일). 부활절에는 주로 세례 · 학습, 참회자의 위로, 죄수의 석방, 가난한 자의 구제, 교역자 위안 등의 행사를 가진다.

· 2021년도 부활절 : 4월 04일
· 2022년도 부활절 : 4월 17일
· 2023년도 부활절 : 4월 09일

| 2023년도 교회력 |

· 2월 22일–4월 8일 : 사순절[四旬節, Lent, 재의 수요일부터 부활주일 전 40일간(주일 제외) 예수님의 고난을 생각하며 성경을 묵상, 금식, 경건하게 생활함, 325년 니케아 공의회에서 결정]
· 2월 22일 : 재의 수요일[Ash Wednesday, 성회(聖灰) 수요일, 성회례일(聖灰禮日)], 부활주일 7주 전의 수요일, 사순절의 첫날, 머리에 재를 뿌리거나 이마에 바른다. 11세기에 관습으로 정해졌다.
· 4월 2일 : 종려주일[棕櫚主日 , Palm Sunday, 예수님의 십자가 죽음을 위해

예루살렘에 입성하신 날을 기념하는 절기, 요 12:13)]

· 4월 3일–8일 : 고난주간[苦難週間 , Passion Week, 예수님의 고난과 죽음을 기념, 종려주일에 시작하여 부활절 하루 전까지 1주간을 경건히 지키는 시간]

· 4월 09일 : 부활주일

· 5월 28일 : 성령강림주일[聖靈降臨主日, Whitsunday, 五旬節 Pentecost, 부활 후 50일째 사도행전 2장 4절의 성령강림기념주일, 부활주일 후 7주째 주일]

· 7월 02일 : 맥추감사주일[麥秋節, Feast of Harvest, 7월 첫 주일, 보리 수확 기념, 구약의 맥추절(유월절 안식일 이후 50일째 되는 날, 5월 말)과는 시기가 상이]

3) 부활절과 달걀

부활절에는 달걀을 나눠 주는데 여러 가지 이야기가 있지만 단단한 달걀 껍질을 깨고 나오는 병아리처럼 사망 권세를 이기고 부활하신 그리스도의 놀라움과 위대함을 기념하기 위해서라는 것과, 죽은 듯이 보이는 달걀 안에 부화하여 병아리가 되고 소생하는 생명이 있다는 것이 그리스도의 부활을 상징한다는 것 등의 설이 있다.

4) 예수님의 공생애 마지막 주간(고난주간)의 행적과 부활, 승천, 성령강림

요 일	사 건	비 고
일요일(첫째 날)	1. 나귀 타고 예루살렘에 입성 [마 21:7] 2. 예루살렘을 보고 우심(타락을 보고) [눅 19:41]	
월요일(둘째 날)	1. 무화과나무를 저주하심 [마 21:19] 2. 소경과 저는 자들을 성전에서 고쳐주심 [마 21:14]	
화요일(셋째 날)	1. 바리새인 책망 [마 23:1–39] 2. 대환난에 대한 예고와 종말의 징조(감람산 강화) [마 24:1–14] 3. 큰 계명에 대한 문제 [마 22:34–40], 유다 배반 [마 26:14–16]	
수요일(넷째 날)	기록이 없음	
목요일(다섯째 날)	1. 제자들의 발을 씻기심 [요 13:1–17], 성만찬 [마 26:26–29] 2. 성령의 약속[요 16:7–15], 겟세마네의 기도 [마 26:36–46]	Last Supper

금요일(여섯째 날) Good Friday (聖금요일), 예비일	1. 체포(새벽 1시경)－대제사장, 산헤드린공회, 빌라도, 헤롯 등의 심문－빌라도의 사형선고(8시)－골고다에 못 박히심(9시)－운명(15시) [마 26:57–27:66] 2. 성전 휘장이 둘로 찢어짐, 백부장의 고백(진실로 하나님 아들)	유월절, 니산월 14일 (고전 5:7) (1일)
토요일(일곱째 날) 안식일(Sabbath)	무덤에 계심	(2일)
일요일/주일 부활일	1. 막달라 마리아 빈 무덤 발견 [요 20:1] 2. 막달라 마리아, 10제자에게도 나타나심 [요 20:11–25]	(3일)만에 부활
40일 간 생존 후 승천	1. 요한의 아들 시몬아 네가 나를 사랑하느냐 3번 묻고－내 양을 먹이라 [요 21:15–17] 2. 성령을 부어 주실 것을 약속 [행 1:5] 3. 승천 [행 1:9]	
예수께서 유월절 어린양으로 죽으신 후 50일 째 (오순절) (성령강림)	1. 오순절 성령강림(행 2장)으로 제자들은 주를 메시아로 선포. 기독교회의 탄생을 알리는 징표로 하나님의 구원역사가 성령의 역사를 통하여 각 개인들에게 실질적으로 적용된 것. 구약의 오순절이 육의 열매를 맺는 날이라면 신약의 오순절은 성령의 열매를 맺는 날. 이로써 새 시대의 새 영을 대망한 구약의 예언이 성취 됨 [욜 2:28–29]	승천 후 7일만에 성령강림

(2) 추수감사절(秋收感謝節, Thanksgiving Day)

1) 유래

경건한 삶을 추구하던 청교도 102명은 영국에서의 박해를 피해 1620년 메이플라워(Mayflower)호에 올라 60여 일의 항해 끝에 동년 11월 20일 신대륙 플리머스(Plymouth)항에 상륙했다. 그해 겨울 많은 사람들이 죽었지만 인디언들의 도움으로 생존자들은 이듬해 가을 곡식을 수확할 수 있었다. 1621년 가을 플리머스의 총독 윌리엄 브래드퍼드가 수확의 풍요함을 감사하며, 그동안의 노고를 위로하는 축제를 3일 동안 열고 인디언들을 초대해 추수한 곡식과 채소, 과일 등을 놓고 하나님께 감사를 드리고 음식을 나눠 먹었다. 이것이 추수감사절의 효시다.

2) 시기

가. 미국 : 11월 넷째 주 목요일

나. 캐나다 : 매년 10월의 2번째 월요일에 축제를 열고 있다.

다. 영국 : 8월 1일

라. 한국 : 우리나라의 교회가 추수감사절을 교회의 절기로 지키게 된 것은 1904년부터이다. 처음에는 장로교 단독으로 11월 10일을 추수감사절로 기념하던 것이 1914년 교파 선교부의 회의 결과에 따라 미국 선교사가 조선에 입국한 것을 기념하는 뜻에서 11월 셋째 주 수요일로 변경되어 지켜지게 되었다. 그 후에 추수감사절은 그 요일이 수요일에서 일요일로 바뀌어 11월 셋째 주 일요일을 추수감사절로 지키게 되었다. 한편 오늘날 우리 나라의 교계에서는 추수감사절을 우리의 실정에 맞게 추석(중추절)으로 정해야 한다는 주장이 있고, 일부 교회와 교파에서는 이미 이를 시행하고 있다.

3) 음식과 풍습

추수감사절과 관련하여 가장 널리 알려진 풍습으로 칠면조 고기를 먹는 것이 있다. 칠면조 고기를 먹는 풍습은 첫 추수감사절 때 새 사냥을 갔던 사람이 칠면조를 잡아와 먹기 시작한 데서 유래한 것으로 오늘날에도 일부 지방에서는 이날 식탁에 5개의 옥수수를 올려 놓는데, 이는 청교도들이 식량난으로 고생할 때 한 사람의 하루 식량으로 배당되었던 옥수수 5개를 의미하는 것이다. 이에 각 가정의 부모는 첫 추수감사절이 지켜지기까지 고생했던 그들 선조들의 수고를 설명해 주며 자녀들과 함께 그 옥수수를 먹는다.

(3) 성탄절(聖誕節, Christmas Day)

1) 성탄절의 의미

성탄절은 죄와 허물로 죽을 수밖에 없는 인간들을 위해 성자 하나님이신 예수 그리스도께서 이 땅에 태어나심을 기념하는 절기이다.

영어 명칭인 크리스마스(Christmas)는 그리스도께 드리는 미사(Christ mass)라는 단어의 줄임말로서 우리의 구주로서 성육신하여 세상에 오신 아기 예수님의 탄생을 축하하는 예배를 드리는 날이라는 뜻이다. 또 성탄절은 X-mas라고도 표기되는데, X는 희랍어로 그리스도를 뜻하는 크리스토스(Kristos, 라틴어 Christus)의 첫글자로, 이도 결국 크리스마스와 같은 뜻의 명칭이다.

2) 성탄절의 시기

예수 그리스도의 탄생일이 곧 성탄절이다. 기독교 역사에서 12월 25일이 성탄절로 지켜진 것은 상당히 오래된 전통이다. 이러한 사실은 독일의 한 역사학자 모므젠(Mommsen, 1817-1903)이 발견한 4세기 중엽 로마 역사가의 기록에서도 확인된다. 이 자료에는 "가이사와 바우러스의 임기 중 서기 1년 12월 25일 금요일, 신월(新月)로 15일째 되는 날 예수 그리스도가 탄생하였다"고 기록되어 있다.

AD 354년 로마 교회의 리베리우스(Liverius)교황 때부터 12월 25일을 성탄절로 삼아 본격적으로 지켜지기 시작한 것이다.

기독교 지도자들은 이 빛의 축제가 세상의 빛 되신 예수 그리스도께 드려지는 것이 합당하다고 생각했다. 그러나, 한동안은 태양의 축제를 그리스도의 성탄절에 통합한 것이 많은 혼란을 주었다. 그리고 많은 반대도 있었다. 성탄절을 12월 25일로 확정지은 것은 크리소스톰에 의해서였다.

한편, 현재 개신교와 천주교에서는 12월 25일을, 희랍정교에서는

1월 6일을, 알메니아 교회에서는 1월 19일을 성탄절로 지킨다.

3) 산타클로스

산타클로스의 원래 이름은 '성 니콜라오(St. Nicholas)'. 영어를 사용하는 나라에서는 '성 니콜라오'의 이름이 언어의 변천 과정을 통해 산타클로스(Santa Claus)가 되었다. 성 니콜라오 주교는 350년경 소아시아의 리치아 지방 파타라에서 태어나 어렵고 힘든 사람에게 도움을 베푼 분이다. 지참금이 없어서 결혼할 수 없었던 세 딸들에게 창문으로 돈 주머니를 넣어서 결혼할 수 있도록 해 주었다는 전설로 성탄절에 선물 주는 관습이 생겼다.

3. 히브리인의 월력과 태양력, 절기

〈표-12〉 히브리력과 태양력 비교

히브리인 월력	태양력	절기
1월 : 니산월, 아빕월, 아빕 : 麦穗(맥수: 벼 이삭의 뜻)	(태양력 = 히브리력 + 2.5월) 3월 중–4월 중	* 14일 유월절(페사흐), * 15–21 무교절(하그함아쪼트) * 출 12:3–20, 레 23:6, 신 16:1–8
2월 : 이야르	4월 중 – 5월 중	
3월 : 시완	5월 중 – 6월 중	* 6일 오순절(칠칠절, 초실절, 수수절 . 하그솨부오트) 출 23:16, 34:22, 민 28:26, 레 23:16
4월 : 담무스	6월 중 – 7월 중	# 17일 담무즈의 17일절
5월 : 압	7월 중 – 8월 중	# 9일 티쉬아 베–압의 절기 # 15일 아브의 15일절(미쉬나의)
6월 : 엘룰	8월 중 – 9월 중	

7월 : 티쉬리	9월 중-10월 중	* 1일 나팔절(로쉬 하쇠나) 민 29:1, 레 23:24 # 3일 그달리아의 금식일 * 10일 속죄일(음키푸르) 출 30:10, 레 23:26-31 * 15-21일 초막절, 장막절 레 23:34, 신 18:13 # 21일 호솨나 랍바 # 22일 쉐미니 아제렛 # 23일 심핫 토라
8월 : 마르헤스완	10월 중-11월 중	
9월 : 기슬르	11월 중-12월 중	#25-30일 빛의 축제(하누카)
10월 : 데벳	12월 중-1월 중	#1-2일 빛의 축제 # 10일 데벳의 제10금식일
11월 : 스밧	1월 중-2월 중	
12월 : 아달	2월 중-3월 중	* 13일 에스더의 금식일 * 14일 부림절(에 9장) # 15일 수산 부리절

* 성경에서 언급된 절기
\# 성경 외의 절기

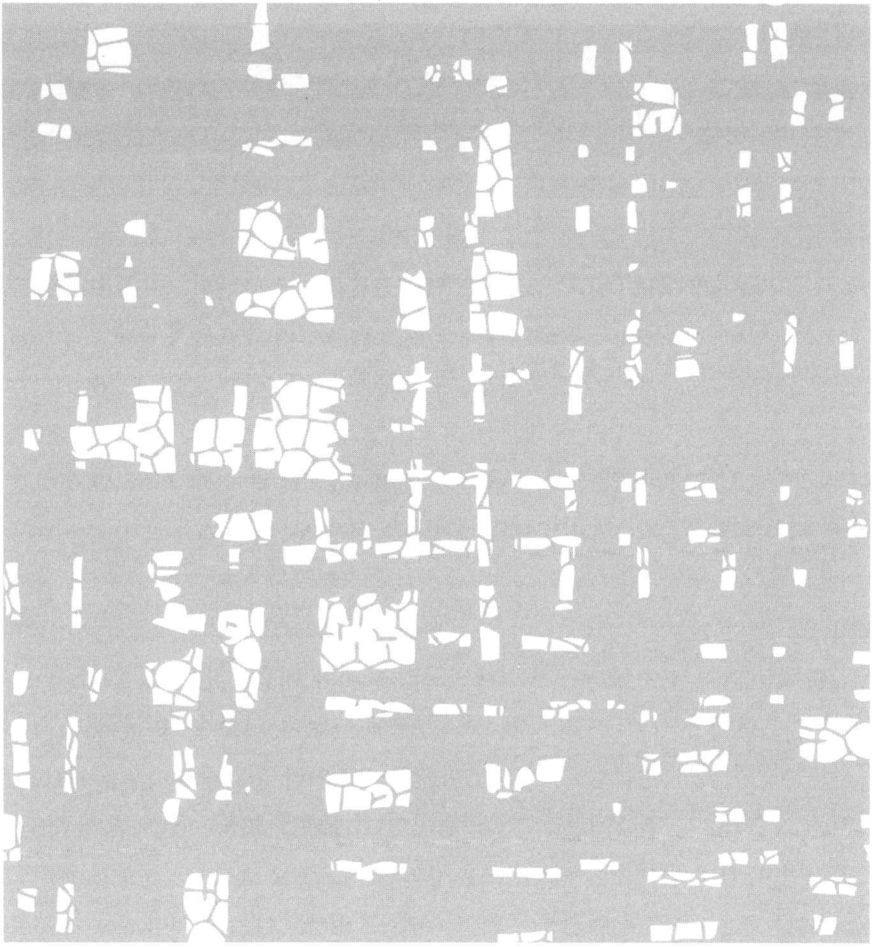

Ⅱ 단문 중심 해설

1. "주께서 내 주께 이르시되" (마 22:44, 행 2:34–35, 시 110:1)

[마 22:44–45] "주께서 내 주께 이르시되(The Lord said to my Lord) 내가 네 원수를 네 발 아래에 둘 때까지 내 우편에 앉아 있으라 하셨도다 다윗이 그리스도를 주라 칭하였은즉 어찌 그의 자손이 되겠느냐 하시니"

[시 110:1] "여호와께서 내 주에게 말씀하시기를(The Lord says to my Lord) 내가 네 원수들로 네 발판이 되게 하기까지 너는 내 오른쪽에 앉아 있으라 하셨도다"

마태복음의 상기 말씀은 바리새인들과의 대화 내용 가운데 나온 것이다. 예수님께서 바리새인들에게 그리스도에 대하여 어떻게 생각하며 누구의 자손인지를 대답하도록 하니, 다윗의 자손이라 대답하였다(마 22:43). 이에 예수님은 시편 110편 1절을 인용하여 마태복음 22장 44절처럼 말씀하시며 45절처럼 다윗이 그리스도(한참 후손이 될 사람한테, 신적 기원의 메시아를 다윗은 말한 것이다)를 어떻게 주라고 부를 수 있겠느냐는 것이다.

구약성경에는 신적 기원을 가진 메시아(Messiah, 히: 마쉬아흐)와 인적 기원을 가진 메시아관이 나타나고 있는데, 예수님 당시의 유대교도들은 한결같이 인적 기원을 가진 다윗의 후손 메시아만 고집하였다. 그리스도란 '기름부음을 받은 자'라는 뜻으로 왕, 제사장, 선지자 모두에게 해당한다.

그래서 바리새인들의 관념에 의하면 '예수'가 곧 그리스도만일 수는 없다. 이것을 아시는 주님은 구약의 메시아는 신적 기원과 인적 기원이 병행되어 있기 때문에 바리새인들에게 메시아가 "누구의 자손이냐"는 인적 기원을 물으셨다.

이때 바리새인들은 바로 '다윗의 자손'이라고만 대답했다. 유대교인들의 메시아관은 반쪽만 알고 있는 메시아관으로, 절반만 알고 있는 메시아관의 문제점을 다시금 질문하셨다. "그렇다면 BC 1,000년 전에 다윗의 시편 110편 1절에서 성령에 감동된 상태에서 자기 후손이 될 메시야를 어떻게 주라고 불렀는가? 너희들 말대로 그리스도가 다윗의 자손이라는 말이 맞다면 자기의 한참 손자뻘인 그리스도한테 어찌 '주님'이라고 할 수 있겠느냐"는 것이다.

예수님은 여기서 그리스도는 인적기원으로서 다윗의 후손이 될 수 있지만 사실 그리스도는 신적기원이 앞섰다는 것(아브라함이 나기 전부터 계셨다 – 요 8:58, "진실로 진실로 너희에게 이르노니 아브라함이 나기 전부터 내가 있느니라")을 말씀하고 계신다. 이 차원 높은 예수님의 질문에 대해 그 누구도 더 이상 물을 수 없게 되었다.[42] 즉 여기서 앞의 주는 여호와 하나님을, 뒤의 주는 예수 그리스도 자신을 가리킨다.

당시의 유대인들은 로마의 압제로부터 그들을 해방시켜 줄 정치적 메시아만을 기대하고 있었고, 영적인 메시야를 생각하지 못한 것이다. 그래서 예수님은 구약성경의 메시아관(이사야는 스스로 대속적인 죽음과 고통을 통해 하나님의 백성들을 구원으로 이끌게 될 '여호와의 종'을 오실 메시야를 표현, 사 53:10–11)이 아닌, 예수님 당시의 유대인들이 믿고 있던 잘못된 메시아관 때문에 핍박받고 죽임을 당하셨다.

예수님은 갈릴리 지역에서 사역하면서 많은 사람들이 그를 메시아로 인정하게 되었다. 또한 예수님 자신의 선포 내용이 자신이 바로 구약

42) 정수영, 『마태복음서 강해 2』(서울, 쿰란출판사, 2015), pp.265–266.

의 선지자들이 예언한 메시아라는 것으로, 자신이 약속된 메시아라는 것을 명확하게 선포하셨다(요 4:26, "예수께서 이르시되 네게 말하는 내가 그로라 하시니라", 사마리아 여인과의 대화에서). 그리고 십자가의 죽음을 통해 약속된 구원을 성취하셨다.

시편 110편 1절은 풀어 해석하면 '여호와 하나님께서 나의 주님(다윗은 하나님 이외에도 주라고 부를 존재를 인정하고 있었다는 것)에게 이르기를 내가 너의 원수들을 물리쳐 줄 것이니 너는 나의 우편에 앉아 있으라(부활 승천하셔서 하나님 우편에 계신 예수 그리스도 상징)는 것이다.

시편 110편은 예수 그리스도가 만왕의 왕이시자 영원한 대제사장이신 메시아이시며 장차 강림하사 죄악 세력을 멸하고 메시아 왕국을 세우실 것을 예언한 다윗의 메시아 예언서이다.

☞ 주, 여호와의 뜻

여호와(Yahweh : 야훼, 야웨)는 언약의 하나님을 나타내는 칭호. 하나님께서 불이 붙은 떨기나무 앞에서 모세와 대면하였을 때 그 자신을 계시하며 주신 이름(출 3:14, 나는 스스로 있는 자: 추상적인 존재가 아니라 능동적인 존재, 홍정길 목사는 하나님의 이름을 스스로 자(自), 말미암을 유(由)에서 '자유'라 하였다. 홍정길 저, 『하나님의 이름은 자유입니다』, pp.16-17.). 공식석상에서 하나님의 이름을 부르는 것을 기피하고 자음만을 표기(YHWH)하거나 야웨 대신에 아도나이(adonay:다스리고 판단한다)로 불렀고, 16세기에 Jehova라는 형태가 나타났다. 신약에서 사도들은 부활하여 하나님의 우편에 계신 예수님을 가리키기 위하여 '주'라는 칭호를 사용(빌 2:11).

70인역은 야웨를 큐리오스(Kurios:주)로 역했다. 데오스(theos:qeov)는 헬라어 명사로 히브리어 엘로힘(elohim:하나님, God:강하고 지고하신 신)의 역어로 쓰여졌다. 정관사를 붙인 호데오스(the theos: oj qeov)는 한 분이신 이스라엘의 하나님을 나타낸다.

한글 · 영어 · 일어 성경에서 '하나님 · God · 神(かみ), 여호와 · Lord · 主(しゅ)'로 번역되어 있다.

〈표-13〉 여호와의 여러 명칭

순서	주의 이름	성서	의미
1	여호와 이레(Jehova Jireh) {主는 준비하여 주신다}	창 22:14	하나님이 나의 준비자/제공자시다. 내가 요구하기 전에 내가 필요한 것을 아신다.
2	여호와 로페(Jehova-Rophe) {치료의 主}	출 15:26	하나님이 나의 치료자이시다. 신체의 병, 감정과 인간관계를 치유하실 수 있다.
3	여호와 닛시(Jehova-Nissi) {主는 나의 깃발}	출 17:15	하나님이 나의 깃발이시다. 하나님께서는 싸움과 전쟁에서 나의 승리이시다.
4	여호와 무카디쉬 (Jehova-M'Kaddish) {거룩하게 하시는 主}	레 20:8	하나님이 나의 거룩함이시다. 하나님께서 나를 거룩하게 하시고 예수님같이 깨끗하게 하여 주신다.
5	여호와 샬롬 (Jehova-Shalom). {平和의 主}	삿 6:24	하나님은 나의 평화이시다. 나로 하여금 환경을 이기게 하시고 평화를 주신다.
6	여호와 로이(Jehova-Rohi) {主는 목자}	시 23:1	하나님이 나의 목자이시다. 나를 인도하시고, 먹이시고, 보호하신다.
7	여호와 지데크누 (Jehova-Tsidkenu) {主는 나의 의}	렘 23:6	하나님은 나의 의다. 하나님께서는 예수님 때문에 나를 받아 주시고 용서하여 주신다.
8	여호와 삼마 (Jehova-Shammah) {主가 그곳에 계시다}	겔 48:35	하나님이 나와 함께 하신다. 임마누엘(마 1:23), 하나님이 영원히 임재해 계시는 곳, 그곳이 바로 천국이다(계 21:1-4)

2. "오직 의인은 믿음으로 말미암아 살리라" (롬 1:17)

[롬 1:17] "복음에는 하나님의 의가 나타나서 믿음으로 믿음에 이르게 하나니 기록된바 오직 의인은 믿음으로 말미암아 살리라 함과 같으니라"

[창 15:6] "아브람이 여호와를 믿으니 여호와께서 이를 그의 의로 여기시고"

[합 2:04] "보라 그의 마음은 교만하며 그의 속에서 정직하지 못하니라 그러나 의인은 그 믿음으로 말미암아 살리라"

사도 바울이 로마서에서 "의인은 믿음으로 말미암아 살리라"라는 문장은 하박국서의 2장 4절에 있는 "의인은 그 믿음으로 말미암아 살리라"에서 인용하여 온 문장이며, 이미 창세기의 하나님과 아브라함 사이의 환상 가운데 대화에서 하나님이 자식이 없는 아브라함에게 "네 자손이 뭇별들처럼 많을 것이다"라고 하자 이를 믿었더니, 이에 하나님께서 이런 아브라함의 믿음을 그의 의로 여기신 것이다(창 15:6). 이는 아브라함이 선행을 많이 하여 의인이 된 것이 아니고 다만 하나님만을 믿었기 때문에 의인이 된 것이다.

모세에게 준 율법은 하나님의 백성이 어떻게 살아야 되는가를 명확하게 한 것으로, 후에 율법과는 관계없이 하나님의 의가 나타났으니 이는 우리의 죄를 사하기 위하여 피 흘려 죽으신 예수 그리스도를 속죄(화목)제물로 세우셨고 이때에 자기의 의로우심을 나타내사 자기도 의로우시며 또한 예수를 믿는 자를 의롭다 하려 하심이라(롬 3:26)라는 것이다. 따라서 사람이 의롭다 함을 얻는 것은 율법의 행위가 아니고 믿음으로 된다는 것이다.

오직 하나님의 아들이신 예수 그리스도를 믿어야만 구원을 받을 수 있다고 설명(롬 10:9–10, 이신칭의 : 마음으로 믿어 의에 이르고 입으로 시인하여 구원을 얻는다)하고 있다.

율법을 지키는 자가 하나님으로부터 의롭다 하심을 얻게 된다는 구약의 논리를 뒤로 하고 신약의 성령 시대에 사도 바울은 율법은 그 속성상 누구도 온전히 지킬 수 없는 것이며 인간은 모두가 죄인이 될 수밖에 없는 것이고(롬 3:23), 죄 아래 있는 인간을 구원하시기 위하여 하나님께서 새로운 의를 나타내 보이셨으니 그것이 복음이라고 하였다. 복음에는 하나님의 의가 나타나 있으며 그 의는 믿음으로 얻게 된다(롬 3:26). 따라서 유대인이나 헬라인이나 모든 사람들이 복음을 믿음으로 구원을 얻게 되고 이는 하나님의 능력으로 가능케 되는 것이다.

'믿음에서 믿음으로'의 뜻은 케제만(Kaesemann)에 의하면 '오직 믿음으로만(sola fide)'의 뜻으로서 믿음의 연속성과 새로운 차원의 믿음을 나타낸다고 한다. 염기석 교수는 앞의 믿음은 능동적 믿음, 뒤의 믿음은 수동적 믿음을 나타낸다고 한다.[43] 쉬운 예로 바디메오가 지나가는 예수에게 "다윗의 자손 예수여 나를 불쌍히 여기소서(막 10:47)"라고 소리를 지르는 것을 능동적 믿음이라고 하며, 주께서 "가라 네 믿음이 너를 구원하였느니라(막 10:52)"를 수동적 믿음으로 보고 있다. 개인의 능동적 믿음이 주님에 의한 수동적 믿음에 이르게 함으로써 우리를 새로운 차원의 구원에 이르게 한다는 것이다. 새로운 차원은 거듭남(born again)이나 새로운 피조물(고후 5:17) 등을 의미한다.

"의인은 믿음으로 살리라"라는 구절은 하박국서 2장 4절을 인용한 것인데, 이는 "믿음으로 의롭게 된 사람은 살리라"라는 뜻과 "의인은 믿음으로 말미암아 살리라"라는 두 가지로 해석할 수가 있다. 전자는

---

43) 염기석, 『가슴으로 읽는 로마서 1』, pp.38–42.

믿음에, 후자는 의인의 삶에 강조를 두고 있는 것으로 의인으로 살아간다는 것은 우리가 예수 그리스도 안에서 새로운 피조물로 살아가며 예수 그리스도의 장성한 분량에 이르는 삶을 사는 것이 아닐까 생각한다. 또한 죄와 정욕의 육신적인 물성의 세계에서 참자아와 성령 충만한 영성의 세계로 들어가는 것을 의미한다고 본다.

☞ 로마서의 구성

흔히 로마서는 '성경 중의 성경' 또는 '신약의 진주'라 불리어지고 있으며, 로마서를 이해하지 않고는 기독교를 이해하였다고 말할 수 없다.

일본의 신학자 우치무라 간조(內村鑑三, 1861-1930)는 그의 저서『소감(所感)』에서 "구약은 신약으로 해석하라. 신약은 로마서로 해석하라. 로마서는 3장 21절에서 31절까지로 해석하라. 하나님의 계시로 로마서 3장21절에서 31절까지 알아낸 사람은 성경 전체를 알 수 있는 귀한 열쇠를 하나님께 받은 사람이라고 나는 믿는다."라고 기술하고 있다.[44)]

본서의 핵심 단어는 죄와 구원과 믿음이다. 사도 바울은 죄 때문에 하나님과의 관계가 파괴되었고 오직 하나님의 아들이신 예수 그리스도를 믿어야만 구원을 받을 수 있다고 설명(롬 10:9-10, 이신칭의)하고 있다.

로마서의 구성을 보면 다음과 같다.

- (1:1-17) : 바울의 자기소개와 그의 복음 이해
- (1:18-3:20) : 모든 사람이 하나님 앞에 죄인이다
- (3:21-4:25) : 어떻게 하여 하나님은 죄인을 받아들였는가
- (5:1-8:39) : 믿은 자의 새로운 생활에 대하여
- (9:1-11:36) : 하나님의 계획 속에 있는 이스라엘과 이방인
- (12:1-15:13) : 믿음으로 의롭게 된 자들에게 요구되는 순종
- (15:14-16:27) : 바울의 여행 계획과 개인적인 인사

44) Kanzo Uchimura,『소감(所感)』, 김유곤 옮김(서울, 크리스챤서적, 2011), p.69.

3. "하나님의 아들들이 사람의 딸들을 취하여 자식을 낳았으니"(창 6:4)

> [창 6:4] "당시에 땅에 네피림이 있었고 그 후에도 하나님의 아들들이 사람의 딸들을 취하여 자식을 낳았으니 그들이 용사라 고대의 유명한 사람이었더라"

하나님의 아들들(sons of God)은 문자적으로는 하나님께서 창조하신 모든 인간들을 일컫는다. 창세기에 언급된 하나님의 아들들은 일반적으로 셋 계통의 자손들로 본다(창 6:1–4). 그리고 욥기에서는 천사적 존재들을 가리켜 사용했다(욥 1:6, 2:1, "하루는 하나님의 아들들이 와서 여호와 앞에 섰고 사단도 그들 가운데 왔는지라"). 하나님과 계약관계에 있는 자로 '하나님의 자녀'로 표현(신 14:1)하고 있다. 또 성령 시대 바울은 "하나님의 영으로 인도함을 받는 자들이 하나님의 아들들"(롬 8:14)이라고 함으로써, 중생하지 못한 자들과 구별하여 중생한 자들을 하나님의 아들들이라고 불렀다(골 3:4 ; 요일 3:2).

창세기 4장에서 하나님께서 양 치는 자인 아벨의 제물은 열납하시고 농사하는 자인 가인의 제물은 열납하지 않음으로 이를 분히 여긴 가인이 자기 동생 아벨을 죽인 얘기가 나오며, 죽임 당한 아벨 대신 셋을 주시면서 그때에 사람들이 여호와의 이름을 부르기 시작하였다고 하였다. "셋도 아들을 낳고 그 이름을 에노스라 하였으며 그 때에 사람들이 비로소 여호와의 이름을 불렀더라(창 4:26)"에서 자기의 동생 아벨을 죽인 가인과는 다른 여호와의 이름을 부른 자들로 대귀적인 성격이 강하다.

따라서 여기서는 '하나님을 경외하고 믿는 셋의 후손들'과 '경건치 못한, 하나님을 믿지 않는 가인의 후손들'이 결혼하여 얻은 자손들을 가리킨다고 본다. 즉 하나님의 선택받은 백성들이 선택받지 못한 이들과 결혼함으로 범죄한 열매를 맺는 것을 말한 것으로 볼 수 있다. 창세기 3장 15절에서 보면 하나님의 아들들은 여자의 후손이요, 사람의 딸들은 뱀의 후손이라 할 수 있다.

6장 3절에서 "그들이 육체가 되었다" 함이란 부패한 인간, 죄악된 인간이 되었음을 의미한다.

☞ 네피림(Nephilim)

정확하지는 않지만 일반적으로 '거인', '용사'란 뜻이다. 노아 홍수 이전에 살았던 거대한 종족(창 6:4). 가나안 원주민으로(민 13:32-33) 아낙 자손이 대표적이라 할 수 있다(신 1:28, 2:10 ; 수 11:21). 성경에서는 '장대한 자'(신 1:28), '용사'(창 6:4 ; 욥 16:14), '르바임'(신 2:11)으로 불리기도 한다. 대표적 인물로는 출애굽 당시 바산 왕 옥[신 3:11, 르바임 족속의 남은 자는 바산 왕 옥뿐이었으며 그의 침상은 철 침상이라 — 그것을 사람의 규빗으로 재면 그 장이 아홉 규빗이요 광이 네 규빗이라, 옥의 키가 아홉 규빗(약 4미터: 45cm×9=405cm)인 거인으로 추정], 사울 당시 블레셋 장수 골리앗(삼상 17:4), 다윗을 대적하다 아비새에게 죽임당한 블레셋 장수 이스비브놉(삼하 21:15-22) 등이 있다.

4. "여호와께서 나귀 입을 여시니" (민 22:28)

[벧후 2:15] 저희가 바른 길을 떠나 미혹하여 브올의 아들 발람의 길을 좇는도다 그는 불의의 삯을 사랑하다가 자기의 불법을 인하여 책망을 받되 말 못하는 나귀가 사람의 소리로 말하여 이 선지자의 미친 것을 금지하였느니라

성경에서 유일하게 짐승이 말하는 장면이 바로 이곳이다. 이스라엘 백성은 출애굽한 후에 광야를 헤매다 약속의 가나안 땅의 입성을 앞두고 여리고 맞은 편 모압평지에 진을 치고 있었다(민 22:1). 이스라엘이 모압 땅을 쳐들어가지 않았는데도 모압 사람들은 두려움을 느꼈고, 모압 왕 십볼의 아들 발락은 유명한 선지자 발람을 불러서 모압에게는 축복을 이스라엘에게는 저주의 말을 해 주도록(22:6), 모압 장로들과 미디안 장로들에게 복채를 가지고 가도록 한다..

그러나 하나님께서는 발람에게 임하사 그들과 함께 가지도 말고 그 백성을 저주하지도 말라고 그들은 복을 받은 자들이니라(22:12)라고 명하셨다. 이에 발람은 발락의 사자를 돌려보냈지만 발락은 발람을 설득할 수 있으리라 생각하고 더 높은 고관을 보내어 발람을 회유하였고, 하나님은 그들과 함께 가라 하시며 또한 내가 네게 이르는 말만 준행하라고 명하신다(22:20). 아마도 발람은 자신이 얻게 될 부귀와 명예에 마음이 빼앗겼을 수도 있다.

이튿날 발람이 나귀를 타고 모압 고관들과 함께 떠나감으로 말미암아 하나님이 진노하시고(22:22, 앞의 승낙은 반어법적인 승낙으로 가려면 가 보라는 뜻으로 보인다) 칼을 든 여호와의 사자를 보내어 말 앞에 세우니, 말

이 이를 보고 놀라 길에서 벗어나 밭으로 들어갔다. 이에 발람이 채찍질하니 나귀가 포도원의 좁은 길로 들어섰고 좌우에 담이 있는 곳으로 들어가게 되었다. 여기서도 나귀가 여호와의 사자를 보고 몸을 담벼락에 대니 발람의 발이 짓눌려져 이에 또 채찍질하였다(22:25). 여호와의 사자가 더 나아가서 좌우로 피할 데 없는 곳에 서게 하니, 이에 나귀는 발람 밑에 엎드렸고 발람이 노하여 자기 지팡이로 나귀를 때리게 되었다(2:27).

이에 여호와께서는 나귀의 입을 열게 하시어 "내가 당신의 일생 동안 탄 나귀가 아니냐, 내가 언제 당신에게 이같이 하는 버릇이 있었냐"고 물었다. 발람이 없었다고 대답하자, 이때에 여호와께서 발람의 눈을 밝히시며 여호와의 사자가 칼을 든 것을 보이게 하시니, 발람이 엎드려 "내가 범죄하였나이다, 당신이 나를 막고 있는 것을 알지 못하였다"고 하고 돌아가겠다고 하니, 여호와의 사자가 고관들과 함께 가서 이르는 말만 전하라고 명하였다.

이에 발람은 발락의 기대와는 반대로 이스라엘을 3번 축복한다. "야곱이여 네 장막이, 이스라엘이여 네 거처가 어찌 그리 아름다운고"(24:5), "누구이랴 너를 축복하는 자마다 복을 받을 것이요 너를 저주하는 자마다 저주를 받을찌로다"(24:9). 한 별이 야곱에게서 나오며 한 홀이 이스라엘에게서 일어나서(메시아 예언) 모압을 이 편에서 저 편까지 쳐서 파하고 또 소동하는 자식들을 다 멸하리로다"라고 예언하셨다(24:17).

우리는 이 사건을 통하여 깨달아야 하는 것이 있다. 우리가 탐심을 갖게 되면 영적으로 소경이 된다. 나귀에게 보이는 것조차 보지 못하게 된다. 우리 믿는 자들은 길이 아닌 곳을 가면 안 된다. 베드로 사도가 한 말을 명심하여 발람의 길을 따르지 않게 하고 나귀가 사람의 소리로 말하지 않게 하여야 한다(벧후 2:15-16).

| 두 갈래 길 신학 |

(1) 두 갈래 신학의 의미

(축복과 저주의 두 갈래 길. Two Ways of a Blessing and a Curse.)

人生은 하나님의 말씀에 순종(順從)하여 복(福)을 받는 '생명(生命)의 길'과 거역(拒逆)하여 저주(詛呪) 받는 '사망(死亡)의 길' 두 가지가 있다.

(2) 두 갈래 신학의 전제

1) 인생(人生)의 길은 하나님과의 관계(關係)라는 잣대로만 잴 수 있다.

2) 이 두 갈래의 길은 한 번의 선택으로 끝나는 것이 아니라 삶 가운데 계속 선택하게 된다.

(3) 두 갈래 신학의 전개

1) 기(起) : 신 11:26-28, 신명기 사관

26 내가 오늘날 복과 저주를 너희 앞에 두나니 27 너희가 만일 내가 오늘날 너희에게 명하는 너희 하나님 여호와의 명령을 들으면 복이 될 것이요 28 너희가 만일 내가 오늘날 너희에게 명하는 도에서 돌이켜 떠나 너희 하나님 여호와의 명령을 듣지 아니하고 본래 알지 못하던 다른 신들을 좇으면 저주를 받으리라

2) 승(承)

① 에발산[詛呪]과 그리심산[祝福] 의식(신 11:29, 27:12-14, 수 8:33)

② 신명기 28장

생명(生命)의 길 : 1-14절

사망(死亡)의 길 : 15-68절

③ 여호수아의 결단의 외침(수 24:15) : ……오직 나와 내 집은 여호와를 섬기겠노라

④ 시편 1편 : 복 있는 사람 1-3절, 악인 4-6절

⑤ 갈멜산에서의 엘리야의 외침 : 열왕기상 18장 21절

⑥ 열왕기하 23장 25-26절(요시야/율법 준행, 므낫세/여호와를 격노케 함)

3) 전(轉)

왜 사람들은 이 좋은 길(축복의 길)을 택하지 않는가. 예수님께서 그 이유를 마태복음 7장 13-14절에서 설명하여 주고 있다.

"좁은 문으로 들어가라 멸망으로 인도하는 문은 크고 그 길이 넓어 그리로 들어가는 자가 많고 생명으로 인도하는 문은 좁고 길이 협착하여 찾는 이가 적음이니라"(마 7:13-14).

4) 결(結)

이 두 갈래 길의 인생은 심판 때의 두 갈래와 연결된다.

① 양과 염소의 비유

"모든 민족을 그 앞에 모으고 각각 분별하기를 목자가 양과 염소를 분별하는것 같이 하여 양은 그 오른편에(복받을 자, 영생), 염소는 왼편에(저주를 받은 자, 영벌) 두리라"

심판의 표준은 "형제 중에 지극히 작은 자 하나에게 한 것이 곧 내게 한 것이니라"(마 25:40)

② 계시록 13장(세상의 길/멸망의 길) : 짐승의 우상에게 경배한 자(13:15)

계시록 14장(하나님의 길/생명의 길) : 그 이마에 어린양의 이름과 아버지의 이름을 쓴 것

③ 마지막 심판(흰/白보좌 심판) 때에도 두 갈래로 나뉘어진다.(계 20:11-15)

"누구든지 생명책에 기록되지 못한 자는 불못에 던지우더라"[45)]

45) 유진소, 『성경 탐구 40일』(서울, 도서출판 두란노, 1996), pp.139.

5. 다윗이 밧세바를 범하고, 우리아를 살인했는데(삼하 11장), 하나님의 마음에 합한 자(행 13:22)가 될 수 있을까?

[삼하 11:15] 그 편지에 써서 이르기를 너희가 우리아를 맹렬한 싸움에 앞세워 두고 너희는 뒤로 물러가서 저로 맞아 죽게하라

[왕상 11:4] 솔로몬의 나이 늙을 때에 (…) 그 부친 다윗의 마음과 같지 아니하여 그 하나님 여호와 앞에 온전치 못하였으니

[행 13:22] 다윗을 왕으로 세우시고 증언하여 가라사대 내가 이새의 아들 다윗을 만나니 내 마음에 합한 사람이라 내 뜻을 다 이루게 하리라

이스라엘의 성군 다윗도 그가 왕위에 오르기 전에 많은 죄를 범하였다. 제사장 아히멜렉을 속임으로 사울 왕에 의해 다윗을 도왔다는 이유로 제사장 85명이 학살을 당하게 하였고(삼상 21–22장), 또한 가드의 아기스 왕을 속이고 그술 사람 아멜렉 사람을 침노하여 살려 주지 아니하고는 오히려 유다 네겝과 여라무엘 사람과 겐 사람의 네겝을 쳤다고 거짓말을 하였다(삼상 27:8–12).

그리고 잘 알려진 바와 같이 다윗은 전장터에 나가서 싸움하는 부하 장수 우리아의 아내를 범하고 이를 숨기기 위해 우리아를 최전방에 나아가 싸우게 하고 다른 병사들을 뒤로 물려 죽게 하는 파렴치한 범죄를 저지른 살인자이기도 하다(삼하 11).

위와 같은 다윗의 악행을 고려하면 다윗은 하나님의 사랑을 받을 수 없는 것이 당연한 것이고, 그의 행실을 보면 하나님을 기쁘게 할 수 없

었음에도 불구하고 다윗을 온전한 사람이라고 하신 것(왕상 11:4, 15:3)은 그의 하나님에 대한 믿음 때문이었다. 여호와를 깊이 의뢰하고 그와 교제하는 것을 기뻐하며 그의 구원의 능력을 온전히 신뢰하였기 때문이다. 엔게디 동굴에서 그를 시기하여 죽이려 하는 사울 왕을 죽일 수 있었지만(삼상 24:1–7) 여호와의 기름 부은 자를 죽일 수 없다하여 죽이지 않았다.

그가 쓴 많은 시편을 통해 그의 생애를 온전히 여호와 하나님을 의지하며 산 삶으로 해석하기에 충분하다. 내 하나님이여 내가 낮에도 부르짖고 밤에도 잠잠치 아니하오나(시 22:2), 내가 날 때부터 주께 맡긴 바 되었고 모태에서 나올 때부터 주는 나의 하나님이 되셨나이다(22:10). 또한 여호와는 나의 목자시니 내게 부족함이 없다고 고백하고 있다(23:1).

시편 32편은 밧세바 사건 이후 나단 선지자의 책망을 받고(칼이 네 집에서 영원토록 떠나지 않을 것이다) 여호와의 이름으로 저주를 받은 그가 고뇌와 회개를 하는 모습을 보여 준다(삼하 12:7–10). 자기를 책망하는 선지자 앞에 무릎을 꿇는 심정으로 낮아져서 하나님께 자비와 긍휼을 구하고 용서와 회복의 은혜를 받아 하나님과의 끊겼던 관계를 다시 복원할 수 있었던 것이다. 시편 32편이 이때의 회개 내용이다.

"주의 손이 주야로 나를 누르시오니 내 진액이 화하여 여름 가물에 마름같이 되었나이다 내가 이르기를 내 허물을 여호와께 자복하리라 하고 주께 내 죄를 아뢰고 내 죄악을 숨기지 아니하였더니 곧 주께서 내 죄의 악을 사하셨나이다 주는 나의 은신처이오니 환난에서 나를 보호하시고 구원의 노래로 나를 에우시리이다"(시 32:4–7).

또 사무엘은 사울에게 "왕의 나라가 길지 못할 것이라 여호와께서 그 마음에 맞는 사람을 구하여 그 백성의 지도자를 삼으셨다"(삼상 13:14)라고 하였다. 인간은 연약하여 누구나 죄에 빠질 수 있다. 그러나 죄를 자복하고 용서를 구할 때 하나님은 기꺼이 우리의 죄를 사하여 주신다. "너희 죄가 주홍 같을찌라도 눈과 같이 희어질 것이요 진홍 같이 붉을찌라도 양털 같이 희게 되리라"(사 1:18).

바록 다윗의 생애는 때때로 죄에 넘어지고 실패한 적도 있었다. 하지만 그는 하나님의 뜻이 무엇인지를 찾았고, 하나님께 영광 돌리는 삶을 살았으며, 하나님과 교통하며 살았기에 모든 믿는 자의 모델이 되었으며, 사도 바울도 다윗을 하나님의 마음에 맞는 자라고 하였다(행 13:22).

6. "사단도 그들 가운데 와서 여호와 앞에 서니"(욥 2:1)
(사탄은 하늘과 땅을 자유 왕래하는가?)

[욥 2:1-2] 또 하루는 하나님의 아들들이 와서 여호와 앞에 서고 사단도 그들 가운데 와서 여호와 앞에 서니 여호와께서 사단에게 이르시되 네가 어디서 왔느냐 사단이 여호와께 대답하여 가로되 땅에 두루 돌아 여기 저기 다녀왔나이다

위의 성경을 보면 사단(Satan)이 땅에서 하늘로 자유롭게 왕래하고 있는 것으로 묘사하고 있다. 이에 사탄에 대하여 좀 더 자세히 알아보도록 한다.

사단의 사전적 의미는 적대자라는 뜻으로, 하나님과 대립하여 존재하는 악(惡)을 인격화하여 이르는 말로 표현하고 있다. 큰 용, 옛 뱀, 마귀, 사단, 꾀는 자 등으로(계 12:9), 에베소서 2장 2절에서는 사단을 '공중의 권세를 잡은 자'로 표현하고 있다. 사단의 활동영역은 지옥의 어두운 구덩이로 한정된 것이었지만(벧후 2:4), 천사장 미가엘이 모세의 시체에 관하여 마귀와 다투기도 하고(유 1:9) 하나님과 대화하기도 하는 등 넓은 영역을 보여 주고 있다.

스가랴의 환상 중에 여호수아(대제사장 여호사닥의 아들로 에스라의 조카이며 포로 귀환 시의 첫 대제사장, 대상 6:15, 스 7:1)는 여호와의 천사 앞에 섰고 사단은 그의 오른쪽에 서서 그를 대적하는 것을 보여 주었고(슥 3:1), 여호와께서 사단에게 이르시되 "사단아 여호와께서 너를 책망하노라 이는 불에서 꺼낸 그슬린 나무가 아니냐"(슥 3:2)고 하시며 하나님의 택한 백성인 여호수아가 사탄으로부터 고발을 당하나 여호와께서 오히려 사탄을 책망하며 여호수아의 죄악을 제하여 주시고 아름다운 옷을 입혀

주시고 머리에 정결한 관을 씌워 주어 제사장직을 회복시켜 주신다(3:3-8). 이는 하늘나라 법정에서 각각 고발자(사탄)와 피고인(여호수아)으로 나오는 이미지를 연상케 한다. 이는 중근동에서 중요한 결정은 신의 법정에서 이루어진다고 함과 같다.[46)]

이는 예수 그리스도 이전에 사탄이 하나님의 보좌에 나아가 인간의 죄를 고발한 것으로, 요한계시록 12장 10절에서는 우리 형제들을 참소하던 자로 나오며, 그리스도의 권세로 쫓겨났다. 이처럼 그리스도가 사탄을 쫓아내기까지 사탄은 하늘의 천사와 함께 하나님 앞에 경우에 따라 한정된 접근을 할 수 있었음을 알 수 있다(욥 1:6, 2:1). 하늘 법정에서 사탄이 들어갈 수 있는 곳은 어디까지인가에 대하여 생각해 보자. 고린도후서 12장 2절에 바울은 하늘을 3층천의 하늘로 말하고 있다. 아마도 욥기 2장의 장면은 가장 높고 가장 거룩한 곳은 아닐 것으로 이는 하나님의 도성에는 속되고 가증한 것 그리고 거짓말 하는 자는 결코 들어가지 못하기 때문이다(계 21:27). 그러나 좀 낮은 단계에 있는 하나님의 법정에는 사탄은 초청받지 않은 손님으로 거기에 참석했던 것이다.[47)]

그러면 현재도 사탄이 하나님의 보좌 앞에서 활동하고 있는지에 대하여는 확인할 수가 없지만 분명한 것은 광야에서 하나님의 아들 예수님께 도전하여 시험을 하였으나 실패했다는 것이다. 그리스도에 의해 그의 운명은 마침내 무저갱의 열쇠와 큰 사슬을 갖고 하늘로부터 내려온 천사에 의해 천 년 동안 결박당하고 무저갱에 던지움을 받아 인봉된 후 만국을 미혹하지 못하도록 가두어질 것이다(계 20:2-3). 천 년이 차매 사탄은 옥(獄)에서 놓여 나와서 땅의 사방 백성 곧 곡과 마곡을 미혹하고 싸움을 붙이며 지면에 널리 퍼져 성도들의 집과 사랑하는 성을

46) John H. Walton 외 3인, 『The IVP 성경 배경 주석』, [The IVP Background Commentary], 신현기 펴냄(서울 : 한국기독학생회출판부, 2012), p.1162.

47) 이종윤, 『성경난해구절 해설』(서울, 필그림출판사, 2004), p.261.

두르매 하늘에서 불이 내려와 그들을 태워 버리고 마귀는 불과 유황 못에 던져져서 거짓 선지자들과 함께 세세토록 밤낮 괴로움을 받게 될 것이다(계 20:7–10).

☞ 천사의 종류

6세기 초 익명의 저자 위僞(가명)의 디오니시오스가 서술한 천사의 계급[편집]

- 제9계급 천사 안젤루스, 앙겔루스(Angelus, αγγέλους, 天使) (창 19:1, 계 5:2)
- 제8계급 대천사 아르크안젤루스, 아르항겔루스(Archangelus, Αρχάγγελους, 大天使) (살전 4:16)
- 제7계급 권천사 프린치파투스, 아르헤스(Principatus, Αρχές, 權天使) (골 1:16)
- 제6계급 능천사 포스타테스, 엑수시에스(Potestates, Εξουσίες, 能天使) (골 1:16)
- 제5계급 역천사 비르투스, 디나미스(Virtus, Δυνάμεις, 力天使) (엡 1:21)
- 제4계급 주천사 도미니온스 키리오티테스(Dominions, Κυριότητες, 主天使) (골 1:16)
- 제3계급 좌천사 오파님, 쓰로누스(Ophanim, Θρόνους, 座天使) (골 1:16)
- 제2계급 지천사 케루빔, 헤루빔(Cherubim, Χερουβείμ, 智天使) (창 3:24)
- 제1계급 치천사 세라핌, 세라핌(Seraphim, Σεραφείμ, 熾天使) (사 6:2)

사신(使臣)을 뜻하는 그리스어에서 유래하는 천사라는 단어는 물질에 의존하지 않는 자유로운 영적 존재들을 가리킨다. 천사들은 하나님을 경외하고 하나님께 봉사하도록 창조되었다. 교회는 제4차 라테라노공의회(1215년)와 제1차 바티칸공의회(1870년)에서 천사의 존재를 확인하였다. 천사들은 자유로운 존재들이기 때문에 죄를 지을 수 있다. 그래서 본래 천사들이었으나 악마가 된 천사들은 타락한 천사들이라 불린다.

천사들은 본성과 은총의 완전성에서 구별이 있다. 신학자들은 일반적으로 천사들을 치품천사(熾品天使), 지품천사(智品天使), 좌품천사(座品天使),

주품천사(主品天使), 역품천사(力品天使), 능품천사(能品天使), 권품천사(權品天使), 대천사(大天使), 천사(天使)의 9품으로 인식한다.

성서에서 언급되며 교회에서 공경해 온 3대 천사들은 본디 각기 고유한 축일을 갖고 있었지만 최근의 전례 개혁 때 미카엘, 라파엘, 가브리엘 대천사를 모두 9월 29일에 경축하게 하였다. 하느님께서 개별 인간을 위해 수호천사를 임명하셨다는 생각이 수용되었다. 수호천사들의 축일은 10월 2일에 경축된다. 세상 종말과 연결되는 천사들의 역할은 요한계시록에 잘 설명되어 있다.

구약성서에는 하느님과 인간 사이를 중개하는 존재로서 하나님의 심부름꾼으로 파견되어(창 16:7, 19:1-22 ; 민 22:22-35) 사람을 보호하거나(창 24:7 ; 시 91:11) 사람을 처벌한다(삼하 24:16 ; 시편 78:49). 또 그들은 하나님을 모시는 신하요 군대로 인식되었으며(수 5:14 ; 왕상 22:19 ; 호 12:6 ; 암 3:13), 때로는 하나님의 발현이라고 생각되었다(창 16:10 ; 출 3:2-14). 아직은 천사라고 불리지 않는 케루빔(Cherubim)은 하나님의 어좌 노릇을 하고(삼상 22:10 ; 출 25:18-20 ; 왕상 6:23-28), 세라핌(Seraphim)이라는 존재도 거론되어 있다(사 6:2).

천사들의 역할에 대한 사상은 그 전 시대와 비슷하여 하나님의 뜻을 전하고 인간을 보호하고, 인간을 도와주고, 인간을 위하여 하나님께 기도하고 때로는 사람을 벌주기도 한다. 그리고 이 시기부터 착한 천사와 악한 천사 즉 악마의 구별이 생기고, 개인이나 도시나 나라의 수호천사라는 개념이 발전하였다. 이렇게 하여 그리스도 직전 시대에 사두개파는 천사를 부정하고, 바리새파와 에세네파들은 천사를 믿고 있었다.

신약성경에는 천사들이 자주 등장한다. 예를 들자면, 마리아와 요셉 그리고 양치기들에게 수태 사실을 알린 천사들(눅 1:26-38), 유혹을 이겨

낸 예수를 시중들러 온 천사들(마 4:11), 예수의 빈 무덤 앞을 지킨 천사들(마 28:2), 사도 베드로를 감옥에서 탈출시켜 준 천사들(행 12:7–11)이 그것이다.

성경에는 세 명의 대천사들의 이름을 언급하고 있다: 미카엘(단 10:13, 12:1), 가브리엘(단 8:16, 9:21 ; 눅 1:26–38) 그리고 토빗기에 나오는 라파엘(토비 3:17, 5:4)이다. 때때로 우리엘까지 포함하여 '4대 천사' 혹은 방위(方位)의 천사라고 부른다.

가톨릭교회에서는 미카엘, 가브리엘, 라파엘 등 세 명의 대천사들만을 공식 인정하며 공경하고 있다. 또한 그레고리력으로 9월 29일을 대천사들의 공동 축일로 지정하여 기념하고 있다. 동방정교회에서는 전통적으로 수천 명의 대천사들에 관해 말하고 있지만, 그 가운데 오직 일곱 명의 대천사들(일곱 대천사)만을 공경하고 있다. 우리엘을 포함한 나머지 세 명은 세라피엘, 예구디엘, 바라키엘이다(일부에서는 여덟 번째 천사로 예레미엘을 포함하기도 함).

* 일곱 명의 대천사(계 8:2) : 미카엘, 가브리엘, 라파엘, 우리엘, 세라피엘, 예구디엘, 바라키엘

7. 인생의 혼은 위로 올라가고 짐승의 혼은 아래 곧 땅으로 내려가는 줄을 누가 알랴(전 3:21)

[전 3:19–21] 인생에게 임하는 일이 짐승에게도 임하나니 이 둘에게 임하는 일이 일반이라 다 동일한 호흡이 있어서 이의 죽음 같이 저도 죽으니 사람이 짐승보다 뛰어남이 없음은 모든것이 헛됨이로다 다 흙으로 말미암았으므로 다 흙으로 돌아가나니 다 한 곳으로 가거니와 인생의 혼은 위로 올라가고 짐승의 혼은 아래 곧 땅으로 내려가는 줄을 누가 알랴

위의 전도서 성경은 사람이나 짐승은 동일하게 죽으며 사람이 짐승보다 뛰어남이 없고 흙으로 돌아가는 헛된 것이지만, 사람의 혼(영)은 하늘로 짐승의 혼은 땅으로 각각 다른 방향으로 가는 것을 말하고 있다.

이는 인간의 혼(영)은 하나님의 형상대로 지음 받은 인간이 하나님께 돌아가는 것을 말한 것으로 이해되고, 짐승의 혼은 인간의 몸(肉)이 먼지로 돌아가는 것처럼 땅으로 내려감을 말하여 주고 있다.

히브리어 Ruach(르아흐, 숨 또는 영)는 사람과 짐승에게 사용되었다. 이 용어는 사람이나 동물이 살아 있는 한 호흡을 내뱉고 숨 쉬는 것이요 산 것의 상징이기도 하다. 노아의 홍수 때에 기식하는 동물들이 물에 빠져 죽었다고 했다. 이 때 생명의 호흡(the breath of life)이 짐승에게도 있다는 것이다. 창세기 7장 22절에서 "육지에 있어 코로 생물의 기식을 호흡하는 것은 다 죽었더라"라고 했다. 여기의 숨(Ruach)은 짐승이 소유하고 있는 생명을 가리키는 것이다. 구약성경에서 Ruach의 단어는 바람과 연관되어 나오고, 하나님의 영과 관련하여 나온다.

신약성경에는 헬라어 Pneuma(프뉴마)라는 단어를 Ruach와 동일한 개념으로 사용하고 있으며 이는 동사 pneo(바람이 불다)에서 왔고, 바람

과 영이라는 두 가지 의미를 갖고 있다. 하나님의 숨(개역성경-'기운')으로서의 프뉴마는 데살로니가후서 2장 8절, "그 때에 불법한 자가 나타나리니 주 예수께서 그 입의 기운으로 저를 죽이시고……"이나 요한복음 20장 22절, "이 말씀을 하시고 저희를 향하사 숨을 내쉬며 가라사대 성령을 받으라"에서 나타나고 있다. 영에 대한 언급은 마태복음 27장 50절 "예수께서 다시 크게 소리지르시고 영혼이 떠나시다"이나 베드로전서 3장 4절, "오직 마음에 숨은 사람을 온유하고 안정한 심령의 썩지 아니할 것으로 하라" 등에서 나온다.

성경은 우리 인간이 몸과 영혼의 두 부분으로 된 것을 가르치고 있다(마 10:28, "몸은 죽여도 영혼은 능히 죽이지 못하는 자들을 두려워하지 말고 오직 몸과 영혼을 능히 지옥에 멸하시는 자를 두려워하라"). 데살로니가전서 5장 23절, "평강의 하나님이 친히 너희로 온전히 거룩하게 하시고 또 너희 온 영(spirit)과 혼(soul)과 몸(body)이 우리 주 예수 그리스도 강림하실 때에 흠 없게 보전되기를 원하노라"에서 보면 영과 혼과 몸으로 구별되었는데, 이는 영혼을 영과 혼으로 나눈 것으로 영은 종교 윤리적 작용이라 할 수 있고 혼은 일반 지각 작용으로 볼 수 있다.

8. 은혜의 종교와 선한 일을 행한 자의 생명의 부활(요 5:29)

[요 5:29] 선한 일을 행한 자는 생명의 부활로, 악한 일을 행한 자는 심판의 부활로 나오리라

[엡 2:8-9] 너희가 그 은혜를 인하여 믿음으로 말미암아 구원을 얻었나니 이것이 너희에게서 난 것이 아니요 하나님의 선물이라 행위에서 난 것이 아니니 이는 누구든지 자랑치 못하게 함이니라

기독교는 누구나 예수 그리스도를 나의 구주와 주님으로 믿으면 구원을 받는다는 은혜의 종교로 알고 있고, 그의 바탕이 되는 성경 구절인 에베소서 2장 8-9절에서 행위로 주어지는 것이 아니요 하나님의 일방적인 선물로서 얻게 되는 것임을 알 수 있다.

그런데 요한복음 5장 29절에서 선한 일을 행한 자는 생명의 부활로, 악한 일을 행한 자는 심판의 부활로 나온다는 말은 사람이 믿음으로 구원을 받는 것이 아니고 율법을 지키는 즉 행위(착한 일)로 구원을 받는 것처럼 보이게 한다.

그러나 예수님께서 하신 이 말씀은 구원을 일으키는 신앙의 규범을 세우신 것이지 행위를 통해 구원을 얻는다는 것을 가르치는 것이 아니다. 바로 앞의 요한복음 5장 24절을 보면 "내 말을 듣고 또 나 보내신 이를 믿는 자는 영생을 얻었고 심판에 이르지 아니하나니 사망에서 생명으로 옮겼느니라"라고 말씀하신 것을 알 수 있다. 즉 구원을 위해서는 그리스도의 말씀과 죽음에서 죄인을 구원하기 위하여 자기 아들을 보내신 하나님을 믿는 것이 요구되는 것이다.

그러므로 예수님이 말씀하신 선행이나 악행은 사람 편에서의 선악이

아니고 하나님 보시기에 선악을 의미한 것이다. 인간이 자기 관심이나 영광을 위해 무엇을 했든지 또는 타인에게 어떤 유익이나 칭찬을 받았든지 그것은 하나님 보시기에 참 선이 될 수 없다. "육신에 있는 자들은 하나님을 기쁘시게 할 수 없느니라"(롬 8:8).

하나님의 표준으로 볼 때 회개한 자만이 선을 행 할 수 있는 것이다. 내주하시는 그리스도의 영이 거듭난 사람의 마음과 생각을 다스려 주심으로 선행이 이루어지는 것이기 때문이다. 선을 이루신 하나님 때문에 우리의 지체를 선을 이루는 도구로 사용해야 하는 것이다(롬 6:12-14). 신앙은 선한 열매를 맺으나 그것이 공로로 간주되는 것이 아니다. 그 선을 통해 그리스도를 나타내고 그리스도께서 영광을 받으시는 것이다. 그래서 행함이 없는 믿음은 죽은 것(약 2:17-18)이라 했다.

우리가 다 반드시 그리스도의 심판대 앞에 나타나게 되어 각각 선악간에 그 몸으로 행한 것을 따라 받게 될 것이다(고후 5:10). 이는 땅에서 행한 열매로 심판을 받는다는 것은 그리스도 앞에서 상 받는다는 것을 의미한 것이지 구원과 저주를 가르는 심판을 의미한 것은 아니다. 하나님 이외에는 선한 자가 없으므로(마 19:17) 주님이 거듭난 자를 통해 선을 이루시는 것이다.

따라서 참 신앙은 선한 열매를 맺거니와 거짓 신앙은 행위가 따르지 아니하는 까닭에 요한복음 5장 29절 말씀은 은혜에 의한 구원과 모순되지 않는다.

9. "너희는 신들(gods)이며 다 지존자의 아들들이라" (시 82:6 ; 요 10:34)

[시 82:6] 내가 말하기를 너희는 신들이며 다 지존자의 아들들이라 하였으나

[요 10:34] 예수께서 가라사대 너희 율법에 기록한바 내가 너희를 신이라 하였노라 하지 아니하였느냐

수전절(하누카, 성전회복일, 12월 10일경)의 때에 예루살렘의 솔로몬 행각에서(요 10:22-23) 일어난 일로서 예수께서 많은 병자를 치료하여 주시고 이적을 행하며 그리스도임을 드러내나 유대인들은 믿지 아니하고 예수님께서는 답답하시어 내가 내 아버지의 이름으로 행하는 일들은 나를 증거하거늘 믿지 못하는 것은 너희들이 내 양이 아니기 때문이라고 하셨다.

급기야 "나와 아버지는 하나이니"(10:30)라고 하시니 유대인들이 돌로 치려 하며 그 이유로 네가 사람이 되어 자칭 하나님이라고 하기 때문임을 말한다. 이에 예수께서 시편에 기록된 것을 인용하여 '너희는 신들'이라는 말을 하기에 이르렀다.

시편의 "너희는 신들이며 다 지존자의 아들들"(시 82:6)의 말씀은 모든 인간이 신들이라는 뜻이 아니고 하나님의 말씀을 받은 사람들을 가리키며 "성경은 폐할 수 없다"고(요 10:35) 하셨다. 성경을 폐할 수 없다는 말을 덧붙인 것은 너희는 신들이라는 시편의 말씀이 하나도 틀리지 않다는 것을 강조하신 것이다. 여기선 신들(gods)이란 복수로 사용되었고 다신교의 신들이 아니라 하나님이 선택하시어 구원의 진리를 가진 이들이거나 또는 하나님의 거룩한 율법의 관리자들에게 붙여진 이름이었다.

요한복음 10장 36절에서 "아버지께서 거룩하게 하사 세상에 보내신 자가 나는 하나님 아들이라 하는 것으로 너희가 어찌 참람하다 하느냐"고 반문하시면서, "만일 내가 내 아버지의 일을 행치 아니하거든 나를 믿지 말라"고(10:37) 단호히 말씀하시면서 하나님의 아들이신 신분을 스스로 확인시켜 주셨다.

하나님과의 언약 관계에서 구원 백성이 된 구약의 신자들은 하나님의 가족의 신분을 얻게 된 것으로 하나님께서 그들을 자기의 거룩한 가족으로 양자 삼아 주신 것이다. 이것은 그들의 덕이나 순종의 보상으로 얻어진 것이 아니고 하나님의 순전한 은혜로 주어진 것이다. 그들의 아들 됨은 상속된 것이 아니고 파생된 것이었다(창 6:2, '하나님의 아들들', 신 14:1, 시 73:15).

요한복음서는 예수 그리스도가 하나님의 아들이심을 여러 곳에서 나타내 주고 있다. 하나님으로부터 보냄을 받은 세례 요한 같은 선지자도 있으나(요 1:6), 그는 땅으로부터 온 자이지만 예수님은 하늘로부터 오신 유일하신 분으로 하나님의 은혜로만 양자 되어 하나님의 아들이라 불리는 신자와 하나님으로서 신분을 본래 가진 예수님과는 크게 구별해야 한다.

10. 그의 보좌 앞에 있는 일곱 영(계 1:4)

[계 1:4] 요한은 아시아에 있는 일곱 교회에 편지하노니 이제도 계시고 전에도 계시고 장차 오실 이와 그 보좌 앞에 일곱 영과

성경에서 일곱이라는 숫자는 여러 곳에서 사용되고 있으며, 일곱은 완전함 또는 완성이라는 뜻을 나타내고 있다. 하나님께서 창조의 사역을 일곱째 날에 마치시고 일곱째 날에 안식을 하셨으며 하나님이 그 일곱째 날을 복되게 하사 거룩하게 하셨다(창 2:3).

계시록에서도 일곱 별(1:16), 일곱 금촛대(1:12) 어린양의 일곱 눈(5:6) 일곱 천사(8:2) 일곱 교회(1:4) 등과 같이 일곱이라는 숫자가 되도록 많은 것은 완전성이나 완전함을 나타내기 위함으로 보인다. 이것과 연관시켜서 일곱 영은 완전성을 나타내고자 한 것으로도 보인다.

여기에서 일곱 영은 앞 절(1:2)에서 하나님인 성부와 예수 그리스도인 성자가 언급된 것을 보면 성령님을 나타내고자 함을 알 수 있으며, 앞에 일곱이라는 숫자를 붙인 것은 영을 일곱 가지로 나누어 계시한 이사야 선지자의 말씀(칠중적 메시아 영)과 관련이 있을 것으로도 보인다. 그러나 유대교에서 인식하는 일곱 명의 거룩한 천사장을 언급하고 있다는 설도 있다(8:2, "내가 보매 하나님 앞에 시위한 일곱 천사가 있어 일곱 나팔을 받았더라").[48)]

이사야 11장 2절, "여호와의 신(영)1) 곧 지혜2)와 총명3)의 신이요

48) John H. Walton 외 3인, 『The IVP 성경 배경 주석』, [The IVP Background Commentary], 신현기 펴냄(서울, 한국기독학생회출판부, 2012), p.2083.

모략4)과 재능5)의 신이요 지식6)과 여호와를 경외하는 신7)이 강림하시리니"라며 성령이 메시아 위에 7가지로 임하신다고 표현하였다.

일곱 영으로 표기된 곳은 계시록에서도 이곳 1장 4절 이외에도 3장 1절, "하나님의 일곱 영과 일곱 별을 가진 이", 5장 6절, "일곱 뿔과 일곱 눈이 있으니 이 눈은 온 땅에 보내심을 입은 하나님의 일곱 영이더라"라는 곳도 있다.

11. 짐승의 표 666(계 13:18)

[계 13:15–18] 저가 권세를 받아 그 짐승의 우상에게 생기를 주어 그 짐승의 우상으로 말하게 하고 또 짐승의 우상에게 경배하지 아니하는 자는 몇이든지 다 죽이게 하더라 저가 모든 자 곧 작은 자나 큰 자나 부자나 빈궁한 자나 자유한 자나 종들로 그 오른손에나 이마에 표를 받게 하고 누구든지 이 표를 가진 자 외에는 매매를 못하게 하니 이 표는 곧 짐승의 이름이나 그 이름의 수라 지혜가 여기 있으니 총명 있는 자는 그 짐승의 수를 세어 보라 그 수는 사람의 수니 육백 육십 륙이니라

마지막 때 세계 전쟁과 경제 대공황을 통해 세계정부가 들어서고, 인류는 식량 부족과 자원 고갈 등의 문제를 해결할 수 있는 사람을 세계정부의 지도자로 받아들이고, 그의 통제를 받게 될 것이다. 로마의 시저가 신으로 여겨져 많은 동상이 곳곳에 세워지고 경배를 받았듯이, 거짓 선지자가 나타나 세계 곳곳에 세계정부 지도자의 동상을 세우고 그에게 경배하지 않는 사람은 모두 죽임을 당하게 될 것이다.

이 세계정부의 지도자가 바로 땅속 지옥에서 올라온 짐승(적그리스도)이다. 그는 3년 반 동안 권세를 잡고 인류를 통치하고, 의로운 성도를 핍박하다가 예수님 재림 때 아마겟돈 전쟁에서 패해 다른 마귀들과 함께 불못에 쳐박히게 될 것이다.

또한 그들은 모든 사람들에게 오른손이나 이마에 표(Mark)를 받게 할 텐데 짐승의 이름을 가진 이 표가 없으면 누구도 물건을 팔거나 살 수 없을 것이다. 이를 알기 위해선 지혜가 필요한데 짐승을 상징하는 숫자를 읽어 보면 666이라고 한다.

그 표는 적그리스도의 이름이 기록되어 있는데 그 이름을 수치로 계산하면 666이란 비밀의 암호가 된다는 뜻이다. 라틴어로 로마, 티토, 네로 등의 명칭이 이에 해당하고, 교황의 3층 면류관에 '하나님의 아들의 대리자'라고 쓴 수치도 666이라 한다. 그 표에 쓴 이름이 적그리스도인데 수치로 666이 된다고 비밀을 알려 주는 것이다. IT나 컴퓨터가 발달된 현 시대에서 인체에 심어서 신원 파악이 가능한 생체칩이나 컴퓨터 등을 지목하기도 하며, 친교황청인 EU가 적그리스도라고도 말하고 있다. 이마에 이 표를 붙이면 보고 알기 쉽게 될 것이며 손에 그 표를 가지면 어느 때나 보여 주기 편리할 것이다.

6을 단위로 한 이유는 6이 바로 짐승(동물)의 수이기 때문으로, 6은 여성 수(2)와 남성 수(3)이 곱해진 수이기도 하고, 6은 6의 약수인 1,2,3을 더한 수이고, 물과 눈과 탄소의 결정이 육각형이므로 땅에서는 완전한 수라 한다. 하나님은 천지를 창조하실 때 6번째 날에 짐승을 만드셨고, 하나님의 형상을 닮은 인간을 창조하셨다.

6과 6을 더하면 12지파나 12제자에서 사용된 12가 나오고, 또한 성경은 신·구약 합쳐서 66권이 된다. 이를 놓고 볼 때 6은 원래 나쁜 수가 아니라 창조의 수, 사람(동물)의 수, 구원의 수라고 할 수 있다. 6과 66은 좋은 수이나 666은 그렇지 않다.

표를 받은 자들과 받지 않은 자들에게 닥칠 현상은 다음과 같다.

1) [계 16:2] 첫째가 가서 그 대접을 땅에 쏟으매 악하고 독한 헌데가 짐승의 표를 받은 사람들과 그 우상에게 경배하는 자들에게 나더라
   - 짐승의 표를 받거나 우상에게 경배한 사람은 7대접 재앙의 첫 번째 재앙인 악취 나고 고통스러운 종기에 시달릴 것이다.
2) [계 14:9-11] 또 다른 천사 곧 세째가 그 뒤를 따라 큰 음성으로 가로되 만일 누구든지 짐승과 그의 우상에게 경배하고 이마에나

손에 표를 받으면 그도 하나님의 진노의 포도주를 마시리니 그 진노의 잔에 섞인 것이 없이 부은 포도주라 거룩한 천사들 앞과 어린 양 앞에서 불과 유황으로 고난을 받으리니 그 고난의 연기가 세세토록 올라가리로다 짐승과 그의 우상에게 경배하고 그 이름의 표를 받는 자는 누구든지 밤낮 쉼을 얻지 못하리라 하더라

3) [계 20:4] 또 내가 보좌들을 보니 거기 앉은 자들이 있어 심판하는 권세를 받았더라 또 내가 보니 예수의 증거와 하나님의 말씀을 인하여 목 베임을 받은 자의 영혼들과 또 짐승과 그의 우상에게 경배하지도 아니하고 이마와 손에 그의 표를 받지도 아니한 자들이 살아서 그리스도로 더불어 천년 동안 왕 노릇 하니

4) 우상에게 경배하지 않고 짐승의 표를 받지 않고도 살아남은 자들은 3년 반 동안 산이나 굴로 도망간 자들이다. 이와 반대로 적그리스도의 우상에게 경배하거나 짐승의 표를 받은 사람은 새로 마련된 지옥인 불못(Lake of Fire)에서 마귀와 함께 영원히 거하는 형벌을 피할 수 없다.

5) 그렇다면 마지막 때에 이런 엄청난 시험과 환난이 닥치는 이유는 무엇일까?

6) [마 15:8] 이 백성이 입술로는 나를 존경하되 마음은 내게서 멀도다
[마 23:25] 화 있을찐저 외식하는 서기관들과 바리새인들이여 잔과 대접의 겉은 깨끗이 하되 그 안에는 탐욕과 방탕으로 가득하게 하는도다

7) [살전 5:23] 평강의 하나님이 친히 너희로 온전히 거룩하게 하시고 또 너희 온 영과 혼과 몸이 우리 주 예수 그리스도 강림하실 때에 흠없게 보전되기를 원하노라
이는 이 세상에 오염되지 않고 깨끗하고 경건한 삶을 산, 거듭난 성도만 7년 대환난 이전에 휴거돼 공중에서 예수님을 영접하고 혼인 잔치를 벌이기 때문이다.

8) [요삼 1:11] 사랑하는 자여 악한 것을 본받지 말고 선한 것을 본받으라 선을 행하는 자는 하나님께 속하고 악을 행하는 자는 하나님을 뵈옵지 못하였느니라
[요 5:29] 선한 일을 행한 자는 생명의 부활로, 악한 일을 행한 자는 심판의 부활로 나오리라

12. "하나님은 죽은 자의 하나님이 아니요 산 자의 하나님이시니라"(마 22:32)

[마 22:32] 나는 아브라함의 하나님이요 이삭의 하나님이요 야곱의 하나님이로라 하신 것을 읽어 보지 못하였느냐 하나님은 죽은 자의 하나님이 아니요 산 자의 하나님이시니라 하시니

[출 3:6] 또 이르시되 나는 네 조상의 하나님이니 아브라함의 하나님, 이삭의 하나님, 야곱의 하나님이니라 모세가 하나님 뵈옵기를 두려워하여 얼굴을 가리우매

출애굽기에서 하나님이 모세에게 말씀하신 때는 아브라함과 이삭과 야곱이 죽은 지가 매우 오랜 기간이 지난 때로서, 나는 아브라함과 이삭과 야곱의 하나님이라고 현재형으로 말씀하셨다. 이는 아브라함과 이삭과 야곱이 세상 사람의 시각으로 볼 때는 이미 죽은 사람들로 알고 있지만 하늘나라에서는 여전히 살아 있다는 부활을 입증하는 사실로 말씀하고 계신 것이다. 이는 하나님께서 모세에게 "나는 네 선조들의 하나님이며 그들과 맺은 언약의 하나님이며 역사의 주인으로 이스라엘 민족을 만드신 하나님"이심을 일깨워 주시는 말씀을 하신 것이다.

마태복음에서 나오는 예수님의 말씀은 부활을 믿지 않는 사두개인에게 하신 말씀이다. 사두개인들은 모세오경만을 믿었고 바리새인들이 믿는 구전의 율법인 장로들의 전통을 믿지 않았기 때문이다. 오경 속에는 부활의 개념이 없었다. 예수님 당시의 사두개인들은 계대결혼(繼代結婚, 신 25:5-6)제도를 가지고 부활을 믿지 않는 자기들의 편파적인 신념을

가지고, 현실적으로 일어나기 어려운 일곱 형제와 한 여자가 결혼했을 것을 가정하고 부활이 있다면 일곱 형제와 결혼한 여자는 부활 때에 과연 누구의 여자가 되느냐고 물었다.

이들은 부활 때의 상태가 현재 땅에서의 관계와 연결된다고 하는 불합리한 전제를 가지고 예수를 시험하고 있었던 것이다. 이에 예수님은 사두개인들을 향해 "너희가 성경도, 하나님의 능력도 알지 못하는고로 오해하였도다"(마 22:29)라고 하였다. 사두개인들은 천국에서도 이 세상처럼 결혼 관계가 있을 것으로 상상했던 것이다. 천국은 하나님과 하나님의 자녀들이 함께 더불어 사는 곳이므로 외로움이 없고 다시는 사망이 없으며 애통하는 것이 없고(계 21:4) 종족 번식을 해야 할 필요가 없는 곳이기 때문에 지상에서와 같은 결혼 제도가 필요 없는 곳이다.

또한 천사가 죽지 않고 영원히 사는 것처럼, 천사가 결혼하지 않는 것처럼 천사들과 같으니라고 말씀하신 것이다(마 22:30). 그리스도인의 부활 때에 신령한 몸을 소유하고(고전 15:44), 음식물을 먹는 점에서는(요 21:15) 천사와 다르다.

그리고 예수님께서는 죽은 자의 부활의 실제적인 사실을 모세가 호렙산에서 만난 가시나무 떨기 사건으로 설명하신(출 3:1-6 ; 막 12:26 ; 눅 20:37) 것이다.

하나님은 생명의 근원이시므로 죽은 자들과 함께 교제할 수가 없으시다. 하나님은 이 땅에서 영적으로 거듭나서 새로운 생명으로 변화된 성도들과 교제를 하시며 저 천국에서도 부활하여 생명을 얻은 성도들과 함께 교제하시는 분이다. 그러므로 살아 계신 하나님을 제대로 알아야 부활을 논할 수 있다.

13. "인자는 안식일의 주인이니라"(마 12:8)

[마 12:1–2] 그 때에 예수께서 안식일에 밀밭 사이로 가실새 제자들이 시장하여 이삭을 잘라 먹으니 바리새인들이 보고 예수께 고하되 보시오 당신의 제자들이 안식일에 하지 못할 일을 하나이다

[마 12:8] 인자는 안식일의 주인이니라 하시니라

안식일은 하나님께서 친히 제정하신 것이며(창 2:1–3), 출애굽한 이스라엘 민족에게 안식일은 율법으로 주어졌다(출 16:23 ; 신 9:10 ; 레 23:3). 바벨론 포로에서 귀국한 이스라엘 민족에게 안식일과 할례는 이방인과 구별하는 가장 중요한 행사가 되었다(느 13:15–22).

그런데 말라기 이후의 중간기 시대에 서기관들은 안식일 관리 규정을 복잡하게 만들고 구약성경의 이곳저곳을 임의로 차출하여 안식일 준수 규정을 39가지의 금지규정으로 만들었다. 안식일에 걸을 수 있는 거리를 2천 규빗(900미터)으로 제한시켜 놓거나, 일하지 말라는(출 12:16) 구절에 근거하여 농업, 상업, 가정생활에서 어떤 행위가 일에 해당하는지 노동을 금지하는 39개소의 규례를 정하여 놓았다.

바리새인들은 자기들이 만든 안식일의 규정을 거룩하게 지키는 것에 대하여 자부심을 가지고 있었고, 성경에도 없는 것을 인간이 정해 놓고 타인이 지키는지 안 지키는지 정죄하고 비판하였다. 여기의 성경 구절은 바리새인들이 예수님과 충돌하는 장면으로, 안식일에 이삭을 잘라 먹는 것은 규정 위반이라는 것이다. 저들이 만든 〈할라카〉 규정에 의하면 이삭을 자르는 행위는 추수 금지 규정을 위반한 것이고, 손

으로 비빈 행위는 타작 규정을 위반한 것이고, 이삭 껍데기를 입으로 부는 행위는 키질 금지 규정 위배라는 것이다.

이에 예수님은 다윗이 사울 왕의 추격을 피해 놉 땅으로 도망 시에 아히멜렉 제사장을 찾아갔고 너무 배가 고파 진설병을 제사장의 허락을 받고 먹은 사례를 들어(원래는 제사장만이 먹을 수 있다. 삼상 21:1-6) 성경의 어느 곳도 이를 정죄하지 않고 있다고 하셨다. 또한 성전 안에서 안식일을 범하는 제사장들을 예로 지적하면서 제사장들은 안식일이지만 성전 안에서 동물을 바치는 일을 하고 곡물을 바치면서 제사를 드리고 있다고 하셨다(민 28:8-9). 하나님을 예배하기 위하여 성전에서 일하는 행위는 안식일 규정에 위반되지 않고 묵인되고 있었다.

하나님이 안식일을 만드신 근본 목적은 한 주일 동안 일한 사람에게 안식을 통해 쉼을 주고 피로를 회복시키기 위한 것이다. 바리새인들은 쉼과 휴식이 아니라 안식일을 거룩하게 지킨다는 명분으로 사람의 행동을 제한하고 자율을 구속하고 있다. 예수님은 바리새인들에게 "안식일은 사람을 위하여 있는 것이요 사람이 안식일을 위하여 있는 것이 아니니"(막 2:27)라고 하셨다.

이에 덧붙여서 자신을 가리켜 '성전보다 더 큰 이'라고 선언했다. 이는 제사장들이 성전에서 안식일을 범해도 죄가 되지 않는 것처럼 성전의 원형이 되시는 예수님(요 2:19-22)은 성전보다 더 크다고 하였다. 예수님은 호세아 6장 6절, "나는 인애를 원하고 제사를 원치 아니하며 번제보다 하나님을 아는 것을 원하노라"라는 말씀을 인용하셨다(마 12:7). 즉 하나님께서는 자비와 긍휼의 마음에서 드려지는 제사를 원하시고 형식적인 제사는 싫어하신다. 바리새인들이 하나님의 마음을 알았더라면 무죄한 자를 정죄하지 않았을 것이라고 하셨다. 또한 예수님 자신을 성전보다 더 크다고 하시며 안식일의 주인이라 하셨다. 즉 인간들이 만든 안식일의 규정에 구애받지 않는 메시아이며 하나님 되심을 선언한 것이다.

부연하면 안식일과 인간의 주인이신 예수 그리스도야말로 인간의 참 유익을 위해 안식일 법을 가장 잘 운용하실 수 있으며, 입법자로서 '법의 사용을 결정할 권리가 있다'는 선언으로 해석된다.

14. 소경은 누구의 죄 때문인가(요 9:2-4)

[요 9:2-4] 제자들이 물어 가로되 랍비여 이 사람이 소경으로 난 것이 뉘 죄로 인함이오니이까 자기오니이까 그 부모오니이까 예수께서 대답하시되 이 사람이나 그 부모가 죄를 범한 것이 아니라 그에게서 하나님의 하시는 일을 나타내고자 하심이니라 때가 아직 낮이매 나를 보내신 이의 일을 우리가 하여야 하리라 밤이 오리니 그때는 아무도 일할 수 없느니라

흔히들 우리가 병들면 죄를 지어서 그런 것이라고 생각한다. 여기 날 때부터 소경되었던 자의 눈을 뜨게 하신 예수님의 사건은 바리새인들이 개입됨으로 안식일의 치유와 관계되어 그들이 맹인의 부모까지 만나서 누구의 일인지까지 캐묻게 된다. 결국은 빛으로 오신 예수께서 "내가 심판하러 이 세상에 왔으니 보지 못하는 자들은 보게 하고 보는 자들은 소경되게 하려 함이라 하시니(요 9:39) 바리새인이 우리도 맹인인가라 하니, 예수님이 너희가 맹인이 되었더라면 죄가 없으려니와 본다고 하니 너희 죄가 그대로 있다고 말씀하셨다(9:41).

(1) 죄와 질병의 관계

우리의 원죄는 창세기의 먹지 말라 한 선악과를 따먹으면서 시작 되는데 하나님께서는 그의 행위에 대하여 다음의 벌을 내리신다.

"먹지 말라한 나무 실과를 먹었은즉 땅은 너로 인하여 저주를 받고 너는 종신토록 수고하여야 그 소산을 먹으리라"(창 3:17).

또한 죄 지은 자에 대한 벌에 대하여는 성경이 여러 곳에서 언급하

고 있다.

- (출 34:7) "인자를 천대까지 베풀며 악과 과실과 죄를 용서하나 형벌 받을 자는 결단코 면죄하지 않고 아비의 악을 자여손 삼 사 대까지 보응하리라"고 엄하게 죄에 대하여 벌을 주실 것을 경고하였다.
- (신 28:58-59) "이 책에 기록한 이 율법의 모든 말씀을 지켜 행하지 아니하고 네 하나님 여호와라 하는 영화롭고 두려운 이름을 경외하지 아니하면 여호와께서 너의 재앙과 네 자손의 재앙을 극렬하게 하시리니 그 재앙이 크고 오래고 그 질병이 중하고 오랠 것이라"고 경고하셨다.

사도 바울은 로마서에서 로마서 2장 9절, "악을 행하는 각 사람의 영에게 환난과 곤고가 있으리니"라고 악의 결과에 대하여 환난이 있으리라 말했다.

범죄의 개별성에 대하여 에스겔 18장 20절 "범죄하는 그 영혼은 죽을찌라 아들은 아비의 죄악을 담당치 아니할 것이요 아비는 아들의 죄악을 담당치 아니하리니"라 하여 범죄한 자에게만 그 죄과를 담당하고 부모나 자식에게 전과되지 않음을 말하고 있다.

(2) 병이 생기는 이유

상기에서 살펴 본 본문에서 죄와 고난에 대하여 인과관계가 있을 것으로 이 소경과 연계시키면, 제자들은 날 때부터 소경이었기에 그가 모태에서 범죄하였거나(예 : 임신한 여자가 이교 사원에서 우상 숭배), 그의 부모가 그를 연루시키는 어떤 방식으로 범죄하였을 것임에 틀림없다는 것이다.[49]

---

49) D. A. Carson, 『요한복음』, [The Gospel according to John], 박문재 옮김(서울, 도서출판 솔로몬, 2017), p.663.

따라서 첫째로 죄를 통하여 병이 올 수 있고, 둘째는 본문의 성경에서 예수께서 하신 말씀대로 하나님의 일이 이 사람의 삶 속에서 드러나게 하기 위하여, 셋째는 사도 바울의 경우에서 볼 수 있는 교만함을 막기 위해[고후 12:7, "내(바울) 육체에 가시 곧 사단의 사자(使者)를 주셨으니 이는 나를 쳐서 너무 자고(自高)하지 않게 하려 하심이라]라고도 말할 수 있다. 넷째는 욥의 경우처럼 믿음의 순수성을 시험하기 위해[욥이 하나님을 경외하며 악에서 떠난 자(욥 1:8)라 하면서 고난으로 시험] 등을 열거할 수 있다.

(3) 성경 속의 치유 방법

가. 하나님의 주권적 치유 : 히스기야가 병들어 죽게 됨에 낯을 벽으로 향하는 기도로 15년 더 수명을 연장받음(왕하 20:5, "내가 네 기도를 들었고 네 눈물을 보았노라 내가 너를 낫게 하리니……"), 베데스다연못에 먼저 들어간 자 낫게 함(요 5:4, "천사가 가끔 못에 내려와 물을 동하게 하는데 동한 후에 먼저 들어가는 자는 어떤 병에 걸렸든지 낫게 됨이러라").

나. 환자의 믿음을 통한 치유 : 예수님의 사역 중에 열두 해 동안 혈루병 앓던 여인이 믿음(마 9:21-22, "그 겉옷만 만져도 구원을 받겠다 함이라 예수께서 돌이켜 그를 보시며 가라사대 (…) 네 믿음이 너를 구원하였다 하시니 여자가 그 시로 구원을 받으니라")으로 낫게 됨, 소경 거지 바디매오가 믿음으로(막 10:47-52, "다윗의 자손 예수여 나를 불쌍히 여기소서 하거늘 (…) 예수께서 이르시되 가라 네 믿음이 너를 구원하였느니라"), 장로들이 믿음으로 기도 시 치유(약 5:15-16, "믿음의 기도는 병든 자를 구원하리니 주께서 저를 일으키시리라 (…) 죄를 서로 고하며 병 낫기를 위하여 서로 기도하라 의인의 간구는 역사하는 힘이 많으니라).

다. 병 고치는 은사(고전 12:9, "어떤이에게는 한 성령으로 병 고치는 은사를") : 예수님의 은사(마 4:23, "모든 병과 모든 약한 것을 고치시니", 마 8:14-17 베드로 장모 열병을 치료, 막 1:40-45, "한 문둥병자가 예수께 와서 꿇어 엎드리어 간구하여 가로되 원하시면 저를 깨끗케 하실 수 있나이다 (…) 내가 원하노니 깨끗함을 받으라"),

제자들의 은사(막 6:7-13 열두 제자의 귀신 제어, 행 5:12-16 베드로의 병든 사람들 치료, 행 8:4-8 빌립 중풍병자 앉은뱅이 일으킴).

(3) 소경의 예수 그리스도에 대한 인식 변화 단계

- 요 9:11 예수라는 사람
- 요 9:15 눈이 보이도록 되게 하신 분
- 요 9:17 선지자
- 요 9:33 하나님께로부터 온 자

15. 기업 무를 자, 계대결혼, 대속, 룻(3:6-4:10)

[룻 4:5-6, 10] 보아스가 가로되 네가 나오미의 손에서 그 밭을 사는 날에 곧 죽은 자의 아내 모압 여인 룻에게서 사서 그 죽은 자의 기업을 그 이름으로 잇게 하여야 할찌니라 그 기업 무를 자가 가로되 나는 내 기업에 손해가 있을까 하여 나를 위하여 무르지 못하노니 나의 무를 권리를 네가 취하라 나는 무르지 못하겠노라 또 말론의 아내 모압 여인 룻을 사서 나의 아내로 취하고 그 죽은 자의 기업을 그 이름으로 잇게 하여 그 이름이 그 형제 중과 그곳 성문에서 끊어지지 않게 함에 너희가 오늘날 증인이 되었느니라 하니

룻기에는 기업 무를 자의 단어가 여러 번 나오고 있고 이는 우리나라에서는 없는 제도로 이해하기도 쉽지 않다. 계대결혼은 우리나라의 형사취수제도를 생각하면 이해하기가 쉽다. 대속은 빚진 것을 대신 갚아 주는 것으로 이해하면 되지만 앞의 양자를 포함하는 개념으로 이해하면 된다.

1. 기업 무를 자

기업 무를 자에 해당하는 히브리어 고엘(Goel)은 친족(kinsman)이란 뜻으로 '구속하다', '친족으로 행동하다', '친족의 역할을 맡다'라는 의미의 동사 '가알'의 현재능동태분사로서 '구속자(redeemer)' 또는 '친척으로서 행동하는 자'란 뜻이다. 자기 형제나 친족이 어려움에 처했을 때 해결해 주어야 한다는 의미에서 보호자라고도 말할 수 있다.

이 고엘제도는 친족들 사이에 지켜야 할 권리와 의무에 관한 제도를 가리킨다. 가난한 형제가 빚 때문에 팔려 가게 되었을 때에 가까운 친척이 그 빚을 갚음으로써 그를 종의 굴레에서 해방시켜 주는 경우이다(레 25:47-55). 또한 형제가 자신의 토지를 팔았을 경우에 가까운 친척이 일정 기간 후에 그 값을 치름으로써 그 토지를 돌려받게 할 수 있었다(레 25:23-28). 그리고 자기 형제가 죄를 지었을 경우에 친족은 그 형제의 죗값을 무를 의무를 지게 된다(민 5:8).

또한 자기 친족 중에 한 사람이 누군가에 의해 살해되었을 경우에는 가까운 친척이 그를 위해 피의 보복을 할 수 있다(민 35:19). 그리고 형제가 자식이 없을 경우에는 가까운 형제 순으로 남겨진 미망인과 계대결혼을 하여 그 가문이 존속되게 하여야 했다.

위와 같은 고엘제도는 한 혈연 공동체 내에 속한 구성원들이 서로의 생명과 재산 및 가문을 보호해 주기 위한 일종의 상보(相補)제도이다. 성경에서 강조되는 문맥에 따라 친족(계대결혼을 하여 준 사람), 기업 무를 자, 보수자 등으로 각각 다르게 번역되었다.

성경에서는 먼저 하나님을 이스라엘의 고엘, 즉 친족, 구속자로 소개하고 있다. 하나님은 이스라엘을 모든 환난에서(창 48:16), 대적의 손에서(사 41:14) 건져 주시는 구속자이시다. 또한 하나님은 스스로 이스라엘의 왕이 되시기 위하여(사 44:6) 주(主)와 남편이 되시기 위하여(사 49:26, 54:5) 고엘로서의 의무와 사랑을(사 54:5) 행하여 보였다.

신약의 그리스도는 자기 생명을 많은 사람의 속량 제물로 내어 주심으로써(마 20:28) 즉 우리의 영원한 죗값을 고엘로서 대신 치루어 주시고 우리를 죄악에서 구원하여 주셨다(딛 2:14). 베드로는 그리스도께서 우리를 속량해 주신 것은 금과 은에 의해서가 아니라 보혈의 피로 속량해 주셨다고 고백했다(벧전 1:18-19).

룻기 3장 9절에 "당신은 우리 기업을 무를 자가 됨이니이다'"라고 하였으나 기업 무를 자가 반드시 이를 이행하여야 되는 강제성(신 25:5-10)은 없었다. 본인이 자원할 경우에만 이행되는 제도였다(룻 4:6-7). 또한 기업 무를 자가 반드시 죽은 형제의 아내와 결혼해야 한다는 계대결혼법에 얽매이는 것도 아니다.

보아스가 룻기에서 고엘제도와 계대결혼제도 문제가 동시에 걸려 있는 룻의 요청에 대하여 긍정적인 태도를 보여서 룻의 남편이 되고 기업 무를 자가 되어 룻의 가문인 엘리멜렉의 가정의 기업을 이어 주게 되어(룻 4:9-10) 그들이 오벳을 낳고 오벳이 다윗의 조부가 되니 보아스와 모압 여인 룻이 예수 그리스도의 족보에 오르게 된 것이다.

이 룻기는 사사기와 사무엘서 사이에 배치되어 있는 매우 짧은 분량의 성경이지만, 내용면에서 문학 장르상 단편소설로 간주되는 것으로 간결하고도 정선된 언어 사용, 등장 인물의 개성, 내용 전개에 따른 균형 잡힌 장면 배분 등은 극시(dramatic poem)로도 분류가 가능하다.

2. 계대결혼법(繼代結婚法)

계대결혼법은 수혼(嫂婚)이라 하여 형제가 자식이 없이 죽으면 다른 형제가 형수와 결혼을 하여 아들을 낳아 죽은 형제의 이름을 잇게 하는 것을 말하며(룻 1:11-13), 창세기 38장에서 유다와 다말의 기사에서 최초로 언급하고 있다. 이러한 결혼 관습은 모세시대에 성문화되어 율법화되었으며(신 25:5-10) 신명기에는 의무 조항은 아니고, 룻기에서는 계대결혼의 범위가 형제를 넘어 친족에게까지 확장되었음을 알 수 있다(룻 3:12).

구약의 계대결혼법은 다음의 세 가지 공통된 목적을 가지고 있다.

첫째, 죽은 형제나 친족을 대신하여 후사를 낳아 줌으로써 그 형제의 이름과 기업을 그 가문과 지파 내에서 보존시켜 주기 위함이었다.

둘째, 이스라엘 여인이 이방 남자와 결혼하는 것을 방지하기 위함이었다.

셋째, 홀로 남아 의지할 곳이 없는 과부를 제도적으로 보살펴 주기 위함이었다.

이러한 제도는 철저하게 형제에 근거하지 않으면 실행될 수 없는 것인데 그 이유는 죽은 형제를 대신하여 형수와 결혼하여 아들을 낳으면 죽은 형제의 이름으로 그의 유산이 그 아들에게 돌아가게 되기 때문이다. 유다의 장자 엘이 아들 없이 죽었을 때 그의 동생 오난은 바로 이러한 사실을 염두에 두고 땅에 설정을 하였다. 이로 인하여 오난은 하나님의 징계를 받아 결국 죽음을 맛보게 되었다(창 38:3-11). 이 제도는 형제간의 사랑이 강조됨과 언약 백성이 결코 사라져서는 안 된다는 하나님의 사랑의 발로가 구속사적 의미를 담고 있는 것이다.

3. 대속(代贖, Redemption)

상기의 기업 무를 자(되찾아 줄 사람)와 계대결혼법의 개념을 하나로 통합한 개념으로 보면 된다.

(1) 대속의 의미

유산으로 받은 기업(권리)을 빚(죄) 때문에 잃어버리게 되었을 때 친척 중 하나가 그 빚을 대신 갚아 주고 기업을 되찾는 것. 예를 들면, A 씨는 아들 셋(A1, A2, A3)에게 각각 1/3씩 자신의 땅을 유산으로 분배하였는데, 막내 A3이 사업에 실패하여 분배받은 땅(기업)을 빚 때문에 빼앗기고 말았다. 이때 장남인 A1이 자신의 돈으로 그 빚을 갚아 주고 A3의 땅을 되찾아 돌려주었다. 이것이 대속이다.

(2) 대속을 이해하기 위한 전제들

1) 모든 사람에게 각각의 몫으로 주어진 기업이 있다.
2) 그 기업을 무를 사람(되찾아 줄 사람/Kinsman- Redeemer)은 위치(자격)와 능력과 의사가 있어야 한다.

(3) 대속의 4가지 경우

1) 땅 : 자기에게 유산으로 상속된 땅(기업)을 빚을 지거나 다른 이유로 잃어버렸을 때 가장 가까운 친족이 되찾아 주는 것(이스라엘의 회복, 남은자가 돌아오는 것, 레 25:23-25)
2) 자녀(子女) : 상속할 자녀를 두지 못하고 죽었을 경우 친족 중 가장 가까운 사람이 그 부인을 취하여 자녀(아들)를 낳아 대를 잇도록 하는 것(형사취수제도 창 38:6-26 유다의 장자 엘이 죽자 동생 오난이 형수를 취하나 죽게 되고 둘째 동생 셀라를 주지 않게 됨.)
3) 생명(生命) : 친족 중 하나가 살해되었을 때 그 복수를 대신해 주는 것(민 35:6-19, 6개의 도피성을 두어 피의 보수자 · 대속자로부터 오살자를 보호하기 위한 것)
4) 권리(權利) : 친족 중 하나가 노예가 되었을 때 그를 대신 속량(노예의 몸 값을 치루고 자유인이 되게 하는 레 25:47-55) 해 주는 것. 이방에 포로되었던 자들이 해방되어 돌아오는 것도 사 35:9-10. 죄와 사탄의 노예에서 해방되어 하나님의 자녀로 회복되는 것 등 의미

(4) 대속과 구속(救贖)

대속은 인간과 인간 사이에서 남의 죄를 대신하여 벌을 받거나 속죄함을 의미하며, 인간인 친척 대신에 하나님께서 우리를 구원하시기 위하여 친히 기업 무르는 자가 되는 것이 구속이다.

(5) 출애굽과 구속

다음의 출애굽 사건은 하나님의 구속의 관점에서 이해된다.

1) 약속의 땅으로 인도하심(출 6:2-8)/땅의 회복

2) 열가지 재앙과 죽음에서 보호하시고 살리심(출 30:12)/생명의 회복

3) 노예 생활에서 구하여 내심(출 20:2)/권리의 회복

(6) 성경에서의 구속 / 대속의 예

1) 구약의 모든 제사(속제물)도 대속 · 구속의 관점에서 볼 수 있다.

2) 이스라엘의 회복도 대속 · 구속의 관점에서 본다.

3) 종말 · 재림도 구속의 관점에서 본다(눅 21:28 ; 계 14:3-4).

4) 예수 그리스도의 십자가의 죽으심은 완전한 구속 사건이다.

죄와 사망 가운데 종노릇하고 있던 인간을 위해 그리스도의 생명 · 보혈을 대속물로 바침으로써 우리를 죄와 사망에서 건져주신 것이다.(막 10:45 ; 엡 1:7, 2:1-5 ; 롬 8:1-2)

> [엡 1:7] 우리가 그리스도 안에서 그의 은혜의 풍성함을 따라 그의 피로 말미암아 구속 곧 죄 사함을 받았으니(In him we have redemption through his blood, the forgiveness of sins, in accordance with the riches of God's grace)

[롬 8:1-2] 그러므로 이제 그리스도 예수 안에 있는 자에게는 결코 정죄함이 없나니 이는 그리스도 예수 안에 있는 생명의 성령의 법이 죄와 사망의 법에서 너를 해방 하였음이라(Therefore, there is now no condemnation for those who are in Christ Jesus, because through Christ Jesus the law of the Spirit of life set me free from the law of sin and death.)

[롬 5:8] 우리가 아직 죄인 되었을 때에 그리스도께서 우리를 위하여 죽으심으로 하나님께서 우리에게 대한 자기의 사랑을 확증하셨느니라(But God demonstrates his own love for us in this ; while we were still sinners, Christ died for us.)

♡人間의 罪 ― 死亡 → 예수 그리스도의 피/死 ― 救贖/代贖 → 人間 生命을 回復 ♡

16. "영원히 멜기세덱의 반차를 좇는 제사장" (히 7:17)

[히 7:16–17] 그는 육체에 상관된 계명의 법을 좇지 아니하고 오직 무궁한 생명의 능력을 좇아 된 것이니 증거하기를 네가 영원히 멜기세덱의 반차를 좇는 제사장이라 하였도다

[창 14:18] 살렘왕 멜기세덱(의의 왕)이 떡과 포도주를 가지고 나왔으니 그는 지극히 높으신 하나님의 제사장이었더라

[시편 110:4] 여호와는 맹세하고 변치 아니하시리라 이르시기를 너는 멜기세덱의 반차를 좇아 영원한 제사장이라 하셨도다

히브리서 기자는 제7장에서 예수 그리스도의 제사장직을 논하면서 그는 멜기세덱의 반차를 좇는 제사장으로서, 아론의 제사장직보다 우월함을 나타내고 있다. 제사장의 주된 임무는 사람들을 하나님께로 나아가게 하여 전 생애를 통해 하나님의 은총과 축복을 누리게 하는 것이다. 그러나 레위 계통의 제사장 직분으로는 온전함을 얻을 수 없다[히 7:11–14, 연약하여 자신을 위해서도 속죄제를 드려야만 했다(히 5:3)]. 그리하여 하나님께서는 레위 계통의 제사장 직분이 세워지고 오랜 후에 메시아로 말미암은 한 영원한 제사장이 일어날 것을 이미 시편 110편 4절에서 말씀하셨다. 기자는 그리스도의 신성 가운데 영원성에 근거하여 그리스도의 제사장직의 영원함을 논증하고 있는 것이다.

멜기세덱에 관한 성경의 구절은 창세기 14장에 나와 있다. 엘람동맹(시날, 엘라살, 엘람, 고임)이 사해 주변 5개국(소돔, 고모라, 아드마, 스보임, 소알)을 파하고 조카 롯을 포로로 잡아갔는데, 잡혀간 롯을 구하고 돌아올 때에 아브라함이 자기가 취한 전리품 중에 십분의 일을 멜기세덱에

게 드렸으며, 멜기세덱은 이를 받고 약속을 받은 아브라함을 위하여 복을 빌었다. 멜기세덱의 의미는 '의의 왕'이라는 뜻으로 살렘의 왕으로서 평강의 왕이라고 묘사하고 있으며, 그를 지극히 높으신 하나님의 제사장이라고 하였다. 멜기세덱은 아론의 제사장처럼 레위(야곱의 셋째 아들)의 자손으로부터 온 것이 아니요, 적어도 500년 이상 아브라함과 같은 동년대에 하나님으로부터 직접 제사장으로 부름받은 자로서 격이 한참 다른 것이다.(〈표-14〉 제사장 계열도 참조)

아론계의 대제사장과 예수님의 제사장직 차이는 예수님께서는 스스로 희생 제물이 되셔서 자신의 몸을 단 한 번 드려서 인류의 죄를 영원하고 완전하게 속하는 제사를 드렸으나, 아론계의 제사장은 매일 매일 제물을 별도로 드려야 하였고 이 또한 불완전한 제사일 수밖에 없었다.

예수 그리스도께서 십자가에 죽으심으로 성소의 휘장을 찢으시고 우리를 죄와 사망에서 구속하여 주심으로 말미암아, 우리가 이제는 직접 하나님 앞에 나아갈 수 있도록 하여 주신 것이다. 베드로전서 2장 9절에서 "오직 너희는 택하신 족속이요 '왕 같은 제사장들'이요 거룩한 나라요"라고 선포함으로써 우리 믿는 자는 이제 스스로 제사장이 된 것이며 그것도 왕 같은 제사장이 된 것이다(계 5:10).

〈표-14〉 제사장 계열도

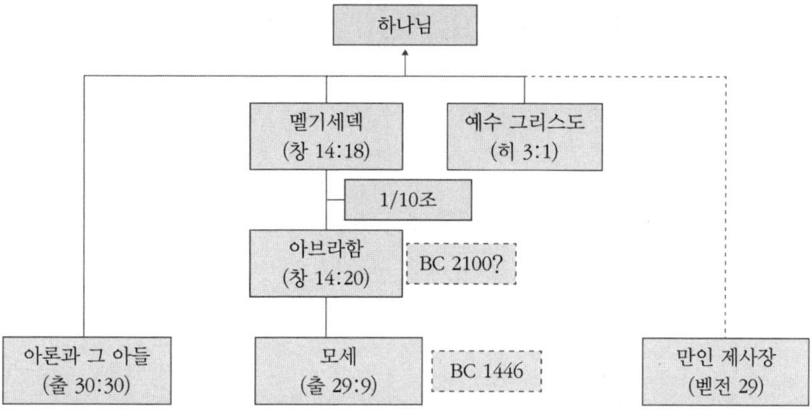

No.	대제사장	예수님
1	하나님이 부르심(히 5:4)	하나님이 부르심(히 5:4)
2	백성을 위해 제사를 드림(히 5:1, 3) 예물을 드림(히 5:1)	자신이 친히 제물이 되심(히 10:10)
3	매일, 계속 드림(히 10:11)	단 한 번 드림(히 7:27 ; 10:12)
4	죄를 완전히 속하지 못하는 불완전한 제사를 드림(히 10:11)	죄를 완전히 속하는 영원하고 완전한 제사를 드림(히 10:12)
5	연약하여 자신을 위해서도 속죄제를 드리는 불완전한 제사장(히 5:3)	완전한 제사장(히 5:6)
6	아론의 반차(히 5:4)	멜기세덱의 반차(히 5:10)

- 창세기 14장 1–20절 : 엘람 동맹(시날, 엘라살, 엘람, 고임)이 사해 주변 5개국(소돔, 고모라, 아드마, 스보임, 소알)을 파하고 조카 롯을 포로로 잡아갔는데, 잡혀간 롯을 구하고 돌아올 때에 살렘 왕 멜기세덱(의의 왕)이 떡과 포도주를 가지고 나왔으니 그는 지극히 높으신 하나님의 제사장이었더라(18절) 그가 아브람에게 축복하여 가로되 천지의 주재시오 지극히 높으신 하나님이여 아브람에게 복을 주옵소서(19절).
- 출애굽기 29장 9절 : 아론과 그 아들들에게 (…) 제사장의 직분을 그들에게 맡겨 영원한 규례가 되게 하라 너는(모세) 이같이 아론과 그 아들들에게 위임하여 거룩하게 할찌니라.
- 베드로전서 2장 9절 : 오직 너희는 택하신 족속이요 '왕 같은 제사장들'이요 거룩한 나라요…….
- 요한계시록 5장 10절 : 그들로(네 생물: 하나님 백성, 권위, 강함, 지혜, 신속을 나타냄+24 장로 : 12부족+12사도 : 하나님이 택한 모든 백성) 우리 하나님 앞에서 나라와 제사장을 삼으셨으니 저희가 땅에서 왕노릇하리로다

17. 제사의 종류와 의미(레 1-7장)

성막이 세워진 후에 여호와께서 모세에게 명하여 이스라엘 백성이 여호와께 드려야 할 제사의 규례를 레위기의 제1장에서부터 7장까지 정하고 있다.

제사의 종류로는 번제(불로 태워 드리는 제사), 소제(곡식의 제물), 화목제(하나님과 인간 사이의 화평), 속죄제(죄를 속죄받기 위한), 속건제(과실의 손해 배상) 등이 있다. 이들의 상세한 내용은 아래의 표에 기술되어 있다.

기타 요제(wave offering, 제사장이 여호와 앞에 제물을 흔들어 드리는 것, 레 7:30)와 거제(heave offering, 제물을 높이 쳐들어 드리는 제사, 레 7:32), 위임제(consecrations, 아론과 그의 아들들의 제사장직 위임 시 드리는 것, 레 8:22-29), 전제(drink offering, 제물에 포도주를 붓는 것, 딤 4:6) 등이 있다.

〈표-15〉 제사의 종류와 의미

번호	종 류	목 적	제물 및 방법	특 기
1	번제(燔祭) burnt offering	희생 제사로서 동물을 제단 위에 놓고 거룩한 불로 태워 하나님께 '향기로운 냄새'를 드림으로써 하나님의 진노를 달래며, 인간의 죗값을 보상하여 하나님과 유화하기 위한 제사(레 1:1-17)	제물은 소 · 양 · 염소의 온전한 수컷이어야 했다(레 1장). 새로는 비둘기가 사용되었는데, 이것은 가난한 사람들이 드리는 제물이었다.	예수님의 희생과 성도들의 온전한 헌신. 하나님과의 관계의 유지
2	소제(素祭) grain offering	곡물을 제물로 바치는 제사. 생명을 주신 하나님께 모든 삶을 드리는 것을 의미(레 2장)	곡식 가루로 드리는 소제, 화덕에 굽고, 번철에 부치거나 솥에 삶는다.	피 없이 드리는 제사. 노동의 열매를 드린데서 행위의 성별을 상징

3	화목제(和睦祭) fellowship(peace) offering	하나님과 사람 사이의 화평을 위해 동물 희생을 드린 제사 (레 3:1-17)	흠 없는 소, 양, 염소의 암.수(빈부에 따라). 감사제, 서원제, 낙헌제 예물을 나누어 먹을 수 있는 유일한 제사	그리스도는 하나님과 인간 사이에 화목제물이 되셨다(요일 2:2).
4	속죄제(贖罪祭) sin offering	죄를 속하기 위해 하나님께 드린 동물 희생의 제사 (레 5:6-10). 1. 대제사장의 속죄제 2. 이스라엘 전체 백성의 3. 백성의 지도자를 위한 4. 일반백성을 위한 속죄제	빈부에 따라 흠없는 수송아지, 숫염소, 암염소, 어린 암양, 산·집비들기 2마리, 고운 가루 에바 1/10	대속을 위한 제사. 속죄를 위한 대속물, 안수로 죄의 전가, 대속물이 죽어야 한다. 예수님의 대속의 죽음을 통하여 성취
5	속건제(贖愆祭) guilt offering	속죄제는 특별한 죄를 속하기 위한 것이고 속건제는 하나님 또는 남에 대해 과실로 손해를 입혔을 때 그것을 배상함으로써 관계를 개선하기 위한 것이다(레 5:15, 16, 18).	흠 없는 숫양 성물에 대한 범죄는 제사장에게, 타인의 것을 부정하게 취한 경우도 주인에게 각 1/5을 더하여 배상	1. 성물에 관한 죄 2. 여호와의 금령을 범한 죄 3. 사람 사이의 범죄 4. 문둥병자가 나은 후나, 나실인이 용서받으려 할 때 드린다.

Ⅲ
성경과 신학 이해

1. 성경의 구성

개신교의 성경은 하나님의 영감(성령)을 받아 저자들이 기록한 책으로(딤후 3:16), 예수님의 탄생 이전(Before Christ)에 기록된 구약성경 39권과 그 이후에 기록된 신약성경 27권으로 총 66권으로 구성되어 있다.[50] 구약은 '오실 예수 그리스도'를, 신약은 '오신 예수 그리스도'에 대하여 쓰여졌으며, 신구약 성경은 하나님의 아들 예수 그리스도를 믿음으로 구원을 얻게 하려는 목적에서 기록되었다. 총 66권을 잊어버리지 않도록 '삼 구 이십칠 (3×9=27)' 이란 구구단을 사용하면 쉽게 기억할 수 있다.

성경은 오랜 기간에 걸쳐서 쓰여졌으며, 구약 약 1,500년 신약 약 100년에 걸쳐서 각기 다른 장소와 약 40명(구약 31명, 신약 9명)의 저자에 의하여 기록되었으나, 원저자인 하나님의 인도 하에 기록된 책으로 통일성이 있는 내용을 지닌 한 권의 책이라 할 수 있다.

우리가 성경을 어느 정도까지 믿어야 하는가? 하나님이 천지를 창조하셨다고? 처녀가 잉태하여 아들을 낳았다고? 믿고 싶은 것만 믿어서 되는 것이 아니고 온전하게 완전히 의심 없이 믿을 때 우리의 믿음이 성장하고 하나님께 더욱 가깝게 다가설 수 있을 것이다. 아래에 우치무라 간조의 자문자답의 형식을 빌어서 답변한 성서는 과연 하나님의 답변인가의 '성서와 과학'에 나와 있는 글을 소개하고자 한다.[51]

---

50) 로마카톨릭에서는 불가타(Vulgata) 역본을 본받아서 66권 외에 14권의 외경을 첨부하였다.

51) Kanzo Uchimura, 『우치무라 간조 전집 제1권』, 김유곤 옮김(서울, 크리스챤서적, 2000), pp.442-443.

문 지금 예를 들어 창세기 제1장에 있는 세계 창조의 기록을 가지고 보면 귀하는 그 중의 어느 만큼이 신빙할 하나님의 말씀이라고 믿으시는 것입니까?

답 그 전체입니다. 즉 우주만큼은 결코 저절로 생긴 것은 아니고 절대적 의지를 가지신 하나님이 창조하신 것이라는 말입니다. 창세기의 이 기사는 이 중요한 종교적 진리를 전하는 것이어서 그러한 이유로 만세불후의 하나님의 말씀입니다.

문 그러면 당신은 반드시 성서의 이 기사를 가지고 근세 과학의 결론과 조화시키려고 노력하는 것은 아닙니까? 당신은 만일 성서의 이 기사가 근세 과학에 의해 폭발되어도 성서에 관한 당신의 신앙은 움직이지 않습니까?

답 별로 성서가 근세 과학에 의해 폭발될 까닭이 없습니다. 성서가 옛날 프톨레마이오스의 천문이나 프리니의 박물서(博物書) 같은 것이라면 날마다 진보하는 과학의 발명에 의하여 파괴될런지 알 수 없으나 영(靈)이신 하나님과 물(物)인 우주와의 관계를 가리킨 성서의 이 기사가 아무리 과학이 진보한다 하더라도 파괴될 리 없습니다. “태초에 하나님이 천지를 창조하시니라” 어떠한 철학자도 어떠한 과학자도 성서의 이 선언을 거부할 수 없습니다. 뉴턴도 이렇게 믿었습니다. 다윈도 이렇게 믿었습니다. 스펜서도 어떤 의미로는 이렇게 믿었습니다. 물질은 그 자신을 지은 것이라고 믿는 대철학자가 있었다는 것을 나는 아직 한 번도 들어보지 못하였습니다.

신구약의 구성 체계를 보면 다음과 같다.

구약(39권 : 5+12+5+5+12)

1) 율법서(모세5경) : 창(세기), 출(애굽기), 레(위기), 민(수기), 신(명기)
2) 역사서 12권 : 수(여호수아), 삿(사사기), 룻(기), 삼상(사무엘상) · 삼하(사무엘하), 왕상(열왕기상) · 왕하(열왕기하), 대상(역대상) · 대하(역대하), 스(에스라), 느(헤미야), 에(스더)
3) 시가서(성문서) 5권 : 욥(기), 시(편), 잠(언), 전(도서), 아(가서)
4) 선지서(예언서) 17권 :
   - 대선지서 5권 – 사(이사야), 렘(예레미야) · 애(예레미야가), 겔(에스겔), 단(다니엘)
   - 소선지서 12권 – 호(세아), 욜(요엘), 암(아모스), 옵(오바댜), 욘(요나), 미(가), 나(훔), 합(하박국), 습(스바냐), 학(개), 슥(스가랴), 말(라기).

신약(27권 : 4+1+21+1)

1) 복음서(4권) : 마(태복음), 막(마가복음), 눅(누가복음), 요(한복음)
2) 역사서(1권) : 행(사도행전)
3) 서신서(21권) :
   - 일반 서신(7권) – 롬(로마서), 고전(고린도전서) · 고후(고린도후서), 갈(라디아서), 살전(데살로니가전서) · 살후(데살로니가후서), 히(브리서)
   - 옥중서신(4권) – 엡(에베소서), 빌(립보서), 골(로새서), 몬(빌레몬서)
   - 목회서신(3권) – 딤전(디모데전서) · 딤후(디모데후서), 딛(디도서)
   - 공동 서신(7권) – 약(야고보서), 벧전(베드로전서) · 벧후(베드로후서), 요일(요한일서) · 요이(요한이서) · 요삼(요한삼서), 유(다서)
4) 예언서(1권) : 계(시록)

신약의 별도 구분 :

1) 헬라인 서신(9권) : 롬, 고전 · 고후, 갈, 엡, 빌, 골, 살전 · 살후
2) 유다인 서신(9권) : 히, 약, 벧전 · 벧후, 요일, 요이, 요삼, 유, 계
3) 기타 등(9권) : 복음서 4권: 마, 막, 눅, 요, 역서서 1권: 행, 개인 서신 4권: 딤전 · 딤후, 딛, 몬

| 바울서신 13권 |

롬, 고전 · 고후, 갈, 엡, 빌, 골, 살전 · 살후, 딤전 · 딤후, 딛, 몬, (히)

| 신약 순서 |

마, 막, 눅, 요, 행, 롬, 고전 · 고후, 갈, 엡, 빌, 골, 살전 · 살후, 딤선 · 딤후, 딛, 몬, 히, 약, 벧전 · 벧후, 요일, 요이, 요삼, 유, 계

2. 칼빈의 삼위일체론의 의의

1. 삼위일체의 일반적 개념

(1) 개 요

히브리어로 하나님은 원래 복수형(엘로힘)으로 표기한다. 또한 하기와 같이 종종 복수 대명사로 표기하며, 하나님의 권위나 존경, 천국 보좌의 구성을 상징한다. 그리고 하나님의 복수 명칭에서 삼위일체의 교리를 발견한다. 즉 한 분/본질(One-ness, One substance)이신 하나님 안에 삼위/3인격(Three-ness, Three persons, 성부 하나님, 성자 하나님, 성령 하나님)이 존재한다는 뜻이다(three persons of one substance).

- 창 1:26 ……우리의 형상을 따라 우리의 모양대로 우리가 사람을 만들고……
- 창 3:22 ……선악을 아는 일에 우리 중 하나 같이 되었으니……
- 창 11:7 ……우리가 내려가서 거기서 그들의 언어를 혼잡케 하여……
- 사 61:1 ……여호와의 신이 내게 임하셨으니 이는 (…) 가난한 자에게 아름다운 소식을 전하게 하려 하심이라……, 메시아(그리스도) 강림
- 마 28:19-20 ……너희는 가서 (…) 성부와 성자와 성령의 이름으로 세례를 주고……

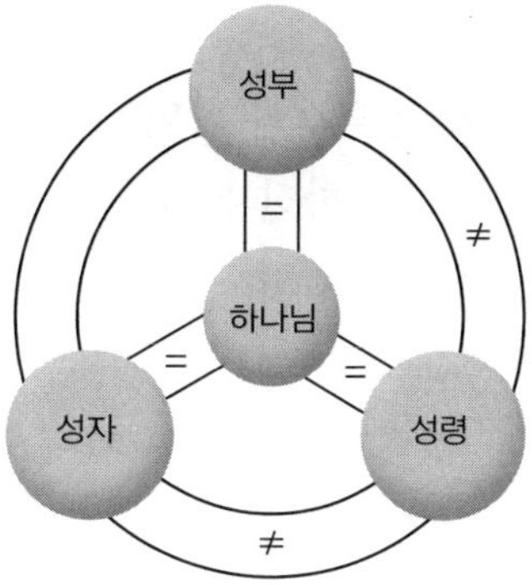

성부=하나님, 성자=하나님, 성령=하나님, 성부≠성자, 성자≠성령, 성령≠성부

Boardman은 삼위일체 교리를 다음과 같이 설명하고 있다.
성부는 보이지 않는 하나님의 충만하심이고(요 1:18),
성자는 보이신 하나님의 충만하심이고(요 1:14–18),
성령은 피조물에 바로 역사하시는 하나님의 충만이시다(고전 2:9–10).

- 창 24:1–4 리브가를 며느리로 맞기 위하여 엘리에셀을 고향으로 보낼 때에……, 아브라함 : 성부, 이삭 : 성자, 엘리에셀 : 성령, 리브가 : 교회(신부)로 볼 수 있다.

- 어거스틴은 태양 : 성부, 태양빛이 지구로 올 때는 : 성자, 눈을 녹이고, 식물 자라게 하는 힘은 성령으로 비유했다.

- 발전소 전기 : 성부, 전기 줄의 전기: 성자, 가정의 냉장고 전기 : 성령 하나님으로 생각해 볼 수도 있을 것이다.

(2) 하나님(God)

우주 만물의 창조주로서 인격적인 삼위일체의 하나님이시며 거룩하시고 선하시며 의롭고 전지전능하신 분이다.

1) 하나님의 본성(The Nature of God)

① 하나님의 영성(The Spirituality of God)

하나님은 어느 장소나 형태 물질적인 제약에도 구애됨이 없으신 분이며(요 4:21) 신령으로 예배드려야만 하고 진정으로 예배를 드려야만 한다. 하나님은 보이지 않으며 지체나 몸을 가지심이 없으므로 오감으로써가 아니고, 영으로써 이해된다.

② 하나님의 인격성(The Personality of God)

하늘에 계신 하나님과 땅 위에 존재하는 인간 사이에 이루어지는 인격적인 관계이다. 즉 지, 정, 의 이성, 개성, 자의식, 자결권 등을 소유하고 있는 분으로서 "나는 스스로 있는자(I am that I am)"(출 3:14)에서 알 수 있다. 우상은 사물이지 인격체가 아니며 하나님은 인격성을 가지고 우리 인간과 영적 교류(靈交)를 하고 있는 것이다.

2. 칼빈의 삼위일체 개념

(1) 한 본질의 한 하나님 안에 세 위격의 구별성이 존재

삼위일체는 우상과 이교의 거짓 신과 정확히 구별되는 성경이 계시한 하나님의 특성을 나타내고 있는 것이다.

(2) 삼위일체 용어에 대해 공격하는 자들에 대한 반론

칼빈은 사도가 성자를 가리켜 "그 본체의 형상이시라"(the express image of His person, 히 1:3)고 말한 바를 상기시킨다. 칼빈에 따르면 사도는 이렇게 말할 때, 분명 성부를 성자와 다른 어떤 실재(person, subsistentia)로 보았다. 왜냐하면, 본체(hypostasis)라는 말을 본질(essence)이라는 말과 동의어로 생각한다는 것은 조잡할 뿐만 아니라 불합리한 해석이기 때문이다. 하나님의 본질은 단일하시며 분할할 수 없다.

하나님의 본질이 단일하다면, 그리고 하나님께서는 자신 안에 모든 것을 포함하시되 부분적으로나 파생적으로가 아니고 아주 완전하게 포함하시기 때문에, 성자가 하나님의 본질의 형상이라고 불리는 것은 당치 않다. 이미 완전히 가지고 있는 것에 형상은 필요하지 않다. 그러므로 성자가 성부의 본질의 형상이라고 말하는 것은 불합리하고, 성자가 자신과 위격적 실체로서 구별되는 성부를 자신 안에서 나타내셨다고 생각하는 것이 합당하다. 성자는 성부의 본질이 아닌, 성부의 본체, 성부라는 성자와 구별되는 위를 자신 안에 계시하신 것이다.

성령에게 대해서도 본질은 단일하고 구분되거나 분리될 수 없지만, 하나님 안에는 구별되는 세 본체[인격적 실체로서의 위]가 있는 것이다.

칼빈은 삼위일체라는 용어를 절대화하지는 않는다. 그러나 이 용어보다 더 이 개념을 잘 설명하는 것이 존재하지 않는 현실을 인정한다. 그러므로 삼위일체라는 용어보다 더 건전하고 효과적으로 이 개념을 설명하는 단어를 제시한다면 그는 받아들일 용의가 있지만, 아직 그런 용어는 출현한 적도 합의된 바도 없다는 것이다.

(3) 칼빈의 삼위일체 개념 해설

'위'라는 말은 하나님의 본질에 있어서의 한 '실재'(subsistence)를 의미하는 것으로, 이것은 다른 실재와 관계를 가지면서도 교통할 수 없는 특성에 의하여 저들과 구별된다. 여기서 의미하는 실재라는 말은 본질이라는 말과는 다른 무엇을 뜻하는 말이다. 만일 '말씀'이 다만 "하나님일 뿐 아무런 특성도 가지고 있지 않다고 하면, 말씀이 항상 '하나님과 함께 계셨으니”(요 1:1)라고 한 요한의 말은 부당한 말이 될 것이다. 그러므로 즉시 “이 말씀은 곧 하나님이시니라”고 첨가하였는데, 그는 여기서 우리에게 본질의 단일성을 상기시켜 준 것이다. 그러나 말씀이 성부 안에 계시지 아니하면 하나님과 함께 계실 수 없기 때문이다.

즉, 한 본질을 가진 유일하신 하나님 안에는 서로 구별되는 위들이 존재한다. 성경은 이 위들의 구분을 기록하였다. 육신의 모습으로 이 세상에 오셨던 성자께서는 그를 보내신 성부 하나님과 구별된다. 성부 하나님께서는 성자 하나님의 ‘근원’이 되시는 분이다. 여기서 근원이란 말은 성자 하나님께서 본래적으로 그리고 본질에 있어 가지고 계신 신성의 근원이 아니라 단지 성자라는 위의 근원이 되신다. 여기서 근원이란 영원부터 영원까지 성부는 성자를 낳는 분으로 존재하시고, 성자는 성부로부터 낳음을 받는 분으로 존재하신다는 말이다. 여기서 시간의 시작이 없기 때문에 이 기원을 시간적 혹은 시작이 있는 기원으로 이해해서는 안 된다. 또한 하나님의 아들은 우리에게 구세주를 계시해 주시는 분으로 약속된 위로자 성령님과 구별된다. 즉, 한 하나님 안에 서로 구별되는 인격적 실체로서 위가 존재하는 것이다.

3. 삼위일체에 대한 정확한 이해

(1) 삼위를 삼신이라고 하는 것

삼신이란 하나님이 한 분이 아니고 어떤 때는 성부 하나님으로 나타나고, 또 어떤 때는 성자하나님으로 나타나고, 그리고 또 다른 어떤 때는 성령 하나님으로 각각 다른 3분의 하나님으로 나타난다는 것(양태론)으로, 이는 우리가 정설로 받아들이는 한 하나님 안에 구별되어 나타나는 3위가 있다는 것을 잘못 해석하여 가르치는 것으로 판단된다. 따라서 교회는 이러한 삼신론을 배척하여야 할 것이다.

(2) 유사 본질의 문제

아리우스는 성자 하나님인 예수 그리스도의 신성과 인성의 2가지 성질에 대하여 예수는 하나님께 종속되었고 하나님으로부터 신격화된 것으로 완전한 신으로 볼 수가 없다고 말하고 있다[유사 본질(homoiousios)]. 그러나 이는 성자 예수님에 대하여 한 위격에 2가지 본성(nature)이 있다는 것을 잘못 주장하는 것으로 성부와 성자는 본질에 있어서는 동일하다는 동일 본질(homoousios)에 충실하여야 한다.

(3) 종속설

성자가 성부에게 종속되어 있다는 것에 대하여는 그렇지가 않다. 성자를 뒤에 놓고 성부를 앞에 놓은 것은 질서 상의 문제인 것인지 능력 상의 문제가 아니다. "영생은 곧 유일하신 참 하나님과 그의 보내신 자 예수 그리스도를 아는 것이니이다"(요 17:3)에서 알 수 있다. 또한 "아버지는 나보다 크심이니라"(요 14:28)는 말씀의 의미는 신성의 열등을 의미하지 않고 하늘의 영광으로 부여 받아 성부에게 참여시킨다는 의미로서 이해하여야 할 것이다.

3. '그리스도와의 신비한 연합'의 의미

1. 그리스도와의 신비한 연합(Union with Christ)의 개념

우리가 구원을 논할 때에 그리스도와의 연합을 언급하지 않고는 이루어질 수 없다. '그리스도 안에서'의 의미는 모든 구속의 은총은 오직 그리스도 안에서만 받아 누릴 수 있다는 것이며, 우리가 그리스도 안에 거하여만 이루어 질 수 있다는 것이다. 아래의 성경 구절처럼 가지가 포도나무를 떠나면 불에 던져져 불사름을 당하듯이 우리도 예수 그리스도 그분과 연합되어 있지 아니하면 구원은 우리와 아무 상관이 없는 것이다(Salvation in Christ).

> [요 15:5] 나는 포도나무요 너희는 가지니 저가 내 안에, 내가 저 안에 있으면 이 사람은 과실을 많이 맺나니 나를 떠나서는 너희가 아무것도 할 수 없음이라 사람이 내 안에 거하지 아니하면 가지처럼 밖에 버리워 말라지나니 사람들이 이것을 모아다가 불에 던져 사르느니라 너희가 내 안에 거하고 내 말이 너희 안에 거하면 무엇이든지 원하는 대로 구하라 그리하면 이루리라

그러면 무엇을 통하여 그리스도와 연합할 수 있는가. 그것은 그리스도에 대한 말씀이 성령의 신비한 역사에 의해 우리에게 유익을 줄 때 가능하다. 칼빈은 "나는 그리스도께서 우리 안에 들어와 계실 때까지 우리는 이 비할 데 없는 선을 가질 수 없다는 것을 고백한다. 그러므로 머리와 지체들과의 결합 즉 우리 마음속에 그리스도가 내주하심을 간단히 말하면, 신비로운 연합을 우리는 최고로 중요시한다"라고 하였

다. 그렇다면 신비스러운 연합이 어떻게 가능할까? 신비로운 연합에 있어 성령은 중요한 역할을 한다. 그리고 성령 사역의 본질은 이 신비로운 연합과 연관된다. 칼빈은 "성령은 우리를 그리스도와 연합시켜 주시는 띠(bond)입니다"[52]라고 말하였다.

2000년 전에 예수 그리스도가 이 땅에 오셔서 이룩한 구원을, 성령께서 개인에게 어떻게 적용하는가에 대하여 후대 신학자들은 구원의 서정(논리적, 인과적인 것이지 시간적으로 잘라 내는 것이 아니다)으로써 부르심(외적 소명, 내적 소명), 중생, 회심, 믿음, 회개, 칭의, 성화, 영화 등으로 세분화하였지만(칭의의 토대 위에 성화가 일어난다. 성화가 앞서가면 공로신학이 된다) 칼빈은 두 가지로 단순하게 나눈다. 법적 측면의 은총(칭의)과 갱신적 측면의 은총(중생, 회개, 성화)으로 나누었다. 그리고 구원의 시작점을 그리스도와의 연합에서 출발하였다.

2. 연합은 성령께서 말씀을 통해 일으키는 믿음을 통해서 가능

성령은 모든 하늘의 은사가 우리에게 흘러오게 하는 근원이 되는 '샘 물'이며(요 4:14), 하나님께서 그 권능을 행사하시는 '주의 손'(행 11:21)으로 묘사되었다. 성령께서는 그 힘으로 우리에게 감동을 주시며, 거룩한 생명을 불어넣으시므로 우리는 자신의 힘으로 움직이는 것이 아니라, 성령의 활동과 자극으로 움직이게 된다. 따라서 우리에게 있는 선한 것은 모두 성령의 은혜의 열매이다. 성령이 계시지 않을 때 우리에게 있는 것은 어두운 마음과 사악한 심정뿐이다"(갈 5:19-21).

아래와 같은 칼빈의 표현은 성령께서 그리스도와 신자를 연합시키는 사실을 잘 나타내 주고 있다.

---

52) 라은성, 『이것이 기독교 강요다』(서울, 페텔, 2014), p.164.

"우리의 믿음이 성령께 집중되기까지는, 그리스도에 대해서도, 우리는 그분을 냉정하게 바라보며, 우리의 밖에 계신 분, 아니 우리에게서 먼 분으로 보기 때문에, 그는 이를테면 아무 일도 하시지 않는 분이 되고 만다."

성령이 하시는 가장 중요한 일은 믿음을 일으키는 것이다. 그래서 보통 성령의 능력과 역사를 표현하는 말들은 대체로 믿음과 관련이 있다. 성령께서는 오직 믿음에 의해서 우리를 복음의 광명으로 인도하시기 때문이다. 요한복음 1장 12-13절에서 요한은 하나님과 혈육을 대조한다. 믿는 자의 입양의 특권은 하나님으로부터 온 것이다. 그리스도를 알게 하시고 믿게 하신 것은 하나님이시다(마 16:17). 에베소서 1장 13절은 "약속의 성령으로 인치심을" 받았다고 한다. 바울은 여기서 성령을 '우리 속에 계시는 선생'이라고 가르친다. 이 선생의 노력으로 구원의 약속이 우리 마음속에 들어오며, 성령의 노력이 없으면 이 약속은 헛되이 우리의 귀를 스치고 지나갈 뿐이라고 한다. 데살로니가후서 2장 13절은 "성령의 거룩하게 하심과 진리를 믿음으로" 하나님으로부터 선택을 받았다고 말한다. "바울은 여기서 믿음의 유일한 근원은 성령이라고 간단히 일깨워 주고 있다." 그리스도께서 우리 안에 거하심을 알고, 우리가 그리스도 안에 거하고, 하늘의 지혜를 우리가 받아들이는 것은 성령의 역사 때문이다(요일 3:24, 4:13 ; 요 14:17).

"성령의 중심되는 사명으로는 그리스도께서 제자들에게 가르치신 말씀들을 모두 생각나게 하는 일을 지정하셨다. 식별의 영(욥 20:3)이 마음의 눈을 뜨게 하지 않는다면 먼눈에 빛이 비쳐도 무익하다. 그러므로 성령은 하늘나라의 보고를 우리에게 열어 주는 열쇠(key, clavis)라고 불리워질 수 있다.

"따라서 우리도 그 구원에 참여할 수 있기 위해서, 그리스도께서는 우리들에게 '성령과 불로' 세례를 주시며(눅 3:16), 그의 복음을 믿는 신앙의 빛으로 우리를 인도하시며, 우리를 거듭나게 하셔서 새 피조물이 되도록 하신다(고후 5:17). 그리고 우리에게서 세상의 더러운 것을 씻어 버리고, 깨끗게 된 우리를 하나님의 거룩한 성전으로 성별하신다" (고전 3:16-17, 6:19; 고후 6:16; 엡 2:21).

3. 믿음의 대상

믿음의 대상과 관련하여 칼빈은 그리스도를 강조한다. 왜냐하면 하나님을 유한하고 타락한 인간이 온전히 알 수 없기 때문에(딤전 6:16; 요 8:12; 시 36:9; 요 14:6), 그리스도의 중보가 필요하다. 그리스도는 아버지를 계시하신다. 요한복음 6장 38-39절을 보면 이를 잘 이해할 수가 있다. "내가 하늘로서 내려온 것은 내 뜻을 행하려 함이 아니요 나를 보내신 이의 뜻을 행하려 함이니라"

"그리스도만이 아버지를 아시며, 그 다음에 그분이 당신 자신을 나타내시기를 원하시는 신자들에게만 자신을 나타내시기 때문이다. 그리고 바울은 하나님의 영광이 그리스도에게서 우리에게 나타나 보인다고 증거한다. 바꿔 말하면, 하나님의 영광을 아는 지식이 그리스도의 얼굴에서 빛나며, 그 지식이 우리에게 비친다고 하였다."(눅 10:22; 고전 2:2, 21 ; 행 26:17-18 ; 고후 4:6)

칼빈은 다음과 같은 어거스틴의 말을 인용하여 우리의 믿음은 오직 그리스도이심을 증거하고 있다. "그는 하나님으로서 우리가 가려는 목적지가 되며, 사람으로서 우리가 걸어가는 길이 되신다. 목적지와 길은 오직 그리스도에게서 발견될 뿐이다".

4. '그리스도인의 자유'란 무엇인가

1. 자유에 대한 이해

기독교에서 이 자유는 복음의 성취에 대한 자유를 의미하며 이는 남용되어서는 아니 되고 또한 속박되어서도 아니 되며 침해되어서도 안 된다. 우리 그리스도인은 율법으로부터 자유로워야 된다. 칼빈은 "복음의 가르침을 요약하려고 하는 사람은 그리스도인의 자유(christiana libertas)에 대한 설명을 빠뜨려서는 안 된다고 강조한다. 그 이유는 이것은 근본적으로 필요한 일이며, 이것을 모르고는 양심은 거의 아무 일도 확신 있게 시도할 수 없으며, 여러 가지 일에 주저하고 위축되며 항상 불안과 동요를 느끼기 때문이다. 자유는 특히 칭의에 따르는 것이며, 칭의의 힘을 이해하는 데 적지 않은 도움이 된다. 참으로 하나님을 진지하게 두려워하는 사람은 이 교리에서 오는 비길 데 없는 유익을 누릴 것이다"라고 말하였다.

2. 율법으로부터의 자유

그리스도의 자유에는 다음과 같은 3가지가 있다.

(1) 율법의 행위로부터 자유

구원의 조건으로 율법은 배격되어야 하며 이러한 관점으로부터 우리 믿는 자는 벗어나, 예수 그리스도를 믿어 의에 이르는 것이기 때문에 구약 시대의 율법이 규정하고 있는 제반 행위로부터 우리가 자유함을 얻는다는 것을 확증해야 한다. 이에 대하여 칼빈은 다음과 같이 말하고 있다.

"신자들의 양심은 하나님 앞에서 칭의에 대한 확신을 얻는 데 있어서 율법에 의한 의를 일체 잊어버리고 율법을 뛰어넘어 더욱 전진해야 한다. 율법으로는 아무도 의롭게 될 수 없으므로, 우리는 칭의에 대한 소망을 완전히 버리게 되든지, 그렇지 않으면 율법에서 해방되어야 한다. 즉, 행위를 전연 계산하지 않아야 한다. 우리는 칭의를 논의할 때에, 율법을 일체 언급하지 않으며, 행위에 대한 고려를 전적으로 배제하고, 하나님의 자비만을 받아들이며, 우리 자신을 보지 않고 그리스도만을 보아야 한다. 여기서의 문제는 어떻게 하면 의롭게 될 수 있느냐 하는 것이 아니라, 불의하고 무가치한 우리가 어떻게 하면 의롭다는 인정을 받을 수 있느냐 하는 것이다. 이 문제에 대해서 양심에 확신을 얻고 싶으면 율법을 일체 배제해야 한다."

그러나 율법이 불필요하다고 하는 것은 아니며, 예수님께서도 "나는 율법을 완성하기 위하여 왔다"고 하셨다. 그것은 율법이 비록 하나님의 심판대 앞에서는 신자들의 양심에 관계할 수 없을지라도, 신자들에게 선을 행하도록 끊임없이 가르치며 충고하며 권고하기 때문이다. 이 두 가지 일은 매우 다르므로, 우리는 바르게 또 양심적으로 구별해야 한다. 우리 그리스도인들은 성화의 생활을 하도록 부르심을 받았으므로 우리의 전 생활에는 어떤 경건의 실천이 있어야 한다(살전 4:7 ; 엡 1:4 ; 살전 4:3). 이 때에 신자들에게 의무를 알려 주며 거룩과 결백에 대한 열의를 일으키는 것은 율법이 하는 일이다.

(2) 율법의 멍에로부터 자유

멍에는 어떤 굴레 속에 얽어매져 생활하는 것이라고 말할 수 있다. 우리가 은혜를 입었기에 자발적인 사랑을 베풀며 자유자로서 하나님의 말씀에 순종하는 것이지 자발성이 없이 노예처럼 복종하는 것이 아닌 것을 의미한다.

다시 말하면, 율법의 멍에에 매인 사람들은 주인으로부터 매일 일정한 일을 하도록 명령받은 일을 정확하게 완수하지 못하면, 아무 것도 한 일이 없다고 느끼며 주인 앞에 감히 나가지 못한다. 그러나 아버지로부터 너그럽고 솔직한 대우를 받는 아들들은 불완전하고 흠이 있는 일까지도 아버지 앞에 내놓기를 주저하지 않는다. 왜냐하면 아버지께서 원하신 대로 일을 완수하지 못했을지라도 그들의 순종한 행위와 기꺼이 순종하는 마음을 아버지께서 받아 주시리라고 믿기 때문이다. 우리는 이런 자녀가 되어야 한다. 우리가 드리는 봉사가 아무리 사소하며 졸렬하고 불완전할지라도, 지극히 자비로우신 우리 아버지께서는 그것을 용납하신다고 확신하신다.

(3) 무해 무익한 외부적인 사물에 관한 자유

해(害)도 아니고 선(善)도 아닌 중립적인 것에 우리가 얽매일 필요가 없다는 것이다. 즉, "무해 무익한 외부적 사물, 중도에 관한 일들에 관해서, 우리는 하나님 앞에서 어떤 종교적 의무에도 매여 있지 않고, 그런 사물을 때로는 이용하기도 하며, 또 때로는 이용하지 않는 것도 전연 무방한 일이다. 그리고 이 자유를 아는 것은 우리에게 매우 필요한 것인데, 만일 모른다면 우리의 양심은 결코 평안히 쉴 수 없으며 미신도 끊임없이 생겨날 것이기 때문이다.

즉, 양심의 주인은 오직 하나님의 말씀만이다. 말씀의 기준에 적합하게 반응하여야 한다. 루터는 복음을 말씀 속에서 깨닫고 확증한 것을 책으로 썼는데 가톨릭의 재판에서 그 책을 불태울 것을 권고받았다. 이것을 인정할 것인지 아닌지, 이 말씀은 하나님으로부터 왔는지 아닌지 고민하다가 하루 뒤에 하나님의 말씀에 비추어 볼 때 나의 이성과 양심에 따라서 그럴 수 없다(책을 불태울 수 없다)고 결연히 거부하였다. 내 양심의 주인은 하나님으로부터이며, 양심이 옳고 그름을 선택하는 것은 오직 하나님의 말씀에 근거하여야 한다, 당신들이 나를 죽인다고 하더라도 당신들을 따를 수 없다고 하였다.

칼빈은 그리스도인의 자유에 있어 중도적인 문제들을 두 가지 관점에서 균형 있게 다룬다. 자유를 인식하고 자유를 누리는 것이 중요하며, 한편으로 그 자유를 남용해서는 안 된다는 말이다. 하나님 앞에 건강한 양심을 유지하기 위해 우리는 자유를 인식하고, 또 남용하지 않고 절세할 필요도 있다.

신자는 하나님의 선물을 그의 목적을 위해서 써야 한다. 그리고 그리스도인의 자유를 탐식과 사치에 악용하지 말아야 한다. 칼빈은 자유의 남용도 정죄한다. 그리스도인들이 자유를 남용할 때 연약한 자들이 해를 당한다. 이것은 죄이다. 그리스도인의 자유는 사랑과 덕의 원리 안에서 절제되어야 한다.

3. 인간의 모든 법에 대하여 양심은 자유롭다

실정법은 내 양심의 법이라고 할 수 없지만 시민으로서 내가 그 법을 지키겠다. 그것은 내가 시민으로서 책임질 것은 지지만 양심은 지킨다는 것이다. 즉, 양심의 주인은 오직 하나님이므로, 모든 법에 대하여 양심은 자유롭지만 또한 그 법에 승복하여야만 되므로, 우리에게는 두 개의 나라(duplex regnum, 영적 통치/교회, 시민적 통치/칼)가 있는 것이다. 그러나 교회는 하나님의 법을 따라야 된다. 동성애가 법으로 제정이 되면 우리는 하나님의 법에 위배되므로 동성애를 죄라고 외쳐야 되지만, 실정법의 벌도 따라야 된다. 즉 책임질 것도 책임을 지지만 하나님의 법에 따른 양심은 지켜야 된다.

자유의 특권을 받은 신자들은, 그리스도의 은혜로 그 양심이 이제 한 경지에 도달했다. 즉, 여기서는 그리스도께서 그들이 자유롭기를 원하시는 문제들에 관해서 여러 가지 관례의 올무에 걸려들어서는 안 된다. 그러므로 그들은 모든 인간의 권한에서 자유롭게 되었다고 우리는 결론을 내린다. 사람들이 원하는 대로 우리의 양심이 법과 규칙에 얽매인다면(갈 5:1, 5:4), 양심은 확실히 자유를 잃은 것이다. 그러나 이것은 꼭 알아야 할 중요한 문제이므로 더 자세하고 분명한 설명이 필요하다. 왜냐하면 인간이 규정한 것을 폐지하는 문제에 관해서 한 마디라도 말이 나면, 마치 인간의 모든 복종이 동시에 제거되고, 타도되는 듯이, 한편에서는 선동적인 사람들이, 또 한편에서는 중상자들이 즉시 큰 소동을 일으키기 때문이다.

그러므로 우리는 이 돌에 걸려 넘어지지 않도록, 우선 사람에게는 이중의 통치가 있다는 것을 고려해야 한다. 하나는 영적인 통치로서 여기서 양심이 경건과 하나님을 경외하는 일을 배우며, 다른 하나는 사회적 통치로서 여기서는 인간으로서 또 시민으로서 사람 사이에 유지해야 할 여러 가지 의무를 배운다. 보통 이 두 방면을 "영적" 및 "세속적"인 관할권이라고 부르는데 이는 부적당한 명칭은 아니다.

(1) 영적 관할권

이 통치는 그 뜻이 영혼의 생활에 속한 것이다.

이 통치는 마음속에 있고, 이 나라는 영적인 나라다.

(2) 세속적 관할권

이 통치는 현세 생활에 관한 것, 즉 의식뿐 아니라, 거룩하고 고결하고 절제 있게 사회생활을 하는 데 필요한 법률을 제정하는 데 관한 통치이다.

이 통치는 외면적인 행동을 규제하고, 이 나라는 정치적인 나라다.

그런데 우리가 구별한 것과 같이, 이 둘은 항상 각각 별도로 검토해야 한다. 한 쪽을 고찰할 때에는 다른 쪽을 염두에 두지 않아야 한다. 이를테면 사람에게는 두 세계가 있으며, 두 세계가 각각 다른 임금과 다른 법률의 권위 하에 있다. 이런 차이가 있기 때문에, 우리는 영적 자유에 대한 복음의 교훈을 사회 질서에 잘못 적용해서는 안 된다. 그리스도인들은 하나님 앞에서 양심의 자유를 얻었다고 해서, 외부적인 통치에 관해서 인간 사회의 법에 복종할 필요가 없는 것이 아니다. 그리스도인들은 영적으로 자유롭다고 해서 모든 육적 예속으로부터 해방된 것은 아니다.

"영적인 나라에 적용되는 듯한 제도 가운데도 착오가 있을 수 있으므로, 우리는 그런 제도 가운데서 하나님의 말씀과 부합하므로 합당하다고 인정할 것과, 경건한 사람들 사이에서는 용납할 수 없는 것과를 식별해야 한다." 칼빈이 이러한 구분을 하는 이유는 외부의 법정과 양심의 법정을 구분하기 위한 것이다. 이러한 구분은 성도의 양심이 세속 국가에 대해 갖는 자유가 어떤 것인지를 설명하고, 또 바울이 정부에 복종하라는 명령(롬 13:1, 13:5)을 바로 이해하기 위해 필요하다.

5. 그리스도 성육신의 중요성

1. 개념

예수님께서 영이신 하나님께서 육신을 입고 이 땅에 오신 것을 성육신(成肉身, incarnation)이라 하며 즉 태초에 하나님과 함께 계셨던 말씀이 사람의 몸을 입고 오신 것을 의미한다. 비록 인간으로부터 태어났지만 성령으로 잉태되어 탄생 시부터 예수님은 하나님이시고 사람이신 것이다(마 1:20-23 ; 눅 1:35). 사도 요한은 요한복음 1장 14절에서 "말씀이 육신이 되어 우리 가운데 거하시매 우리가 그 영광을 보니 '아버지의 독생자'의 영광이요 은혜와 진리가 충만하더라"라고 하였다.

2. 중요성

(1) 성령의 역사

그리스도의 탄생은 성령의 역사로 마리아의 몸에 잉태된 존재의 동력인(動力因, efficient cause)이었으며 인간적인 동력인이 아니었다. 이는 예수님께서 인간적 인격이 아니라 행위 언약에 포함되지 않으며 죄책으로부터 자유로운 하나님의 아들의 인격이었다는 사실과 조화된다.

(2) 선재성(先在性, pre-existence)

선재한 적이 없는 존재의 성육신은 논하기가 불가함으로 성육신 그 자체는 예수의 선재성을 나타내고 있다.

"태초에 말씀이 계시니라 이 말씀이 하나님과 함께 계셨으니 이 말씀은 곧 하나님이시니라"(요 1:1).

(3) 비하(卑下)의 신분(The State of Humiliation)

하나님이 육신을 입고 인간의 모습으로 오셨다는 것은 천지의 주재이신 최고의 입법자분께서 그 백성들을 위해 율법의 계약적, 형벌적 조항을 이행하고자 스스로 율법 아래 속하신 사실에 있다. 갈라디아 4장 4–5절 "(…) 율법 아래 나게 하신 것은 율법 아래 있는 자들을 속량하시고 우리로 아들의 명분을 얻게 하려 하심이라", 그리고 빌립보서 2장 6절 "그는 근본 하나님의 본체시나 (…) 오히려 자기를 비어 종의 형체를 가져 사람들과 같이 되었고" 등에 나타나 있다.

(4) 일위성(一位性, The Unipersonality of Christ)

AD 451년 칼케돈회의에서 그리스도의 위격에 대한 교회의 신앙을 공식화하여 "양성(신성과 인성)을 인정하되 두 본성은 혼동되거나 변화하거나 분리되지 않으며(inconfusedly, unchangeably, indivisibly), 양성의 구별은 연합으로 인해 결코 말소되지 않고 오히려 각각의 性의 특징이 보존되고, 두 위격으로 분할되거나 구분되지 않고 하나의 위격과 실제로 합치된다"라고 선언하였다. 그는 신인(God–Man)이다.

6. 그리스도의 부활

1. 개념

그리스도께서 십자가에 달리시어 죽으시고 3일 만에 살아나신 것을 부활(The Resurrection of Christ)이라 하며, 예수께서는 살아 있는 동안 자기가 십자가에 달려 죽고 3일 만에 부활할 것을 미리 예언하였다(막 8:31, 9:31, 10:34 등).

그리스도의 승귀의 단계인 부활, 승천, 하나님 우편에 앉으심, 재림의 4단계에서 제일 첫 번째 단계이다. 또한 이 부활은 그리스도가 죽음의 종이 아니고 죽음을 이긴 죽음의 주인(The Master of Death)임을 보여 준다.

2. 증거

부활 후 승천 시까지 40일 동안 4복음서와 고린도전서 15장(게바에게 보이시고 후에 열 두 제자에게와 그 후에 오백여 형제에게 일시에 보이셨나니 그 후에 야고보에게 보이셨으며 그 후에 모든 사도에게와 맨 나중에 만삭되지 못하여 난 자 같은 내게도 보이셨느니라)에 10번의 다른 나타나심이 기록으로 증거되고 있다.

3. 의미

(1) 죽음을 이김(죽음의 권세를 깨뜨렸다)

고린도전서 15장 21절, "사망이 사람(아담)으로 말미암았으니 죽은 자의 부활도 사람(살려주는 영인 마지막 아담으로 오신 그리스도)으로 말미암는도다"에서 십자가의 죽음심을 통해 우리의 죄 문제를 해결하셨고, 부활하심으로 죽음의 권세를 깨뜨렸다.

(2) 성도의 소망

그리스도께서 다시 살아나서 부활의 첫 열매가 되심으로(고전 15:20), 믿는 성도들에게 부활의 소망을 갖게 하셨으며, 이는 기독교 신앙의 근본적인 요체이다.

(3) 성령의 역사

이 부활은 그리스도의 단독적인 사역이 아니고 하나님의 능력으로 돌리고 있으며(행 2:32), 그의 부활은 또한 성령의 역사이시다(롬 8:11).

7. 구원의 서정(序程, ordo Salutis)

1. 개념

구원의 서정은 영어로 The Order of Salvation, 그리고 독일어로는 Heilsaneignung(구원의 획득)으로 표현하고 있으며, 쉽게 말하면 구원에 이르는 순서라고 보면 될 듯하다. Louis Berkhof는 "구원의 서정이란 그리스도 안에서 행해진 구원의 사역이 죄인들의 심령과 삶에 주관적으로 실현되는 과정을 서술하는 용어"라고 말하고 있다.

2. 구원의 적용의 순서

성령님께서 택자의 마음속에 역사하는 구원의 적용과 순서를 다음과 같이 9가지로 제시할 수 있다.

1) 소명(calling) : 하나님의 부르심을 말한다(살후 2:14, "이를 위하여 우리 복음으로 너희를 부르사 우리 주 예수 그리스도의 영광을 얻게 하심이니라). 즉 창조주 하나님께서 죄인인 우리 인간을 인도하여 그리스도인이 되게 하는 것이다.
2) 중생(regeneration) : 거듭남의 의미(요 3:3 예수께서 대답하여 가라사대 사람이 거듭나지 아니하면 하나님 나라를 볼 수 없느니라). 물과 성령으로 거듭난다.
3) 회심(repentance, conversion) : 중생 사역의 외면적 표현으로 죄인의 의식 생활 속에서 수반되는 변화로서 회심의 창시자는 하나님이

시고, 성령의 직접적이며 간접적인 활동이다(시 19:7).

4) 신앙(faith) : 성경을 하나님의 말씀으로 받아들이는 일반적인 신앙과 그리스도를 의지하는 특수 신앙으로 나눈다. 신약에서의 믿음은 다른 사람의 증거에 근거한 지적 믿음이나 확신을 의미하여, 바울서신에서는 죄로부터 구원하시고 장래 축복을 주시는 그리스도를 믿는 것이다.

5) 칭의(justification) : 하나님께서 인간을 의롭다고 선언해 주시는 것으로 하나님이 의롭다고 선언할 때 그 의로움이 하나님 자신으로 말미암아 창설되는 것이며, 이 의로움을 구성하는 활동을 의의 전가라 한다.

6) 양자(adoption) : 자연적인 아들이 아닌 사람이 가족의 특권을 얻는 것을 말한다(롬 8:16, "성령이 친히 우리 영으로 더불어 우리가 하나님의 자녀인 것을 증거하시나니"). 하나님이 자녀를 삼으시는 더 높은 단계의 영적 축복이다.

7) 성화(sanctification) : 하나님께서 성령을 통하여 성결의 주관적인 특질을 인간 속에 일으키심을 말한다(살전 5:23, "평강의 하나님이 친히 너희로 온전히 거룩하게 하시고……").

8) 인내(성도의 견인: perseverance of the saints) : 그리스도인은 은혜의 상태에서 떨어질 수 없다는 것으로 신자 속에서 임하시는 성령의 계속적인 역사로 이것에 의하여 심중에 시작되는 하나님의 은혜의 역사가 완성에까지 이루어지는 것을 의미한다.

9) 영화(glorification) : 구원의 맨 마지막 단계로서 하나님의 자녀들의 영혼과 신체가 사망의 세력으로부터 완전히 해방되는 구원의 최종 완성을 말한다.

8. 칼빈주의 5대 교리

1. 서언

칼빈주의는 칼빈(John Calvin : 1509–1564, 프랑스 노용 출생, 2세대 종교개혁자)이 초대교회 이후 형성된 전통적인 신학 사상을 하나님의 말씀에 따라 체계화시킨 것이며, 사도 바울의 신학적 기초 위에 어거스틴과 칼빈을 추종하는 벤자민 워필드, 찰스 핫지, 아브라함 카이퍼, 헤르만 바빙크 등에 의하여 계승되었고, 하나님 중심(God centered), 성경 중심(Bible centered), 하나님의 절대 주권(God's absolute sovereignty)을 기본 원리로 하는 주의로 인간의 생각으로 된 종교가 아닌 성경에 기반한 신학이라고 할 수 있다.

또한 칼빈주의는 역설적으로 알미니안주의의 태동 이후에 그에 대한 대응 학설로 1618년 네덜란드 정부에 의하여 알미니안의 잘못된 점을 지적하고 칼빈주의의 5가지 요점(the five points of Calvinisim)을 공식화함으로써 정착되었다.

알미니안주의는 네덜란드의 신학 교수였던 알미니우스(James Arminius : 1560–1609)의 사후 그의 사상을 따르는 자들에 의하여 인간의 자유의지, 조건적 선택, 보편적 구속, 성령 역사의 제한, 은혜에서 떨어짐 등의 5가지를 핵심으로 한다.

2. 칼빈주의와 알미니안주의의 비교

(1) 칼빈주의와 알미니안주의의 요약

칼빈주의(하나님의 절대주권)	알미니안주의(인간의 이성)
1) 전적 타락(Total Depravity) : 인간은 죄로 인해 하나님과 단절되었으며 무능력해져 자력으로 구원을 받을 수 없다.	1) 자유의지/인간의 능력(Free Will/Human Ability) : 인간은 비록 타락한 존재이나 영적 선을 택할 수 없을 정도로 무능해진 것은 아니며 자력으로 구원을 소유할 수 있다.
2) 무조건적 선택(Unconditional Election): 창세전에 그리스도 예수 안에서 세워진 하나님의 구원 계획에는 선택받은 자와 선택받지 못한 자가 있다.	2) 조건적 선택(Conditional Election) : 예지에 의한 예정 교리로서 구원을 받고 싶어 하는 자들을 미리 하나님께서 아시고 그들을 선택하시기로 예정하셨다.
3) 제한 속죄(Limited Atonement) : 예수 그리스도의 대속의 보혈은 전 인류의 죄를 사하고도 남음이 있으나 작정된 자들만 구원을 얻는다.	3) 보편적 구속 · 일반적 속죄(Universal Redemption General Atonement) : 죄로 지옥에 떨어지는 영혼이 있을지언정 하나님의 사랑이 모든 인류를 구원한다.
4) 불가항력적 은혜(Irresistible Grace) : 하나님의 은혜의 부르심은 인간의 의지에 의하여 거부되거나 무효화될 수 없다.	4) 重生에서 성령의 역사는 인간 의지로 제한을 받음(The work of Holy Spirit in Regeneration limited by human will) : 성령의 뜻이 인간의 의지에 의하여 거부당할 수 있으며 이에 좌절될 수 있다.
5) 성도의 견인(Perseverance of the Saints) : 한 번 선택된 구원은 절대로 취소될 수 없다.	5) 은혜에서 떨어짐(Falling from Grace) : 구원받은 사람도 종국적으로 구원으로부터 떨어질 수 있다.

(2) 칼빈주의와 알미니안주의의 성경적 고찰

1) 전적 타락 및 인간 의지

인간의 전적 타락은 선악과 금령을 어긴(창 2:17) 아담의 원죄로부터 하나님과 인간의 관계는 단절되게 되었으며, 온 인류가 하나님을 향해 반응할 수 있는 지, 정, 의의 기능을 근본적으로 상실했기 때문이다.

인간이 죄인인 것에 대한 성경 구절을 보면 다음과 같다.

- 모든 사람이 죄를 범하였으매 하나님의 영광에 이르지 못하더니(롬 3:23)
- 이러므로 한 사람으로 말미암아 죄가 세상에 들어오고 죄로 말미암아 사망이 왔나니 이와 같이 모든 사람이 죄를 지었으므로 사망이 모든 사람에게 이르렀느니라(롬 5:12)
- 의인은 없나니 하나도 없으며(롬 3:10)
- 오직 너희 죄악이 너희와 너희 하나님 사이를 내었고 너희 죄가 그 얼굴을 가리워서 너희를 듣지 않으시게 함이니(사 59:2)
- 사람의 죄악이 세상에 관영함과 그 마음의 생각의 모든 계획이 항상 악함(창 6:5)
- 십인(소돔과 고모라에서 의인 10인)을 인하여도 멸하지 아니하리라(창 18:32)
- 너희 중에 죄 없는 자가 먼저 돌로 치라 하시고(요 8:7)
- 내가 죄악 중에 출생하였음이여 모친이 죄 중에 나를 잉태하였나이다(시 51:5)

위에서 본 것처럼 인간은 근본적으로 죄인이며 죄의 삯은 사망(롬 6:23)이요, 죽음 이후에는 심판(히 9:27)이 있는 것으로, 인간은 누군가의 도움이 없으면 구원받을 수가 없는 것이다. 알미니안주의가 주장하는 인간은 자유의지가 있어서 영적 선을 선택할 수 있으며 자력으로 구원을 받을 수 있다는 것은 일상생활 가운데에 선한 것과 악한 것을 인간이 구별할 수 있는 것을 지나치게 확장한 것으로, 하나님 앞에서 모든 사람이 죄인이라는 기독교의 대명제와 합치되지 않는다고 보며, 인간은 전적으로 타락한 존재(totally depraved existence)라고 믿는다.

2) 무조건적 선택과 조건적 선택

알미니안주의의 예지(foresee, foreknowledge), 예정론은 조건적 선택의 정당성을 나타내는 교리인데, 이는 하나님께서 인간을 구원하실 때 하나님의 주권적 선택에 의한 일방적이고 무조건적으로 예정하신 것이 아니라 복음에 반응하는 인간의 의지에 의한 결단을 하나님의 전지 전능성을 통해 창세전에 예지하시고 이에 근거해 그 사람을 구원해 줄 것으로 예정해 주셨다는 주장이다.

이는 로마서 8장 29절의 "하나님이 미리 아신(예지) 이는 자들로 또한 그 아들의 형상을 본받게 하기 위하여 미리 정하셨으니(예정) 이는 그로 많은 형제 중에서 맏아들이 되게 하려 하심이니라"라는 것을 통하여 주장하고 있으나, 이는 성경 로마서의 전체 맥락을 자세히 보면 허구성을 발견하게 된다. 로마서 8장 1-2절을 보면 "그러므로 이제 그리스도 예수 안에 있는 자에게는 결코 정죄함이 없나니 이는 그리스도 예수 안에 있는 생명의 성령의 법이 죄와 사망의 법에서 너를 해방하였음이라"라는 것으로 이는 성도의 구원(죄에서 해방)이 생명의 성령의 법에 의한 주도적인 역사로 인한 것임을 나타내 주고 있다. 이에 관한 성경구절을 살펴보면 다음과 같다.

- 율법이 육신으로 말미암아 연약하여 할 수 없는 그것을 하나님은 하시나니(롬 8:3)
- 성령이 친히 우리 영으로 더불어 우리가 하나님의 자녀인 것을 증거하시나니(롬 8:16)
- 이와 같이 성령도 우리의 연약함을 도우시나니 (…) 우리를 위하여 친히 간구하시느니라(롬 8:26)
- 너희가 나를 택한 것이 아니요 내가 너희를 택하여 세웠나니(요 15:16)
- 주께서 그 마음을 열어 바울의 말을 청종하게 하신지라(행 16:14)

• 또 성령으로 아니하고는 누구든지 예수를 주시라 할 수 없느니라 (고전 12:3)

이에 대한 구별은 요한복음 1장 12절과 13절을 보면 쉽게 이해할 수 있다. 즉 12절을 보면 하나님의 자녀가 되는 특권이 인간의 의지에 의한 선택으로 보여지나, 13절을 보면 인간(혈통, 육정)이 아니라 하나님의 창세전의 선택과 예정에 근거하고 있음을 설명하는 것으로 하나님의 무조건적인 선택에 의한 구원의 교리를 보여 주고 있다.

• 영접하는 자 곧 그 이름을 믿는 자들에게는 하나님의 자녀가 되는 권세를 주셨으니(요 1:12)
• 이는 혈통으로나 육정으로나 사람의 뜻으로 나지 아니하고 오직 하나님께로서 난 자들이니라(요 1:13)

기타 하나님의 절대 주권적 선택은 로마서 9장 10-13절(야곱은 사랑하고 에서는 미워하셨다), 로마서 9장 20-22절(토기장이의 비유), 신명기 7장 7-8절(이스라엘 민족을 선택) 등을 통하여 밝혀 주고 있다.

이러한 하나님의 무조건적인 선택은 전적으로 타락한 인생을 구원하시는 하나님의 최선의 방편으로서, 하나님의 절대주권은 긍휼을 베풀 자에게 긍휼을 베푸시며 강퍅(剛愎)하게 할 자를 강퍅하게 하신다(롬 9:18, 11:32). 죄인을 구원하시는 하나님의 선택이 인간의 행위에 근거한 조건적인 선택이 되었다면 우리 가운데 아무도 하나님을 아버지라고 부를 수 있는 자가 없을 것으로, 택함을 입은 자들로 하여금 더욱 하나님의 은혜를 깊이 깨닫는 가운데 보다 적극적으로 하나님을 기쁘시게 하는 일과 그 분의 선하신 뜻을 감당하는 일에 전 생애를 바치게 한다.

알미니안주의의 조건적 선택은 그 사람이 복음을 자원해서 받아들였기에 조건적으로 그를 구원하셨다는 것으로, 이럴 경우 구원의 주체가

복음을 자의적으로 받아들인 그 사람 즉 인간으로 나타나게 되어, 죄인인 인간이 죄인인 인간을 구원하는 자가당착에 빠지는 우를 범하고 있는 것으로 볼 수 있기에, 절대자인 하나님의 무조건적 선택에 의한 교리를 믿는다.

3) 제한 속죄와 보편적 구원

하나님의 구속의 은혜가 모든 사람에게 보편적으로 적용되는 것이 아니라 일부 특정인에게만 선별적으로 적용된다고 하는 것이 제한속죄라는 것으로, 하나님의 무조건적인 선택이 하나님의 기뻐하시는 뜻에 따라 모든 사람들 중에서 일부에게만 제한적으로 적용된다는 것이다. 속죄 교리는 누구를 위해 속죄양 되신 예수 그리스도께서 대속의 죽음을 당했느냐는 것으로 인류 전체인가 아니면 일부인가의 문제이다.

알미니안주의는 예수님께서 전 인류의 죄를 대신하여 죽으셨다는 보편 속죄를 주장하는 것으로 인간이 원하면 모든 사람이 구원을 얻을 수 있다는 것에 대하여, 칼빈주의는 이러한 것을 거부하며 만일 예수님께서 전 인류를 위해 죽으셨다면 모두가 구원의 은혜를 받아야 할 텐데 현실은 그렇지가 않다는 것이다. 예수님의 구원의 능력은 온 인류를 구원하고도 남음이 있지만 그것이 적용되는 범위는 제한적으로 나타나는 것이 사실이며 이것을 제한 속죄라고 한다. 또한 제한 속죄 교리는 무조건적 선택 교리와 연관이 있는 것으로 무조건적 선택 교리의 연장선상에서 접근하여야 한다.

제한 속죄의 성경적 사실은 다음의 구절에서 살펴볼 수 있다.

- 아들을 낳으리니 이름을 예수라 하라 이는 그가 자기 백성을 저희 죄에서 구원할 자이심이라 하니라(마 1:21) : '자기 백성만'을 구원
- 아버지께서 내게 주시는 자는 다 내게로 올 것이요 내게 오는 자

는 내가 결코 내어 쫓지 아니하리라(요 6:37) : 아버지께서 '내게 주시는 자'

- 하나님께 속한 자는 하나님의 말씀을 듣나니 너희가 듣지 아니함은 하나님께 속하지 아니하였음이로다(요 8:47) : '하나님께 속한 자'
- 자기 양을 다 내어 놓은 후에 앞서 가면 양들이 '그의 음성을 아는 고로' 따라 오되 타인의 음성은 알지 못하는고로 타인을 따르지 아니하고(요 10:4–5)
- 내가 너와 함께 있으매 아무 사람도 너를 대적하여 해롭게 할 자가 없을 것이니 이는 이 성중에 내 백성이 많음이라 하시더라(행 18:10) : '내 백성이' 많음
- 믿고 세례를 받는 사람은 구원을 얻을 것이요 믿지 않는 사람은 정죄를 받으리라(막 16:16) : '믿고 세례를 받는 자' — 복음을 전해도 믿지 않는 자가 있다는 것
- 이방인들이 듣고 기뻐하여 하나님의 말씀을 찬송하며 영생을 주시기로 작정된 자는 다 믿더라(행 13:48) : '주시기로 작정된 자'는 – 선택받은 자의 구원을 의미하며 선–약속–후–성취, 선–선택–후–구원의 등식이 성립되는 것이다.

상기의 성경 구절에서 본 것처럼 예수 그리스도의 속죄는 제한된 속죄로 보아야 하며, 알미니안주의가 성경의 일부 구절들을 보고–한 사람이 모든 사람을 대신하여 죽었은즉(고후 5:14), 저가 모든 사람을 대신하여 죽으심은(고후 5:15), 하나님이 세상을 이처럼 사랑하사(요 3:16)–보편 속죄를 주장하는 것은 심정적으로는 속죄의 범위를 확장하여 예수 그리스도의 구원의 능력을 믿지 않는 자들에게까지 효력을 발생한다고 선(善)하게 말을 할 수 있으나, 우리는 성경의 해석을 구속사적 경륜에 입각하여 포괄적인 이해(comprehensive understanding)가 필요하다고 봅니다. 끝으로 계시록의 21장 27절을 보면 하늘에서 내려오는 거룩한

성에 들어올 자는 '오직 어린양의 생명책에 기록된 자들뿐이라'고 명확하게 기록하고 있습니다.

4) 불가항력적 은혜와 성령의 역사는 인간 의지로 제한

예수 그리스도의 속죄 사역의 효력이 하나님의 택함을 받는 자들에게 어떤 방식을 통해 미치는가에 대하여 고찰하면서 나온 용어가 불가항력적 은혜(Irresistible Grace)나 유효적 소명(Effectual Calling)인데, 불가항력적이란 하나님의 택한 자들에게 예수 그리스도의 대속의 효력을 구체적으로 적용시켜 실제적인 구원에로 부르시는 적극적인 하나님의 구원 사역을 의미한다. 이것은 알미니안주의자들의 주장인 성령님께서 하나님의 택자들을 구원에로 부르실 때 사람 편에서 거부하거나 저항하면 성령의 사역은 훼방을 받아 목적이 좌절될 수 있다는 교리에 대한 반작용으로 나온 것이다.

불가항력적 은혜나 유효적 소명(부르심)은 같은 내용의 다른 표현으로 창세전부터 예정하셨던 하나님의 택자들을 예수 그리스도의 대속적 속죄 사역 안에서 효과적으로 불러내셔서 구원으로 인도하시는 하나님의 주권 사역을 가리킨다.

부르심에는 외적 부르심(outward calling)과 내적 부르심(inward calling)이 있으며 외적 부르심은 구원받은 성도나 전도자에 의해 십자가의 복음이 불특정 다수나 개인을 향하여 전해지는 것을 말한다. 성경은 때를 얻든지 못 얻든지 말씀을 전파하라고 하며(딤후 4:2), 온 천하에 다니며 만민에게 전파하라고 명령(막 16:15)하신다.

- 그런즉 저희가 믿지 아니하는 이를 어찌 부르리요 듣지도 못한 이를 어찌 믿으리요 전파하는 자가 없이 어찌 들으리요 보내심을 받지 아니하였으면 어찌 전파하리요 기록된바 아름답도다 좋은 소

식을 전하는 자들의 발이여 함과 같으니라(롬 10:14-15)

내적 부르심은 외적 부르심에 대한 대칭 개념으로 복음을 들어도 믿지 않는 자들이 있고 믿는 자들이 있게 되는데 성령님의 작용으로 믿게 되는 것을 내적 부르심이라고 한다. 이러한 관계는 사도행전 16장14절을 통해서 구체적으로 알 수 있다.

- 두아디라성의 자주 장사로서 하나님을 공경하는 루디아라 하는 한 여자가 들었는데 주께서 그 마음을 열어 바울의 말을 청종하게 하신지라

여기에서 '들었는데'는 외적 부르심이라 하고 '마음을 열어'는 내적 부르심을, '청종하게 하셨다'는 성령의 인치심과 내주로서의 내적 부르심을 의미하는 것으로 '주께서 마음을 열었고 청종하게 하셨다'라는 부분이 내적 부르심에 해당한다.

이러한 양자의 관계는 외적 부르심이 내적 부르심을 요구하며 내적 부르심을 통해서면 복음에 반응하여 구원에 이르게 되며, 내적 부르심에 접촉이 되면 성령님의 간섭으로 거듭나는 역사가 일어나기 때문에 스스로 구원을 기피하거나 거절할 수가 없게 된다. 다수 중에서 일부를 부르셔서 '구원에 접촉시키는 성령님의 사역'을 내적 부르심이라 부르며 이를 불가항력적 은혜나 유효한 부르심이라 한다.

상기의 사도행전에서 하나님의 구원 사역의 분담 과정을 살펴보면 '성부 하나님의 구원 계획'(엡 1:4-6), '성자 하나님의 구속 사역'(엡 1:7-12), '성령 하나님의 적용 사역'(엡 1:13-14)으로서 성령 하나님의 사역은 구원의 보증의 영으로 거듭난(born again), 인침(sealing)과 내주(indwelling)의 사역을 담당한다. 이는 하나님의 택한 자들에게 예수님의 구속 사역을 유효하게 작용시킴으로 하나님의 자녀와 기업의 후사로 삼으시는 일을

수행하신다(엡 1:13-14 ; 고후 1:21-22).

상기와 같은 설명을 통해서 전적 타락에 빠진 인간은 자신을 구원할 수 없는 것이며 하나님의 은혜와 긍휼을 의지할 수밖에 없다. 예수 그리스도의 구속으로 말미암는 속죄 사역의 효력은 하나님의 사랑으로 구원을 베푸시는 택한 자들에게만 차별하여 적용될 수밖에 없다는 것을 불가항력적 은혜나 유효한 부르심이라 하는데, 이에 반하여 알미니안주의자들의 주장은 성령님께서 하나님의 택자들을 구원에로 부르실 때 사람 편에서 거부하거나 저항하면 성령의 사역은 훼방을 받아 목적이 좌절될 수 있다는 것이다.

5) 성도의 견인과 은혜에서 떨어짐

성도의 견인(perseverance of the Saints)이란 구원의 영원한 보장(eternal security)이라고도 하는데, 이것은 성도가 한 번 구원을 받으면 영원히 보장이 된다는 것을 의미한다. 즉 예수 그리스도의 속죄 사역을 통한 구원은 어떤 경우에도 중도에서 잃어버리거나 빼앗기거나 스스로 포기할 수 없다는 것이다(히 10:12-14 ; 롬 8:38-39). 이에 대해 알미니안주의는 그리스도를 영접한 자는 믿음 안에서 자신의 구원을 이루어 나갈 수 있으며 어떠한 유혹과 시험도 감당할 수 있고, 자신의 실수나 복음을 떠난 행위로 인해 구원을 잃을 수도 있다는 것이다.

성도의 견인에서 말하는 영원한 구원이란 구원받은 성도는 모든 죄책에서 사면될 뿐 아니라 이후 남은 생애를 살아갈 동안 모든 형태의 죄의 권세로부터 구원함을 받게 될 것까지 포함한다(롬 6:12-14). 새 생명의 능력은 성령님의 뜻을 좇아 살아갈 때 육체의 욕심을 넉넉히 제어할 수 있다(갈 5;16).

- 그리스도 예수의 사람들은 육체와 함께 그 정과 욕심을 십자가에 못박았느니라(갈 5:24)
- 곧 창세 전에 그리스도 안에서 우리를 택하사 우리로 사랑 안에서 그 앞에 거룩하고 흠이 없게 하시려고 그 기쁘신 뜻대로 우리를 예정하사 예수 그리스도로 말미암아 자기의 아들들이 되게 하셨으니(엡 1:4-6)
- 그 자식들이 아직 나지도 아니하고 무슨 선이나 악을 행하지 아니한 때에 택하심을 따라 되는 하나님의 뜻이 행위로 말미암지 않고 오직 부르시는 이에게로 말미암아 서게 하려 하사 리브가에게 이르시되 큰 자가 어린 자를 섬기리라 하셨나니 기록된바 내가 야곱은 사랑하고 에서는 미워하였다 하심과 같으니라(롬 9:11-13)

성도의 견인 교리의 중심 사상인 구원의 영원성과 영속성은 하나님의 선택과 예정 속에 이미 처음부터 보증된 것이다. 칼빈주의 5대 교리의 결론 부분에 해당하는 것으로서 인간의 전적 타락, 하나님의 무조건적 선택, 예수님의 제한 속죄 그리고 성령님의 유효한 부르심의 결과의 산물인 성도의 견인이 나오게 된 것이다. 구원의 영원한 보증이 우리의 삶을 방종으로 이끌면 안되고 오히려 무익한 종의 심정(눅 17:10)을 가지고 성령의 소욕을 좇아가는 삶을 통해 하나님과의 인격적인 교제가 깊어지도록 하여야겠다는 것이다.

3. 결어

칼빈주의는 칼빈보다 뒤에 나온 알미니우스 교리의 반론을 위하여 칼빈주의로서 정리되어 나온 것이다. 알미니안주의의 태동은 역설적으로 칼빈주의의 공고한 대응을 탄생하게 하였고 이런 점을 고려하면 알미니안주의자들의 공헌도 일정 부분 인정할 필요가 있다고 생각한다.

칼빈주의의 5가지 강령인 인간의 전적 타락, 하나님의 무조건적인 선택, 예수 그리스도의 제한된 속죄, 하나님의 은혜의 불가항력적인 은혜성, 한 번 선택된 구원은 취소될 수 없는 성도의 견인 등을 통하여 하나님의 절대 주권이 실행되고, 예수님이 자기의 백성을 저희 죄에서 구원하기 위하여 인간의 몸을 입고 이 땅에 오셔서 갈보리 십자가 위에서 대속의 죽임을 당하셨으며 그를 믿는 믿음을 통하여 우리가 구원받고 영생을 누릴 수 있게 된 것이다.

〈상기는 '칼빈주의 5대 교리', 2018년 FTSCC, 박영춘 목사 강의 참조〉

Ⅳ

기도문과 설교문 예시

1. 기도문 예시

교회 다니면서 가장 부담스럽고 신경 쓰이는 부분이 성도 앞에서 기도를 드리는 것인데 이를 해결할 수 있는 방법을 생각하여 본다. 기도는 하나님께 우리가 바라는 바를 솔직하게 구하는 것으로 하나님과의 대화이자 우리의 영혼의 호흡이기도 하다. 그런데 기도는 다음의 ACTS의 순서대로 하면 무난하다.

A : Adoration(찬양),

창조주인 하나님을 찬양하고 경배하는 것으로부터 기도를 시작한다.

C : Confession(고백),

우리 인간은 하나님 앞에서 죄인일 수밖에 없으며 지은 죄를 겸손히 고백하는 것이다.

T : Thanksgiving(감사),

하나님께서 우리에게 부어 주신 사랑과 은혜에 감사드리고, 지금까지 주신 능력과 재능과 성취에 대한 감사를 드린다.

S : Supplication(간구),

지금 나에게 필요한 것이나 다른 사람들이 필요로 하는 것(중보)에 대하여 솔직하게 간구하는 것이다.

마지막 기도의 마무리는 "예수 그리스도의 이름으로 기도드렸습니다. 아멘"으로 끝을 맺는다.

(1) 기도문(교회를 위한 안수집사 모임)

복 있는 사람은 악인의 길을 좇지 아니하며 죄인의 길에 서지 아니하며 오만한 자의 자리에 앉지 아니하고, 오직 여호와의 율법을 즐거워하여 그 율법을 주야로 묵상하는 자로다.

저는 시냇가에 심은 나무가 시절을 좇아 과실을 맺으며 그 잎사귀가 마르지 아니함 같으니 그 행사가 다 형통함이로다.

우리의 행사를 형통케 하시고 소망 가운데 인도하시는 여호와 하나님 당신께 존귀와 영광과 찬송을 드리옵니다.

죄와 허물 가운데 살 수밖에 없는 저희들이지만 예수 그리스도의 십자가의 보혈로써 우리의 죄를 속량하여 주시고 또 하나님의 자녀로서 살게 하여 주시니 감사합니다. 지난 한 주간 하나님의 말씀대로 살지 못하고 이 세상의 유혹에 따라 범죄하며 살아온 죄를 고백하오니 용서하여 주시옵소서.

우리를 또한 집사로서 택하여 주셔서 여호와 하나님을 더욱더 사랑하고 섬길 수 있도록 은택을 허락하여 주시니 감사합니다. 주님, 저희들의 이 교육을 통하여 우리의 믿음이 더욱 깊어지고 예수 그리스도의 장성한 분량에 이르는 삶이 될 수 있도록 인도하여 주시옵소시.

이곳에 남서울은혜교회를 세워 주셔서 그리스도의 사랑의 계명과 선교의 사명에 헌신함으로 하나님을 영화롭게 하는 제자 공동체를 만들어 주심을 감사합니다. 초대 교회의 서머나교회와 빌라델비아교회처럼 주님으로부터 칭찬 받는 교회가 되도록 인도하여 주시옵소서.

교회가 오직 성령과 진리로 예배하고, 주께서 우리를 사랑하심과 같이 교회도 이 세상을 사랑으로 섬기며, 초대 교회의 참 모습을 회복하게 하시어 이 나라의 복음화와 세계 선교에 헌신하는 참된 교회로 거듭날 수 있도록 역사하여 주시옵소서.

이를 위해 헌신하는 우리 홍정길 목사님 건강을 지켜 주시고 말씀에 능력을 덧입혀 주셔서 목회하는 데에 부족함이 없도록 하여 주시고 다른 목사님들(피택 안수집사 모임을 인도하시는 하룡, 최홍식, 정원준, 홍인걸)에게도 동일한 은혜로서 채워 주시옵소서.

예배위원회, 전도위원회, 새가족위원회, 친교위원회 등 우리 교회 26개의 각 위원회와 예수마당의 각 부서 그리고 장애 부서의 각각의 사역 위에 성령님 임재하여 주셔서 계획된 사역들이 잘 이루어지게 하여 주시고,

가을 학기에 시작된 목장 모임과 성경 공부와 생활 학교에도 주님께서 함께하여 주셔서 주님의 말씀이 살아 움직이게 하시고 우리가 변화되는 삶을 살 수 있도록 도와주시옵소서.

152명의 해외에서 선교 활동을 하고 있는 선교사님들을 위하여 기도합니다.

주님께서 선교 현장에도 동행하여 주시사 사탄 마귀 틈타지 않도록 하여 주시고 선교현장 곳곳에서 예수 그리스도의 능력이 역사하도록 도와주시옵소서. 38년 된 앉은뱅이를 일으켜 세워 주신 그 말씀의 능력이, 또한 물을 포도주로 바꾸어 주신 그 표적의 영광이 그곳에서도 나타나게 하시고 또 그리스도의 복음을 전할 때에 듣는 자가 아멘으로 화답할 수 있도록 역사하여 주시옵소서.

교회의 머리가 되시는 주님 !

친히 이 교회에 찾아오셔서 주인이 되어 주시고 연약한 저희들을 능하신 오른팔로 붙잡아 주시어 우리가 실족하지 아니하고 각 지체들이 서로 협동하고 존중하여 주 안에서 온전히 하나 된 교회가 되도록 하

여 주시옵소서.

수고하는 우리 집사님들 한 사람 한 사람을 기억하여 주시고 그 가정과 사업장에서 계획된 일들이 형통하게 하여 주시며, 고난 가운데도 우리 주님을 만나는 기쁨의 성도들이 될 수 있도록 인도하여 주시옵소서.

이 모든 말씀을 우리 주 예수 그리스도의 이름으로 기도하였습니다.
아멘!

(2) 기도문(3구원 기도, 일반 성도들 모임)

만군의 여호와 하나님!
당신께 영광과 존귀와 찬양을 올려 드립니다.

우리는 연약하여 당신의 말씀에 따라 살지 못하고, 세상의 유혹과 안목의 정욕, 이생의 자랑을 위하여 살아온 죄인인 것을 고백합니다. 우리의 죄를 용서하여 주시옵소서.

이 민족을 구원하여 주시옵소서.
지구상의 유일한 분단국가인 이민족을 불쌍히 여겨 주시옵소서.

정치, 경제, 사회, 문화의 영역에서 하나님께서 계획하신 방법으로 속히 하나가 되고 통일이 될 수 있도록 역사하여 주시옵소서.

북쪽의 헐벗고 굶주린 백성들을 긍휼히 여기시고 그들에게 일용할 양식을 공급하여 주시며, 그곳에도 자유의 물결이 흘러 들어가게 하시고, 예수 그리스도를 나의 구주와 주님으로 고백할 수 있는 신앙의 자유를 향유할 수 있도록 은혜 내려 주시옵소서.

갈등으로 가득 찬 이곳 남한을 치유하여 주시옵소서.

꿈을 잃어버린 젊은이들에게 희망과 용기를 주시고 추락한 경제를 회복시켜 주시며, 우리가 먼저 하나님 앞에 회개하며 깨어서 기도하게 하시고 이 나라의 지도자들에게 잃어버린 리더십을 회복할 수 있도록 도와주시옵소서.

이 땅의 교회를 구원하여 주시옵소서.

하나님 아버지 지난 한 세기 동안 이 민족을 사랑하셔서 짧은 기간에 한국 교회가 놀랄 만한 성장을 가져오게 하심을 감사드립니다. 그러나 우리는 이 성장에 안주하고 교만하여져서 교회가 세상을 본받게 되고 칭찬받던 교회가 비판의 대상이 되었습니다. 교회 수가 늘고 대형화됨에 따라서 세속화되고, 세습화되며, 분열되고 있나이다.

오, 하나님,

교회가 오직 성령과 진리로 예배하고, 주께서 우리를 사랑하심과 같이 교회도 이 세상을 사랑으로 섬기며, 한국 교회가 연합하고 일치하여 세상을 변화시키고, 초대 교회의 참 모습을 회복하게 하시어 이 나라의 복음화와 세계 선교에 헌신하는 참된 교회로 거듭날 수 있도록 역사하여 주시옵소서.

개인의 영혼을 구원하여 주시옵소서.

인구의 3/4이 아직도 하나님을 알지 못하거나 이방 신을 섬기고 있나이다. 그들에게 복음의 씨앗이 뿌려지게 하시고 하나님의 자녀로서 살아 나갈 수 있는 특권을 누릴 수 있도록 은혜 내려 주시옵소서. 이 일을 위하여 먼저 우리들이 기도하며 회개하고 이 세상에서 빛과 소금의 역할을 잘 감당할 수 있도록 도와주시옵소서. 또한 우리가 그리스도인의 향기를 몸에 지니고 삶으로 하여 생활 속에서 우리의 향기를 그들이 맡을수 있도록 하시며 행동의 본을 보이게 하여 믿지 않는 자에게 믿음의 소망을 갖도록 은혜 내려 주시옵소서.

이 민족을 구원하시고,
이 땅의 교회를 구원하시고,
개인의 영혼을 구원하는 우리의 이 3구원 기도를 통하여

이 민족을 축복하여 주시고 영적으로 지도자의 국가가 되게 하시며 경제적으로 부강하게 하여 주셔서 이 민족이 세계 선교의 중심 국가가 되고 구원의 방주의 역할을 잘 감당할 수 있는 새로운 국가로 거듭날 수 있도록 은총 내려 주시옵소서!

이 모든 말씀 우리의 구원 주 되신 예수 그리스도의 이름으로 기도드렸습니다.

아멘!

(3) 기도문(젊은이를 위한 성가대 모임)

호산나 찬송하리로다.
주의 이름으로 오시는 이여 축복 있으라.

죄와 허물 가운데 살 수밖에 없는 저희들이지만 예수 그리스도의 십자가의 보혈로써 우리의 죄를 속량하여 주시고 또 하나님의 자녀로서 살게 하여 주시니 감사합니다. 하나님의 말씀을 머리로는 알고 있으나 연약한 육신 때문에 세상과 타협하고 살아온 죄를 고백합니다. 우리의 죄를 용서하여 주시옵소서.

우리를 또한 호산나 성가대원으로서 선택하여 주셔서 주님의 성호를 찬양할 수 있도록 은택을 베풀어 주시니 감사합니다.

오늘은 특별히 우리 호산나 오케스트라 단원들을 위하여 기도드립니다. 그들이 계획하고 있는 러시아 선교 연주가 잘 이루어질 수 있도록 도와주시고, 그들의 연주하는 곳에 예수 그리스도의 복음이 아름다운 연주의 선율 속에 울려 퍼지게 하옵시며, 가는 곳곳마다 예수 그리스도의 능력이 역사하도록 도와주시옵소서. 38년 된 앉은뱅이를 일으켜 세워 주신 그 말씀의 능력이, 또한 물을 포도주로 바꾸어 주신 그 표적의 영광이 그곳에서도 나타나게 하시고 또 믿음에 이르도록 성령님 임재하여 주시옵소서.

우리의 영 호산나 젊은이들이 청춘의 때에 환상을 보게 하시고 큰 꿈을 갖게 하시며 열정 있는 삶을 살도록 도와주시옵소서.

열정으로 공부하게 하시고,

열정으로 기도하게 하시고,

열정으로 봉사하게 하시고,

열정으로 찬양하게 하옵시며,

우리 가슴속에 있는 뜨거운 열정을 에너자이즈(energize) 시켜 주시고 그 에너지가 성령의 능력으로 변화되도록 역사하여 주시옵소서.

여기에 있는 우리 젊은이들 가운데 록펠러(John Davison Rockefeller, 1839-1937)와 같은 큰 기업가도 나오게 하시고, 아인슈타인(Albert Einstein, 1879-1955)과 같은 과학자도 나오게 하시며, 헨델(Georg Friedrich Haendel, 1685-1759)과 같은 대음악가도 나오게 하시고, 언더우드(Horace Grant Underwood, 1859-1916, 1885년 선교사, 새문안교회 설립)와 아펜젤러

(Henry Gerhard Appenzeller, 1858-1902, 1885년 선교사, 배재학당 설립) 같은 선교사도 나오게 하시며, 세인트 어거스틴(Saint Augustinus, 354-430, 고백론, 삼위일체론, 신국론)을 위하여 17년 동안 기도하였던 모니카(Saint Monica, 332-387, 그리스도 3현모 중의 하나) 같은 기도의 어머니도 나오게 하여 주시옵소서,

수고하는 우리 성가대원 한 사람 한 사람을 기억하여 주시고 그 가정과 사업장에서 계획된 일들이 형통하게 하여 주시며, 고난 가운데도 우리 주님을 만나는 기쁨의 성도들이 될 수 있도록 인도하여 주시옵소서.

이 모든 말씀을 온 인류의 기쁨이 되신, 길이요 진리요 생명 되신 우리 주 예수 그리스도의 이름으로 기도하였습니다.

아멘!

2. 설교 예시문

하기의 설교문은 장문으로 적절히 나누어서 하실 것을 추천드린다.

마 5장 3-12절, 山上說敎, the Beatitudes(AD 28년경)

예수께서 세례요한에게 요단강에서 세례를 받으시고(마 3:16), 여리고에 있는 시험산에서 마귀에게 시험을 당하게 되는 40일 금식 후에 배가 주린 예수님을 보시고 마귀는 1) 네가 만일 하나님의 아들이어든 명하여 이 돌들이 떡덩이가 되게 하라(마 4:3) 하니, 예수께서 대답하여 가라사대 사람이 떡으로만 살것이 아니요 하나님의 입으로 나오는 모든 말씀으로 살 것이라(4:4)라고 대답하여 물리치시고, 2) 성전 꼭대기로 데리고 올라가 뛰어내리라 그러면 사자들이 너를 받들어 발이 돌에 부딪치지 않게 하리라 하니, 주 너의 하나님을 시험치 말라(4:7)고 물리치며, 마지막 3) 만일 내게 엎드려 경배하면 이 모든 것을 네게 주리라(4:9) 하니 사단아 물러가라 기록되었으되 주 너의 하나님께 경배하고 다만 그를 섬기라(4:10) 하여 물리치십니다.

그리고 갈릴리 호수에서 고기 잡는 어부인 시몬 베드로와 안드레, 세베대의 아들 야고보와 요한들을 제자로 삼고 많은 병자들을 고치시니 갈리리, 데가볼리, 예루살렘 유대와 요단강 건너편에서 허다한 무리가 쫓아오게 되었습니다.

오늘 전하려는 이 8복은 예수님께서 무리를 보고 산에 올라가서 제자들에게 천국 시민의 요건이 무엇인지를 강론하신 것으로, 자신의 성품이라고도 할 수 있고, 모세 율법보다 상위 개념으로 율법을 폐하러 오신 것이 아니고 율법을 완성하러 오신 예수님의 말씀을 실현하기도 하는 것입니다.

인도의 간디는 마태복음 5, 6, 7장의 산상수훈을 경전 중의 경전이요 천국 복음이라고 말했습니다.

- 하나님의 통치하는 곳이 천국(天國, the kingdom of heaven, God)이다, 내가 하나님의 성령을 힘입어 귀신을 쫓아내는 것이라면 하나님의 나라가 이미 너희에게 임하였다고 하십니다(마 12:28). 하나님의 나라는 볼 수 있게 임하는 것이 아니요 또 여기 있다 저기 있다고도 못하리니 하나님의 나라는 너희 사이(엔토스, 안)에 있느니라. 바로 여러분 안에 있는 것입니다.
  천국은 침노를 당하나니 거칠게 침노하는 사는 빼앗느니라(마 11:12)라고 합니다. 이는 천국은 가만히 앉아 있는 자에게 주어지는 것이 아니라 군인이 적국을 향하여 돌진하듯이 적극적으로 들어가기 위하여 노력하는 자가 들어갈 수 있다는 것입니다. 즉, 기도하고 묵상하며 예수님의 말씀을 실천하고 영적 전쟁에서 이겨야 하는 것입니다. 천국은 어떤 곳일까요? 로마서 14장 17절 하나님의 나라는 먹는 것과 마시는 것이 아니요 오직 성령 안에서 의와 평강과 희락이라. 천국이 너희 것임이라는 뜻은 예수 그리스도를 믿어 우리가 죄사함을 받고 영원한 생명을 누리는 것입니다.
- 복(福, Blessing, 마카리오스μακαριος)은 전통적인 유교의 5복[수(壽), 부(富), 강녕(康寧), 유호덕(攸好德) : 도덕 지키기를 좋아하는 것, 고종명(考終命) : 제 명대로 살다가 편히 죽는 것]의 개념이 아니고, 영적으로 성령 충만한 상태로 주님을 만나는 것. 하나님 나라에 참여하게 됨으로 누리는 천상적인 즐거움. 빌립보서 4장 11-13절(내가 궁핍하므로 말하는 것이 아니라 어떠한 형편에든지 내가 자족하기를 배웠노라 내가 비천에 처할 줄도 알고 풍부에 처할 줄도 알아 모든 일에 배부르며 배고픔과 풍부와 궁핍에도 일체의 비결

을 배웠노라 내게 능력 주시는 자 안에서 모든 것을 할 수 있느니라), 시편 1편 복 있는 사람은 악인의 꾀를 좇지 아니하며, 죄인 …… 오만한자의 자리에 …… 오직 여호와의 율법을 주야로 묵상하는 자. Blessing은 Blood로부터 유래되었으며 예수님의 피 흘림으로부터 오는 것으로 하나님을 믿는 자들의 복이다. 죄와 저주에서 우리를 살리신 것은 예수의 피, 죽음으로부터 우리를 복되게 하는 것이다.

- 각각 8복의 특징은 오직 성령의 사역에 의한 은혜로만 산출될 수 있는 기질인 것이다.
- 8가지의 복은 순서가 있는 것이며(정신분석적) 상호 연관되어 있다.

(1) 마 5:3 심령(心靈)이 가난한 자(the poor in spirit)는 복이 있나니 천국이 그들의 것임이요

[눅 6:20] 예수께서 눈을 들어 제자들을 보시고 가라사대

심령이 가난하다는 것은 '자신의 영적 빈곤함을 인식한 심령의 상태'를 말하며, 이런 심령에게 천국의 복이 있다고 선언합니다. 자신의 영적 빈곤함을 깨닫는 것은 피조물로서 자신의 피조성을 인식할 뿐만 아니라 자신의 죄인 됨을 하나님 앞에 깨닫는 것이며, 자신 안에 구원받을 가능성이 없음을 시인하고, 하나님의 자비를 구하는 '영적 겸손'을 의미합니다. 가난한 심령은 이런 의미에서 천국의 복을 소유하게 되는 것입니다. 심령이 가난한 자만이 자신의 영적 빈곤함을 깨닫고 자신을 부인하며 복음과 구원을 성취하신 주께 다가와 구원의 손을 내밀게 될 것이기 때문입니다. 자신의 내부에 자리 잡은 죄의 비참함과 심각성을 깨달아 영적 빈곤함으로 주리고 목말라 신음하는 영혼에게 예수님과 그분의 복음은 영적 양식이요 음료가 되는 것입니다. 따라서 구원은 가난한 심령에게 가까운 것이요, 가난한 마음으로 주를 붙든 자 안에만 천국은 임하는 것입니다.

자기 안에서 구원을 찾아 헤매는 자는 천국과 더욱 멀어지는 자입니다. 그러나 하나님 앞에 "저는 죄인입니다. 제 안에 소망이 없고 아무 길도 찾을 수 없으며, 죄 중에 정죄와 심판으로 멸망할 나는 오직 죄인일 뿐입니다. 예수님 당신만이 나를 구원할 수 있습니다. 당신의 은혜만이, 공로만이 나를 구원할 수 있사오니, 당신께 나의 빈손을 내밉니다. 힘없고 소망 없고 비참한 죄인을 건져 주소서"라고 부르짖으며 가난한 심령으로 예수님께 나가는 자만이 천국을 소유하게 되는 것입니다.

칼빈은 사람이 진정한 경건에 이르려면 '하나님에 대한 지식'과 '우리 자신에 관한 지식'을 알아야 한다고 했습니다. 하나님에 관한 지식은 경건(piety)을 목표로 하며, 하나님에 관한 지식을 이중 지식으로 가르칩니다. 즉 우리는 창조주로 그리고 구속주로 인식하여야 한다는 것입니다. 우리가 진정한 경건에 이어지기 위해서는 하나님을 아는 지식이 창조주이며 구속주이신 그분 앞에 서 있는 우리 자신에 대한 인식으로 이어져야 하기 때문입니다.

우리가 죄인이라는 인식이 중요합니다. 죄의 자각은 구원의 복을 누리는데 있어서 선행되며, 죄인이라는 가난한 심령 없이는 복음과 구원의 필요성을 인식하지 못하고 복음이신 주와 그분께 속한 구속의 성취를 받아들일 수 없는 것입니다. 하나님을 아는 자는 자신을 피조물로, 더 나아가 구원을 필요로 하는 죄인으로 깨달을 때 자신의 빈곤함을 인식하고 오직 하나님만 복의 근원으로 겸손히 의지하기 때문입니다. 파스칼은 "자신의 비참함을 모르고 신을 알게 되면 오만해지며, 신을 모르고 자신의 비참함을 알게 되면 절망에 빠지게 된다"고 하며, "예수를 알게 되면 그 중간을 취하게 된다. 왜냐하면 그를 통해서만 자신의 비참함과 신을 모두 발견하기 때문이다"[53]라고 하였습니다.

---

53) Braise Pascal, 『팡세』, 정봉구 역(서울 : 크리스챤다이제스트, 1992), p.264.

물질적인 가난이 아니라 영적으로 가난(갈급)하다는 것을 의미합니다. 영적 빈곤을 스스로 자각하는 사람을 뜻합니다. 원본의 '프뉴마'는 심령은 물론 의지와 감정, 육체까지 전체가 하나인 전인을 의미합니다. 누가복음 6장 20절의 평지 설교에서 "가난한 자는 복이 있나니 하나님의 나라가 너희 것이요"에서의 개념과는 다른 뜻입니다. 우리는 개인의 특수한 능력이나 재능을 의뢰해서는 안 되고, 자신의 도덕성이나 선한 행실을 신뢰해서도 안 됩니다. 심령이 가난하다는 것은 이 모든 것이 아무것도 아니라는 고백입니다. 우리 자신이 아무것도 아니며, 우리가 소유한 것도 아무것도 아니며, 단지 하나님을 바라보며 그의 은혜와 자비를 철저하게 의뢰하는 것입니다. 허물과 상처와 욕망으로 가득한 우리의 마음을 텅 빈 상태로 만드는 것입니다. "부한 자는 복이 있나니"라고 하시지 않고 가난한(프트코이 : 아무것도 없는 가난, 페네스 : 풍족하지 않은 가난) 자가 복이 있다고 하고 있습니다.

예수님이 선지자 이사야의 말씀(61:1-3)을 인용하여 누가복음 4장 18절, "가난한 자에게 복음을 전하게 하시려고"에서 '가난한 자'는 남왕국 유다가 겪는 바벨론 포로 생활 70년에서 보는 이스라엘 상태와 관련하여 '하나님께 범죄하여 타락한 인간의 불행한 상태'를 묘사하고 있는 것이며, 로마서 1장 28절에서 바울은 인간의 상태를 "저희가 마음에 하나님 두기를 싫어하매 하나님께서 저희를 그 상실한 마음대로 내어 버려두사"라고 하셨습니다. 하나님이 없는 마음, 라오디게아교회의 경우 경제적인 부요 속에서도 마음의 눈이 어두워 자신의 본래적 상태를 보지 못함으로 실상은 가나한 자임을 말씀하셨습니다(계 3:17, "네가 말하기를 나는 부자라 부요하여 부족한 것이 없다 하나 네 곤고한 것과 가련한 것과 가난한 것과 눈 먼것과 벌거벗은 것을 알지 못하도다"). 하나님이 없는 마음은 소망의 빛도 없고, 앞이 보이지 않고 미래가 없는 것입니다.

이것은 참 진리이시며 빛이신 예수님의 말씀입니다. 심령의 가난은 하나님 앞에서 가져야 할 우리의 태도이며 쉽게 표현하면 마음을 비우는 것입니다. 하나님 앞에 낮아지는 것입니다. 누가복음 18장 9-14절에서 두 사람(바리새인, 세리)이 성전에 기도하러 올라갔는데 바리새인들은 토색, 불의, 간음하는 자와 같지 아니하며 일주일에 2번 금식하고 십일조를 드리며 자기들은 세리와도 같지 아니하다고 자랑하나, 세리는 하늘을 우러러 보지도 못하고 가슴을 치며 다만 불쌍히 여겨 주십시오 저는 죄인이로소이다 하였습니다. 세리는 자기를 비우고 통회하였습니다. 예수님은 자기를 높이는 자는 낮아지고, 자기를 낮추는 자는 높아진다고 하였습니다.

사도 바울은 8일 만에 할례를 받고 이스라엘 족속이요 베냐민 지파요 히브리인 중의 히브리인이요 율법으로는 바리새인이요 율법의 의로는 흠이 없는 자라고 자랑하였으나, 내 주 그리스도를 아는 지식이 가장 고상함으로 인하여 내가 그를 위하여 모든 것을 잃어버리고 배설물로 여겼다고(빌 3:5-8) 말하고 있습니다. 바울처럼 모든 것을 배설물로 여길 때 영적으로 가난하게 되는 것입니다.

심령이 가난한 자의 표상은 예수 그리스도입니다.

"그는 근본 하나님의 본체시나 하나님과 동등됨을 취할 것으로 여기지 아니하시고 오히려 자기를 비어 종의 형체를 가져 사람들과 같이 되었고 사람의 모양으로 나타나셨으매 자기를 낮추시고 죽기까지 복종하셨으니 곧 십자가에 죽으심이라 이러므로 하나님이 그를 지극히 높여 모든 이름 위에 뛰어난 이름을 주사 하늘에 있는 자들과 땅에 있는 자들과 땅 아래 있는 자들로 모든 무릎을 예수의 이름에 꿇게 하시고 모든 입으로 예수 그리스도를 주라 시인하여 하나님 아버지께 영광을 돌리게 하셨느니라"(빌 2:6-10).

즉 영적으로 갈급한 자만이 자기가 죄인임을 깨닫고 예수를 구주로 받아들이며, 하나님만을 전적으로 의지하기 때문에 이미 그 마음속에 하나님이 계시며 천국이 임한 것입니다. 누가복음 17장 20-21절에서는 "하나님의 나라는 볼 수 있게 임하는 것이 아니요 또 여기 있다 저기 있다고도 못하리니 하나님의 나라는 너희 사이(엔토스, 안)에 있느니라, the Kingdom of God is among(inside) you"라고 했습니다. 교만한 사람, 자기가 할 수 있다고 생각하는 사람이 아니고 심령이 가난한 자가 천국에 들어가는 것입니다.

심령을 가난하게 만드는 것(마음속이 다 비어 있는 상태)은 모든 복(구원)의 출발점이 되며, 하박국 선지자의 기도가 행복(μακαριος)의 전형적인 예일 것입니다. "비록 무화과나무가 무성치 못하며 포도나무에 열매가 없으며 감람나무에 소출이 없으며 밭에 식물이 없으며 우리에 양이 없으며 외양간에 소가 없을찌라도 나는 여호와를 인하여 즐거워하며 나의 구원의 하나님을 인하여 기뻐하리로다"(합 3:17-18).

(2) 마 5:4 애통(哀痛)하는 자(those who mourn)는 복이 있나니 그들이 위로를 받을 것이요

"이제 주린 자는 복이 있나니 너희가 배부름을 얻을 것임이요. 이제 우는 자는 복이 있나니 너희가 웃을 것임이요"(눅 6:21).

애통은 슬퍼한다는 의미인데 여기서의 애통은 단순히 누가 죽어서 애통하는 개념이 아니고(아브라함이 아내 사라가 죽었을 때 애통했고, 요셉은 아버지 야곱이 죽었을 때 애통, 다윗은 요나단이 죽었을 때 애통했다), 자신의 무기력함과 죄의 참담함을 절감하고 어떻게 수습할 수 없는 무능력 앞에 통절하게 슬퍼하는 것입니다. 자신의 죄가 하나님을 슬프게 하며, 자신에게 구원받을 만한 아무런 의가 없는 것을 깨달아 죄를 회개하는 사람을 말합니다.

"오호라 나는 곤고한 사람이로다 이 사망의 몸에서 누가 나를 건져

내랴 우리 주 예수 그리스도로 말미암아 하나님께 감사하리로다 그런즉 내 자신이 마음으로는 하나님의 법을, 육신으로는 죄의 법을 섬기노라"(롬 7:24-25).

우리 중 신앙생활을 하면서 울면서 기도해 보지 않은 사람은 참 신자라고 하기 어려울 것입니다. 우리가 애절한 마음으로 기도할 때가 하나님께 우리를 들어 내놓는 시간이 될 것입니다. 성경에는 애통을 탄식으로 표현하고 있습니다.

"성령의 처음 익은 열매를 받은 우리까지도 속으로 탄식하여 양자될것 곧 우리 몸의 구속을 기다리느니라"(롬 8:23).

"우리가 여기(땅에) 있어 탄식하며 하늘로부터 오는 우리 처소로 덧입기를 간절히 사모하노니"(고후 5:2).

1) 자기 죄를 놓고 애통하는 자는 위로받는다

우리는 하루에도 몇 번씩 죄를 짓고 살 수 있습니다. 바울은 로마서 3장 23절에서 모든 사람이 죄를 범하였으매 하나님의 영광에 이르지 못한다 하였고, 요한은 우리가 죄가 없다고 하면 스스로를 속이는 자라고 말합니다. "만일 우리가 죄(sin) 없다하면 스스로 속이고 또 진리가 우리 속에 있지 아니할 것이요 만일 우리가 죄를 자백하면 저는 미쁘시고 의로우사 우리 죄(sins)를 사하시며 모든 불의에서 우리를 깨끗케 하실 것이요"(요일 1:8-10).

사랑하는 자의 죽음 앞에 애통 : 요셉의 행방불명과 죽음에 대한 야곱의 애통. 옷을 찢고 식음을 전폐하고 우는 모습이 애통입니다. 심령이 가난한 자가 토하는 슬픔의 탄식이 애통입니다.

우리는 구원받기 위해 애통하는 것이 아니고 구원받은 사람이기 때문에 애통하는 것입니다. 진정 회개하는 자의 마음을 가질 때 우리가 애통하는 것입니다.

마틴 루터는 그의 95개조 항의문을 성당에 걸며 신앙생활은 끊임없는 회개와 참회의 과정이라고 했습니다. 우리의 표준은 이웃 사람이 아니고 예수입니다. 예수님과 가까운 사람일수록 우리가 죄인인 것을 알게 되고 우리는 더 애통할 수밖에 없습니다. 우리는 매일 죄를 씻는 눈물이 필요합니다. 다윗은 시편 51편 17절, "하나님의 구하시는 제사는 상한 심령이라 하나님이여 상하고 통회하는 마음을 주께서 멸시치 아니하시리이다"에서 하나님이 구하시는 것은 번제드릴 송아지가 아니고 우리의 상하고 통회하는 마음 곧 애통하는 마음이라 하였습니다. 이런 애통하는 심령을 복되다고 합니다. 이럴 때에 자비하신 하나님은 우리의 죄과를 도말하시고(시 51:1) 우리에게 위로를 주실 것입니다. 누가복음 6장 25절의 주린 자와 우는 자는 하나님을 믿는 경건한 자로 봅니다. 배부른 자와 웃는 자는 세상 사람을 가리킵니다.

2) 인생의 무거운 짐을 지고 하나님께 부르짖는 자가 애통하는 자다

"내가 네 눈물을 보았다. 네 기도를 보았다." 하나님은 우리의 눈물을 씻어 주십니다. 이사야 38장 5절에서 히스기야에게 "내가 네 눈물을 보았노라. 네 기도를 들었다. 네 수한에 15년을 더하겠다"고 하였습니다. 그 자체가 우리의 소망이요 행복입니다. 당장 내 눈앞에 이루어지지 않지만 "내가 네 눈물을 보았다, 네 기도를 보았다" 하시며 반드시 우리의 자녀에게 그 눈물을 씻어 주는 날이 올 것입니다. 주님은 말씀하셨습니다. "애통하는 자는 복이 있나니 저희가 위로를 받을 것이다."

3) 세상 죄를 지고 가는 자는 애통하는 자이다

감람산에서 예루살렘성을 보고 우는 예수의 눈물을 우리는 애통하는 자라고 봅니다. 돌 위에 돌 하나도 남기지 않으리라 말씀하십니다(마 24:2). 시온은 밭 같이 갊을 당하고 예루살렘은 무더기가 되고 성전의 산은 수풀의 높은 곳과 같게 되었고(미 3:12), 어머니가 어린애들을 잡

아먹었습니다(렘 26:18). 성전은 불타고 피밭이 되었습니다. 주님은 그 상황을 보시고 미리 우신 것입니다. 사도 바울은 그리스도의 십자가를 원수로 생각하는 자들의 마침은 멸망이요 저들의 신은 배요 땅의 일을 생각하는 자들이라 하며 눈물을 흘리며 애통해 했습니다(빌 3:18-19). 우리는 그리스도를 원수로 여기는 자들을 위해 애통해 하여야 합니다.

나라를 위하여 국가와 민족을 위하여 애통하는 자, 믿지 않는 자를 위하여 애통하는 자, 내 죄를 놓고 애통할 때 우리에게 복을 주실 것이며 주님의 위로가 우리에게 임할 것입니다.

절대로 예수님을 배신하지 않겠다고 호언장담했던 사람이 베드로였지만 자기가 살아남기 위하여 예수님을 모른다고 세 번씩이나 큰 소리로 부인했습니다. 그런데 세 번째 예수님을 모른다고 부인했을 바로 그때 닭이 울었습니다. 마태복음 26장 75절에 보면 바로 이때 예수님께서 닭 울기 전에 베드로가 세 번 예수님을 부인하리라 예언하셨던 말씀(요 13: 38)이 생각나서 심히 통곡했다고 했습니다. 자기가 지은 죄를 놓고, 자신의 연약함과 무능함을 놓고 슬퍼할 줄 아는 사람이 복이 있으며, 이런 사람에게 위로를 주신다는 것입니다.

"찬송하리로다 (…) 자비의 아버지시요 모든 위로의 하나님이시며 우리의 모든 환난 중에서 우리를 위로하사 우리로 하여금 하나님께 받는 위로로써 모든 환난 중에 있는 자들을 능히 위로하게 하시는 이시로다"(고후 1: 3-4).

(3) 마 5:5 온유한 자(the meek)는 복이 있나니 그들이 땅을 기업으로 받을 것임이요

온유(헬, 호이 프라에이스)는 성격이 부드럽고 온순하고 유하다는 것인데, 요즈음 같은 험악한 세상에 이러한 성격의 소유자라면 밥 빌어먹기가 힘든 사람이라고 볼 수 있습니다. 여기서 온유는 외부로부터의 억압과 고난들에 대하여 거칠게 반발하거나 결사적으로 대항하는 것이 아니고 상대방에 대한 미움과 복수심에서 벗어나 자신의 의를 나타내지 않고 모든 것을 하나님께 맡기며 내 판단보다 더 좋게 해결하여 줄 것을 믿고 영적 평정 상태를 유지하는 것을 의미합니다.

온유는 성령의 9가지 열매(갈 5:22-23, "사랑과 희락과 화평과 오래 참음과 자비와 양선과 충성과 온유와 절제") 가운데 끝에서 2번째에 위치하며 이 같은 것을 금지할 법이 없습니다.

하나님과 우리, 나 지신과의 관계에서 다음의 3가지 자세로 나누어 볼 수 있습니다.

1) 하나님을 향한 우리의 자세

자신에 대한 하나님의 다루심이 어떤 양상을 띠든 간에, 그리고 그것이 우리의 마음을 제아무리 아프게 찢고 제아무리 외롭게 만든다 하더라도, 불평 없이, 반항 없이 온유한 마음으로 겸손히 이를 참고 수용하며 이에 복종하는 것, 그것이 주님께서 복되다고 선언하신 가장 깊은 온유의 개념입니다. 욥기 1장 21절의 자세(내가 모태에서 적신이 나왔사온즉 또한 적신이 그리로 돌아 가올찌라 주신 자도 여호와시오 취하신 자도 여호와시오니 여호와의 이름이 찬송을 받으실찌니이다)-(1:2) 욥의 소생이 남자가 7이요 여자가 3이며, (1:3) 양이 7천이요, 약대가 3천이요, 소가 500겨리, 암나귀가 500이며 종도 많았으나, 태풍이 자녀들을 죽이고, 스바 사람이 빼앗고 하늘에서 불이 내려와 양과 종을 살라 죽였으나 욥은 하나님을 원망하지 않았습니다. 나중에 재산에 2배의 축복을 주셔서 양 1만 4천, 약대 6천, 소 1천 겨리, 암나귀 1천. 아들 7과 딸 3을 주셨습니다.

겟세마네에서 기도하시는 예수님의 자세가 그것입니다. "얼굴을 땅에 대시고 엎드려 기도하여 가라사대 내 아버지여 만일 할만 하시거든 이 잔을 내게서 지나가게 하옵소서 그러나 나의 원대로 하지 마옵시고 아버지의 원대로 하옵소서"(마 26:39)라고 세 번씩이나 아버지의 원대로 하실 것을 기도하였습니다. 자기가 죽을 줄을 알지만 모든 것을 하나님께 맡기는 이런 자세를 온유하다고 합니다.

2) 인간을 향한 우리의 자세

온유한 자는 자기의 본능과 충동, 격정 등의 감정을 제어하는, 즉 자기 마음을 다스리는 훈련된 인격자입니다. 이러한 인격자는 곧 하나님의 통제와 훈련을 받는 자입니다. 그러므로 진정으로 온유한 마음은 유순하고 너그러우며 온갖 자극적 상황에서도 함부로 성을 내지 않습니다. 우리가 진정으로 온유하다면 외부의 자극을 받아도 끄떡없이 자신을 제어하고 평온함과 침착함을 잃지 않을 것이며, 복 있는 자가 될 것입니다.

온유한 사람은 겸손하며 결코 자만하지 않습니다. 그는 마땅히 생각할 그 이상의 생각을 품지 않고 오직 하나님께서 각 사람에게 나눠 주신 믿음의 분량대로 지혜롭게 생각합니다(롬 12:3). 그는 아무 일에든지 다툼이나 허영으로 하지 않고 오직 겸손한 마음으로 자기보다 남을 낫게 여기고 돌보아줍니다(빌 2:3-4).

우리가 인생을 살아가면서 환난을 만날 때 모든 문제를 하나님의 아들인 예수그리스도에게 맡기면 우리는 온유한 자의 복을 누릴 수 있습니다. 마태복음 11장 28-30절에는 이렇게 적혀 있습니다. "수고하고 무거운 짐진 자들아 다 내게로 오라(창 3:8, 하나님의 낯을 피하여 동산 나무 사이에 숨은지라, 에덴 : 기쁨) 내가 너희를 쉬게 하리라 나는 마음이 온유하고 겸손하니 나의 멍에(헬: 쥐고스: yoke: 소 두 마리를 연결, 이긴 소가 주체가 되고 진 소는 따르기만 하면 되는, 예수라는 공동 운명의 멍에를 같이 멜 때)를 메고 내게 배우라 그러면 너희 마음이 쉼을 얻으리니 이는 내 멍에는 쉽고(율법이 아니고 하나님 앞에 완전, 마 5:48) 내 짐은 가벼우니라." 이사야 26장 3-4절에서는 "주께서 심지가 견고한 자를 평강에 평강으로 지키시리니 이는 그가 주를 의뢰함이니이다 너희는 여호와를 영원히 의뢰하라 주 여호와는 영원한 반석이심이로다."라고 했습니다. 성 어거스틴은 "논쟁할 사람은 논쟁하라 나는 하나님을 놀라워하리라."라고 말했습니다.

고린도후서 10장 1절에서 바울은 너희를 대면하면 유순하고 떠나 있으면 너희에 대하여 담대한 나 바울은 이제 그리스도의 온유와 관용으로 친히 너희를 권하니, 성령 받은 사람은 관용이 필요하다고 했습니다. 2014년 고소·고발이 한국 128만 4,430건, 인구 2.63배인 일본은 77만 3,000건입니다. 인구를 비교하면 한국의 고소·고발이 일본의 4배에 이릅니다. 우리 한국인은 머리가 좋고 열심히 일하는 좋은 점을 가지고 있으나 성격이 급하고 관용의 온유한 마음이 약합니다.

3) 자기 자신에 대한 자세

"이 사람 모세는 온유함이 지면의 모든 사람 보다 승하더라"(민 12:3). 젊을 때의 혈기로 사람을 죽인 살인자가 되었지만 40년 동안 처가살이 하면서 다듬어진 것입니다.

잠언 16장 32절은 "노하기를 더디하는 자는 용사보다 낫고 자기의 마음을 다스리는 자는 성을 빼앗는 자보다 나으니라"라고 말씀하고 있습니다. 자기의 마음을 다스리고 노하기를 더디하는 자가 진정 온유한 자입니다.

땅을 기업으로 받는다는 것은 현실적인 땅이 아니라 기업의 축복과 세상을 이끄는 축복을 의미하여 궁극적으로 장차 하늘 나라에서 이루어질 하나님 나라의 땅을 의미합니다(계 21:1, 새 하늘과 새 땅).

(4) 마 5:6 의에 주리고 목마른 자(those who hunger and thirst for righteousness)는 복이 있나니 그들이 배부를 것임이요

여기에서 의는 인간의 도덕적 윤리적인 의(righteousness)가 아니고, 종교적 의미의 의(justice: 죄인은 심판으로 멸하시고 믿는 자는 의인으로 간주하셔서 보호하시고 구원하시는 하나님의 공의에 근거한 의)로서 창세기 15장 6절, "아브람이 여호와를 믿으니 여호와께서 이를 그의 의로 여기시고"에 나타나 있습니다. 로마서 4장 19-22절에서 이를 더 자세하게 설명하고 있습니다. 그가 백세나 되어(75세에 약속받은 것이지만) 자기 몸의 죽은 것 같음과 사라의 태의 죽은 것 같음을 알고도 믿음이 약하여지지 아니하고 믿음이 없어 하나님의 약속을 의심치 않고 믿음에 견고하여져서 하나님께 영광을 돌리며 약속하신 그것을 또한 능히 이루실 줄을 확신하였으니 그러므로 이것을 저에게 의로 여기셨느니라

하나님의 뜻에 일치하는 것을 의라 하며, 요한복음 6장 38-39절에서는 이렇게 표현합니다. "내가 하늘로서 내려온 것은 내 뜻을 행하려 함이 아니요 나를 보내신 이의 뜻을 행하려 함이니라".

십자가의 죽음심은 아버지의 원대로 하셔서 죽으신 것이며, 그 후에 3일 만에 부활하셨고 승천하셨습니다. 하의 뜻대로 행하는 자야만 의를 행하는 자입니다.

의에 주리고 목마른 자는 어떤 삶을 살아야 하는가.

1) 구원받기를 간절히 사모하는 자

하나님은 믿지 않는 자들이 구원을 받게 하기 위하여 45,000개의 한국 교회를 세웠고 전 세계에 수백만 개의 교회가 세워졌습니다. 빌립보 감옥의 간수처럼 어떻게 하면 구원을 받을 수 있느냐는 것처럼, 천하를 호령했던 알렉산더 대왕의 장례식 관은 손을 밖으로 내놓아 인생의

허무함을 느끼게 했다고 합니다. 정주영 회장은 같은 식탁에 앉지 않으려고 하며, "나 같은 죄인이 어떻게 목사님 옆에 앉겠습니까? 제가 번 것 하나님 앞에 하나도 가지고 갈 수 있는 것이 아무것도 없습니다"라고 하였습니다. 예수 그리스도를 믿는 의를 가지고 하나님 앞에 나아가야 합니다(롬 3:22). 그런 자에게는 "내가 주는 물을 먹는 자는 영원히 목마르지 아니하리니 나의 주는 물은 그 속에서 영생하도록 솟아나는 샘물이 되리라"(요 4:14)라고 말씀하십니다.

2) 은혜를 간절히 사모 하는 자라야 의에 주리고 목마른 자라고 할 수 있다

"그런즉 이제는 내가 산 것이 아니요 오직 내 안에 그리스도께서 사신 것이라 이제 내가 육체 가운데 사는 것은 나를 사랑하사 나를 위하여 자기 몸을 버리신 하나님의 아들을 믿는 믿음 안에서 사는 것이라"(갈 2:20).

"하나님이여 사슴이 시냇물을 찾기에 갈급함 같이 내 영혼이 주를 찾기에 갈급하나이다"(시 42:1).

이러한 심령이 은혜를 사모하는 심령입니다. 즐거운 거지입니다. 은혜를 사모하는 자는 쉬지 않고 기도하는 자며, 하나님의 말씀에 청종하는 자입니다.

3) 하나님의 말씀에 순종하기를 사모하여야 한다

아무리 우리가 하나님의 말씀을 잘 알고 있더라도 그 말씀에 순종하지 아니하면 아무런 의미가 없습니다. 산상수훈의 결론으로 경고의 말씀은 마태복음 7장 26절, "나의 이 말을 듣고 행치 아니하는 자는 그 집을 모래 위에 지은 어리석은 사람 같으리니", 누구든지 나의 이 말을 듣고 행하는 자는 그 집을 반석 위에 지은 지혜로운 사람과 같다고

말씀합니다. 서기관과 바리새인들에게 뱀과 독사의 자식이라고 힐난한 것은 그들이 실천하지 않은 위선자들이기 때문입니다. 하나님의 말씀에 순종할 때 우리의 가슴이 뜨거워지고 성령이 충만하게 되는 것입니다. 어거스틴은 성령이 거하지 않을 때에는 죄짓고 살았지만 성령이 거할 때는 어찌하면 하나님을 기쁘게 할 수 있을까 생각하는 삶을 살았다고 했습니다. 겟세마네동산에서 기도하면서 "내 평안을 너희에게 주노라" — 이는 하나님께 순종하는 기쁨이 넘쳤기 때문입니다.

4) 하나님 나라를 간절히 사모하는 자이니다

하나님의 뜻은 하나님 나라를 완성하는 것입니다. 즉 모든 사람이 하나님을 믿게 하는 것입니다.

"너희는 먼저 그의 나라와 그의 의를 구하라 그리하면 이 모든 것(먹고 입고 즐기는 것)을 너희에게 더하시리라"(마 6:33).

윌리암 바클리는 "무엇을 성공했느냐보다 우리가 어떤 꿈을 가지고 살았느냐가 더 소중한 것입니다. 나의 꿈이 하나님 나라가 이루어지는 것이라면 얼마나 아름다운 것이 되겠습니까. 주님이 다스리는 나라가 우리의 꿈이 될 때 우리는 의에 주리고 목마른 자의 삶이 될 것입니다"라고 하였습니다. 이럴 때 우리는 하나님 은혜 가운데 풍성함을 누릴 것입니다.

"기록한바 의인은 없나니 하나도 없으며"(롬 3:10).

우리 인간은 모두가 죄인인 것으로 우리 스스로는 의인이 될 수가 없으나 예수 그리스도를 믿는 믿음으로 우리가 의인으로 칭함을 받는 것입니다. 이때 의는 선언적(법적)인 것이고, 실제적으로 나는 아직 죄인처럼 살고 있습니다. 하지만 이때부터 우리의 마음 속에서는 의로운 사람이 되고자 하는 열망이 생기기 시작합니다. 그러므로 의에 주리고 목마르다는 것은 진짜 의로운 사람이 되고자 하는 갈망입니다. 즉 하나님의 의가 자기 생활 속에서 나타나기를 간절히 바라는 사람입니다.

더러워진 자신의 의의 옷을 벗고, 하나님의 거룩한 의의 옷을 입어서(하나님을 기쁘게 해 드리고, 예수 그리스도의 장성한 분량) 하나님의 영광의 광채에 도달하려는 성화에의 욕망입니다. 의에 주리고 목마른 사람도 그 성화의 상태에 도달하기 위해서 그의 삶이 사로잡혀 있는 것입니다. 이것에 대해 시편 기자(고라 자손)가 잘 묘사했습니다.

"하나님이여 사슴이 시냇물을 찾기에 갈급함 같이 내 영혼이 주를 찾기에 갈급하니이다"(시 42:1).

이러한 자에게는 차서 넘칠 만큼(마 14:20, "다 배불리 먹고 남은 조각을 열두 바구니에 차게 거두었으며")의 풍성한 영적 만족(배부름)을 얻게 될 것입니다. 하나님이 그들에게 복을 주시며(창 1:28), 이 예언의 말씀을 듣는 자와 읽는 자와 지키는 자들이 복이 있나니(계 1:3), 그리스도 안에서 하늘에 속한 모든 신령한 복으로 우리에게 복 주십니다(엡 1:3).

(5) 마 5:7 긍휼히(the merciful) 여기는 자는 복이 있나니 그들이 긍휼히 여김을 받을 것임이요

긍휼이란 한없이 약한 사람에게 보여 주는 하나님의 사랑의 행동 양식, 인자, 자비, 불쌍히 여기는, 같이 느끼고 같이 행동하고 도와주려고 하는 감정이입입니다.

예수님의 성육신이란, 자기를 비어 종의 형체로 사람과 같이(빌 2:8), 우리와 같이 시험을 당하신 것입니다(히 4:15). 우리가 필요할 때마다 도와주셨습니다(히 2:18). 이처럼 예수님은 자기가 할 수 있는 모든 것을 우리에게 보여 주셨습니다. 긍휼이 풍성한 하나님이 허물로 죽은 우리를 그와 함께 살리셨습니다(엡 12:4). 참아 주시고 우리의 병을 고치시고 인자와 긍휼로 관을 씌워 주시는 분입니다(시 103). 이러한 긍휼히 여겨 주시는 하나님의 은혜를 받았으니 우리는 남에게 긍휼을 베풀어 줄 수 있는 것입니다.

토마스 무어 경은 "예수님이 나에게 먼저 긍휼을 베풀어 주었기 때문에 나는 당신에게 긍휼을 베풀 수 있는 것입니다. 목자 없는 양과 같이 고생하며(마 9:36) 유리하는 병든 자와 약한 자들을 보시고 예수님은 민망히 여기셨습니다"라고 하였습니다.

한 사람이 한 가정을 구원합시다. 믿지 않는 자를 보면서 우리가 불쌍히 여겨야 합니다.

"한 문둥병자가 예수께 와서 꿇어 엎드리어 간구하여 가로되 원하시면 저를 깨끗케 할 수 있나이다 예수께서 민망히 여기사 손을 내밀어 지에게 대시며 가라사대 내가 원하노니 깨끗함을 받으라"(막 1:40).

누가복음 7장 12-13절에는 나인성의 한 장례식 행렬에 대한 일화가 나옵니다. 독자 아들이 죽어 흐느껴 우는 과부를 보고 불쌍히 여겨, 울지 말라, 관에 손을 대고 "청년아 내가 명하노니 일어나라" 하시니 죽은 자가 일어나 앉고 말도 하게 되었고 예수께서 그를 어미에게 돌려주셨습니다. 우리도 이웃을 이렇게 불쌍히 여겨 주어야 합니다.

십자가에 못 박히셨을 때 예수님은 "아버지여 저희를 사하여 주옵소서 자기의 하는 것을 알지 못함이니이다"(눅 23:34) 하셨습니다. 이런 용서는 예수님의 불쌍히 여기는 마음이 있어서 가능합니다.

긍휼이란 헬라어로 '엘레에모나스'로 표기하는데 이 용어는 구약의 히브리어로 2가지의 의미가 있습니다. 첫째는 '라함'으로 상대방의 처지를 깊이 이해하고 그들의 입장에서 슬픔을 느끼며 상대방과 동화되는 것(sympathy, 삼하 24:14, "다윗의 인구조사로 선지자 갓을 통해 벌을 내릴 때 3일 온역에 7만 명이 죽었다"-7년 기근, 3년 적에 도망, 3일 온역, 3일 농역을 택함 ; 삼하 24:17, "다윗이 백성을 치는 천사를 보고 곧 여호와께 아뢰어 가로되 나는 범죄하였고 악을 행하였삽거니와 이 양 무리는 무엇을 행하였나이까 청컨대 주의 손으로 나와 내 아비의 집을 치소서"-다윗의 회개와 슬픔), 둘째는 '헤세드'로 상대방에 공감

할 뿐 아니라 상대방의 어려움을 해결하기 위하여 실제적으로 행동하며 자비(mercy, 느 9:31 회개할 때 자비를 주시는)를 베풀어 주는 것을 의미하며, 동양의 측은지심(惻隱之心)의 마음(부모를 잃은 어린아이를 불쌍히 여기는 마음)으로 하나님의 마음을 잘 표현하는 용어입니다.

궁극적으로는 예수님께서 죄인을 구원하기 위하여 십자가에서 죽으신 그 사랑에 바탕을 둔 용서의 행위입니다.

이러한 마음은 내가 주님을 지배할 때가 아니고 주님이 나를 지배할 때 생깁니다. "이제는 내가 산 것이 아니요 오직 내 안에 그리스도께서 사신 것이라"(갈 2:20).

우리가 긍휼의 마음을 베풀 때, 여호와께서 우리에게 베풀어 주시는 긍휼은 : '우리의 모든 죄악을 사하시며, 모든 병을 고치시며, 우리 생명을 파멸에서 구속하시고, 인자와 긍휼로 관을 씌우시며, 우리의 소원을 만족케 하사 청춘을 독수리 같이 새롭게(해마다 털을 갊) 하여 주시며', 이러한 자비는 영원부터 영원까지 자손의 자손에게 미치게 하여 주십니다(시 103:3-5, 17).

(6) 마 5:8 마음이 청결한 자(the pure in heart)는 복이 있나니 그들이 하나님을 볼 것임이요

야곱은 20년 동안 독립의 꿈을 꾸고 살았습니다. 얼룩진 말만 보고 살았습니다. 인간이 세운 목표보다 하나님을 덜 사랑하지 말아야 합니다. 우리가 다른 것은 하나님을 볼 수 있는 눈을 갖게 하는데 이것은 육신의 눈이 아니고 마음의 눈을 의미합니다. 하나님을 본다는 것은 예수를 본다는 말입니다. 보이지 않는 하나님을 보기 때문에 우리가 교회에 나와 있는 것입니다. 우리는 마음의 눈을 가지고 있는 것입니다. 마태복음 14장 13절에서 너희는 봄으로 눈이 있다는 말은 인격적으로 인지하고 경험하는 신비한 것을 의미합니다. 하나님은 초월적인 존재이며 이를 인격적으로 만나는 것을 본다고 합니다. 하나님을 안다는 것이 무엇인가에 대한 설명이 성경에 있다. "우리 주 예수 그리스도의 하나님, 영광의 아버지께서 지혜와 계시의 정신을 너희에게 주사 하나님을 알게 하시고 너희 마음눈을 밝히사 그의 부르심의 소망이 무엇이며 성도 안에서 그 기업의 영광의 풍성이 무엇이며"(엡 1:17-18).

우리 인간의 눈은 6~8초에 한 번 적어도 하루에 1만 번 이상 눈을 깜박거려서 눈물샘을 자극하고, 각막이 마르지 않게 하여 주고 항상 깨끗하게 하여 줍니다. 우리가 음욕을 품으면 하나님을 볼 수 없습니다. 거짓말을 하면 마음이 더러워져서 하나님을 볼 수 없습니다. 마태복음 5장 8절 말씀 같지 아니하고 강한 욕정을 가지고 태어난 사람의 마음의 불결함은 하나님으로부터 멀어지게 합니다. 즉 마음이 더러워지면 더러워질수록 하나님으로부터 멀어지게 됩니다. 마음이 갈리지 않은 것을 청결이라고 합니다. 사람은 두 주인을 섬길 수 없습니다. 키에르케고르는 "하나님께 몰두할 때 내 마음이 깨끗해질 수 있습니다. 하나님을 보고자 하는 열망이 있으면 내 마음이 께끗해 질 수 있습니다"라고 하였습니다. 두 마음을 가진 자들아, 너희 마음을 성결케 하라.

마음이 정결하여 하나님을 보게 되면 얼마나 행복한 일입니까.

우리가 하나님을 전부 볼 수 없습니다. 하나님은 품성이 있습니다. 영원하신 품성입니다. 내가 처한 형편에 따라서 일부분만 경험하게 됩니다. 아브라함은 네게 아들을 주마(75세에) 약속하시고, 25년 후에 약속하신 것을 이루실 술 아는 하나님을 생각하고 살았을 것입니다(롬 4:17). 다윗이 사울에게 쫒겨다닐 때에 그가 보았던 하나님은 목자처럼 푸른 초장으로 인도하시는 하나님입니다. 여호와는 나의 목자시니 내가 부족함이 없으리로다. 신하 아내를 빼앗았을 때는 통회하고 용서하시는 하나님을 생각했을 것입니다. 리빙스톤이 아프리카를 갔을 때는 함께하시는 임마누엘의 하나님을 보았을 것입니다. 성령의 감화력은 슬픔을 잊게 하는 진통제의 역할을 합니다. 하나님의 광대함에 몰두해 보세요. 하나님을 가까이에서 보는 사람은, 영생하시는 하나님을 아는 것입니다. 내가 세상에서 성공하여야 되는 이유도 하나님을 알기 위해서입니다. 왜 우리가 날마다 비참하여져야 합니까? 전능하신 하나님이 안 보이기 때문입니다. 하나님이 희미하게 보이는 것은 마음이 둘로 갈라져서 그렇습니다. 거룩하신 하나님, 영광 중에 있는 하나님을 보면 우리의 마음이 깨끗해집니다.

날마다 하나님의 아들인 예수님을 보면서 살아가면 우리의 마음은 청결하여지면서 복된 생애가 펼쳐질 것입니다. 우리의 가린 눈을 씻어 주면서 하나님을 볼 수 있도록 은혜 내려 주시옵소서.

위선이나 두 마음을 품지 않고 신실하고 깨끗하며 정직한 마음을 소유한 사람을 마음이 청결한 자라고 합니다.

마음(heart, 가르디아)은 영적 기능보다는 깨닫고 느끼고 정하는 知情意(지성, 감정, 의지)의 기능을 수행하며, 마음이 청결하다는 것은 '카타로스'한 상태에 있을 때를 의미합니다. '카타로스'는 구약 히브리어 '타호르'의 번역으로 정결한 것, 하나님께 바쳐지는 제물처럼 부정하지 않고 깨끗한 것을 뜻하며, 인간의 마음속에 더러워진 것이 섞여 있지 않고 명경지수(明鏡止水, 맑은 거울과 고요한 물)의 상태에 있는 것을 의미합니다. 이것은 ① 얼룩이 없는 깨끗해진 옷(흰옷 계 3:4-5 사데에 그 옷을 더럽히지 아니한 자 몇명이 네게 있어 흰 옷을 입고 나와 함께 다니리니 그들은 합당한 자인 연고라 이기는 자는 이와 같이 흰 옷을 입을 것이요 내가 그 이름을 생명책에서 반드시 흐리지 아니하고), ② 정예 군대(사사기 7장에서 미디안이 쳐들어왔을 때, 기드온의 이스라엘 군대 32,000명에서 두려워서 떠는 자 22,000명을 돌려보내고, 남은 자 10,000명도 너무 많다고 하였다. 물가에서 물을 마실 때 손을 입에 대고 핥은 자들이 기드온의 300용사다. 7:7, 개같이 핥거나 무릎을 꿇고 마시는 자는 탈락) ③ 1,300도에서 광석을 용해하여 만든 정금 같은 것을 의미합니다.

우리 모두에게 있는 순결을 향한 갈망은, 일상생활에서 무수히 억압받고 좌절당하고 벽에 부딪칩니다. 그 갈망은 확실히 존재합니다. 그리고 그 갈망이 완전히 충족될 수 있는 유일한 길은 우리의 더러워진 빈손을 하나님 앞에 높이 들고 나아가, "주께서 명하시는 것, 그 깨끗한 마음을 내게 주소서, 그러면 내가 깨끗해지리다"라고 기도하는 것입니다. 다윗은 "하나님이여 내 속에 정한 마음을 창조하시고 내 안에 정직한 영을 새롭게 하소서"라고 기도했습니다(시 51:10).

다윗처럼 깨끗한 마음을 달라고 기도할 때 깨끗한 마음을 주실 것이며, 우리가 그리스도의 장성한 분량에 이를 때(오직 그리스도 안에서 영화에 이를 때) 하나님 아버지를 뵈올 수 있을 것입니다.

"사랑하는 자들아 우리가 지금은 하나님의 자녀라 장래에 어떻게 될 것은 아직 나타나지 아니하였으나 그가 나타내심이 되면 우리가 그와 같은 줄을 아는 것은 그의 계신 그대로 볼 것을 인함이니 주를 향하여 이 소망을 가진 자마다 그의 깨끗하심과 같이 자기를 깨끗하게 하느니라"(요일 3:2-3).

(7) 마 5:9 화평케 하는 자(the peace makers)는 복이 있나니 그들이 하나님의 아들이라 일컬음을 받을 것임이요

화평케 하는 자는 분쟁과 다툼 속에서 평화를 이끌어 내는 사람을 말합니다.

이것이 그리스도인의 인격을 묘사한 것이 마지막 7번째 복(福)으로 8복 전체의 관석(冠石)과도 같습니다. "심령이 가난한 자는 복이 있다"는 이 첫 번째 복이 나머지 모두의 뿌리와 모태인 반면, 나머지는 자신 및 하나님과의 관계를 다루는 미덕(애통, 의에 주리고, 마음이 청결)과, 대인 관계를 논하는 미덕(온유, 긍휼, 화평)이 교대로 나타납니다.

평화의 왕 : "우리의 형상을 따라 우리의 모양대로 우리가 사람을 만들자"(창 1:26) 하나님은 더불어 존재하고 아름다운 교제를 나누며 살기

를 원하는 것으로 우리라는 표현을 사용. 문밖에 서서 집 나간 자식을 기다리는 자로 묘사. 싸우고 분쟁하는 것은 하나님의 뜻이 아닙니다. 카인이 동생 아벨을 쳐 죽이는 반목이 창세부터 있어 왔던 것입니다. 하나님의 아들이라고 불리울 수 없는 것입니다.

워렌버그(미 대법관)는 왜 소송을 더 많이 하는 사회가 되는가에 대하여 문제 제기를 하였습니다. 소송건수가 해마다 증가하는 것은 가정과 교회가 제 구실을 못하기 때문입니다. 문제가 일어나면 스스로 감당치 못하고, 사람들이 사탄의 아들로 변해 가고 있습니다. 우리가 어떻게 하면 하나님의 아들이 될 수 있습니까?

1) 복음을 전해야 합니다

십자가 복음을 전할 때 능력이 생기고 사랑이 솟고 옆의 형제와 화목하게 됩니다(엡 2:16, 십자가는 원수된 것을 소멸시키고 원수의 담을 헐고 화목하게 하는 놀라운 능력이 있다). 복음을 전할 때 하나님을 닮았다고 할 수 있습니다. 예수 이외에는 소망이 없습니다. 예수 믿고 천국을 회복한 사람이 많습니다.

* 엄마가 죽자 술만 먹으면 마누라를 목침으로 쳐서 죽을 때까지 때리는 남편을, 언젠가 정신이 멀쩡할 때 목을 끌고 교회로 데려가야 되겠다고 하여 화장실에서 30분을 기다리고 데려가서 설교를 듣게 하는데 이에 눈물을 흘리고, 새벽종을 치게 되고 신학대학에 가서 목사가 되었다는 일화가 있습니다. 복음을 전할 때 peace maker가 될 수 있습니다.

2) 서로 용서해 주어야 한다.

누가 누구에게 혐의가 있으면 주가 용서한 것처럼 이웃을 용서하고 용납하십시오(골 3:13). 일반적으로 스스로 잘못했다고 믿는 사람은 없습니다. 서로 불신의 담이 쌓이지 않도록 합니다. 우리는 누구보다도 큰 용서를 예수님의 십자가 죽으심으로 받았습니다. 용서는 희생이 따릅니다. 베드로가 질문할 때 "몇 번 용서할까요?" 하였습니다. "7번의 70번이라도 용서하라. 용서는 손해 보는 것이다. 내가 받을 것을 받지 못하는 것이다."라고 예수님은 대답하셨습니다.

베를린 장벽이 어느 날 무너졌습니다. 그 다음에는 쪼개진 벽돌들을 치워야 합니다. 여전히 상한 감정이 남아 있습니다. 주님은 "피차 용서한 후에 사랑을 표하라, 아름다운 교제를 나누고 서로의 상처를 싸매는 후속 조치를 하여야 한다, 그럴 때 우리가 평화를 얻는다"고 하셨습니다.

3) 화평을 깨지 않도록 노력하여야 한다.

"평안의 매는 줄로 성령의 하나 되게 하신 것을 힘써 지키라"(엡 4:3). 인간 관계는 유리 같아서 깨지기 쉽습니다. 마태복음 5장 22-24절을 풀어쓰면 다음과 같습니다. "형제에게 라가(미련한 놈이)라 저주하면 지옥 불에 들어가게 되리라. 예물을 제단 앞에 두고 먼저 가서 형제와 화목하고 그 후에 와서 예물을 드려라! 깨어지지 않도록 조심하고 그런 행동을 일으키면 안 된다."

아브라함을 본받아야 합니다. 재산이 불어나고 조카 롯의 종들과의 사이에 분란이 나고 하니 아브라함이 제안을 했습니다. "네가 동하면 나는 서하겠다." 왜 아브라함은 이렇게 했나요? 그는 재산이 축이 나고 손해를 보더라도 화평을 구한 것입니다. 그런 후에 하나님은 아브라함에게 "동서남북을 바라보라, 너에게 그 땅을 전부 주겠다" 약속하셨습니다.

지금까지 담을 쌓고 있던 형제와 이웃을 위하여 기도하면서 우리가 peace maker 되도록 하시고 세상의 화평을 위하여 그리고 하나님과 화평을 유지하면서 살아가는 복된 생애가 되기를 축원 드립니다.

화평케 하는 자의 헬라어는 '에이레노포이오이'인데 이것은 '에이레

네'라는 샬롬(평화와 안전)을 뜻하는 말과, '만들다, 행하다'라는 뜻을 가진 '포이에오'라는 말의 합성어로 평화를 만드는 자(peace maker)의 의미입니다. 세상의 평화는 힘 있는 자가 누리는 부분적, 한시적인 평화이나, 주님이 주시는 평화는 완전하고 영원하며 세상의 조건을 초월하는 평화입니다. 이 평화는 일차적으로 우리와 하나님 사이의 화평을 가져오는 것이고 이차적으로 인간과 인간 사이의 화평을 가져오는 것입니다. 우리 믿는 자는 예수님의 희생정신으로 자기 희생을 통하여 이웃과 사회가 화평케 되도록 하는 자가 되어야 합니다.

'화평케 하는 자'가 받는 축복은 "하나님의 아들이라 일컬음을 받을 것이요"(참조, 롬 9:26, 호 1:10, 내 백성이 아니라 한 그곳에서 하나님의 아들이라 부름). '하나님의 아들이라 일컬음을 받는다는 것'은 가장 높은 영예이며, 가장 귀중한 은혜의 선물입니다.

(8) 마 5:10 의를 위하여 박해 받는 자(those who are persecuted because of righteousness)는 복이 있나니 천국이 그들의 것임이라

> [마 5:11-12] "나를 인하여 너희를 욕하고 핍박하고 거짓으로 너희를 거스려 모든 악한 말을 할 때에는 너희에게 복이 있나니 기뻐하고 즐거워하라 하늘에서 너희의 상이 큼이라 너희 전에 있던 선지자들을 이같이 핍박하였느니라"

의로운 일을 하기 때문에 고통당하는 사람을 말합니다. 이 구절의 의는 종교적인 의로서 좁게 말하면 예수 그리스도를 위하여 당하는 수난을 '의를 위한 박해'로 설명하고 있습니다. 같은 동족인 유대인으로부터 율법을 파괴하는 신성 모독자로, 로마인으로부터는 황제숭배를 거부하는 반국가범으로, 헬라인으로부터는 근친상간하는 부도덕한 집단으로 오해받고 각종 탄압(처형, 고문 등)을 받았습니다.

성경은 예수께서 이 세상에 오신 것을 "하나님의 한 의(義=羊 예수 밑에

我 내가 있는)가 나타났음"을 표현하고 있습니다. 로마서 3장 21절은 "이제는 율법 외에 하나님의 한 의가 나타났으니 율법과 선지자들에게 증거를 받은 것이라"고 하였으며, 디모데후서 3장 12절, "무릇 그리스도 예수 안에서 경건하게 살고자 하는 자는 핍박을 받으리라"가 말하는 바는, 하나님 말씀대로 살았다는 증거는 출세하고 성공하거나 부자가 되는 것이 아니라, 오히려 핍박이나 손해를 입었다는 것으로 내가 원하는 축복의 땅으로 가는 것이 아니라 하나님이 축복이라 하는 곳으로 가는 것을 말합니다.

"여호와의 말씀에 내 생각은 너희 생각과 다르며 내 길은 너희 길과 달라서 하늘이 땅보다 높음 같이 내 길은 너희 길보다 높으며 내 생각은 너희 생각보다 높으니라"(사 55:8-9).

하나님께서는 예수 그리스도를 위해 핍박을 받는 자가 복을 누리며 천국에 들어갈 것이라고 말하고 있습니다. 다른 것들은 다 배설물로 여기며 오직 그리스도만을 존귀하게 여기며 사는 것이 최고의 복이라는 것입니다.

참 하나님이신 예수 그리스도의 십자가를 믿어 구원의 복을 받고, 하나님의 자녀가 되는 복을 받고, 천국에 들어가는 영생의 복을 누리시기를 축원 합니다.

우리가 21세기의 문명 세계에 살지만 아직도 세계 도처에는 예수님을 믿었다는 것 때문에 많은 고통을 받고 있는 성도들이 있습니다. 우선 우리의 동포인 북한의 성도들이 당하는 고통을 알아야 합니다. 수만 명에서 최소 만 명 정도는 수용소에서 고통을 당하고 있다고 합니다. 예수를 믿었다는 명목으로 투옥되고 고문을 당하고 죽임을 당합니다. 80살의 고문 받은 노인, 전기 고문으로 정신병에 결린 사람 등 우리가 그들을 위한 기도를 하여야 합니다.

다니엘이 예루살렘 성을 향하여 하루3번 기도한 것처럼, 우리의 기도가 쉬지 않게 하시고 초대 교회 베드로와 요한 사도의 기도처럼(행 4:29-30) 믿는 자들이 담대히 하나님의 말씀을 전하게 하시고, 그들이 당하는 위험을 피하게 하옵시고, 표적과 기사가 거룩한 종 예수의 이름으로 역사하게 하시옵소서. 흑암에 갇힌 북한의 동포들에게 광명한 새벽별이 빛나게 은혜 내려 주시옵소서.

의를 위하여 예수님 때문에 핍박을 받는 것, 예수 때문에 중상모략을 당하고 욕먹고, 비난받을 때, 우리는 기뻐하고 즐거워해야 합니다. 하늘의 상이 크기 때문입니다. 믿는 자이기에 당하는 핍박은 당연하다는 것입니다. 복음서에서 보면 "예수님은 나를 따르려거든 자기를 부인하고 날마다 제 십자가(희생, 죽음)를 지라"고 하며(눅 9:24), "누구든지 제 목숨을 구원코자 하면 잃을 것이요 누구든지 나를 위하여 제 목숨을 잃으면 구원하리라"(눅 9:25)고 말씀하시고 계십니다.

"너희가 세상에 속하였으면 세상이 자기의 것을 사랑할 터이나 너희는 세상에 속한 자가 아니요 도리어 세상에서 나의 택함을 입은 자인고로 세상이 너희를 미워하느니라 (…) 사람들이 나를 핍박하였은즉 너희도 핍박할 터이요 내말을 지켰은즉 너희 말도 지킬 터이라"(요 15:19-20).

초대 교회의 제자들은 끝까지 복음을 전하다가 순교했습니다. 그 당시의 성도들은 고문을 당하고 순교하고 로마 황제를 믿지 않고 예수를 믿어서 화형에 처하여지고, 많은 사람들이 동굴 생활을 하여 권력으로부터 도피하면서 생활하였습니다.

주기철 목사는 일제시대 천황에게 절하지 않는다고 하여 순교하였습니다. 이 목숨 하나라도 드리리라고 했고, 감옥에서 죽어서 나왔습니다. 한경직 목사의 고백, "여러분, 저는 죄인입니다. 신사참배한 자입니다." 탬플턴상을 탄 자리에서 고백하는 것을 보니 얼마나 그동안 고통을 받았는지 알 수 있습니다.

1900년대 2-2.5억 명 사람이 공산주의 치하에서 혹독한 고통을 당하였습니다. 세계 곳곳에 정치체제 때문에 그리고 이교도들의 박해로 고통당하는 많은 기독교인들이 있습니다. 수단 인구의 5분의 1이 기독교인 들인데 누바 지역 50만 명이나 되는 기독교인들이 5분의 4인 이슬람교들로부터 희생을 당하고 있다고 합니다.

일본의 신학자 우치무라 간조(1861-1930)는 1891년 4월 19일 교육칙어 봉독식 때 불경 사건으로 존황파의 미움을 사고 테러의 표적이 되어 아내와 자식, 직장을 잃었습니다. "바울과 루터의 뒤를 이어 그리스도의 복음의 순결을 옹호하기 위하여 이 땅에 보냄을 받은 일본이 낳은 위대한 사상가다. 그는 나라를 구원하는 근본은 그리스도의 복음에 있고 복음 전도의 근본은 성서 연구에 있으며, 성서를 교회의 손에서 해방하여 평신도의 책으로 만들고 종교가의 손에서 해방하여 온 인류의 책으로 만들었다"는 평을 받고 있습니다.

이처럼 핍박받는 자는 복이 있고 천국을 상으로 주신다는 것입니다. 천국은 주님이 다스리는 세계가 우리 안에 임한다는 것입니다. 하나님을 믿어 누릴 수 있는 신비한 기쁨을 소유하는 것입니다. 예수님 한분 그분을 위해서 모든 것을 버릴 때 우리 마음속에 천국이 임하는 것입니다. 바울이 탄 배가 풍랑(유라굴라 광풍)을 만났을 때에 살기 위하여 짐을 하나씩 버려서 배를 비우듯이, 우리의 마음을 비울 때에 천국을 누릴 수 있습니다.

마크 발리는 2,000년 기독교 역사의 순교자들의 발자취를 더듬어 기록한 학자인데, 분명히 볼 수 있는 것은 하나님의 임재라고 합니다. 그들은 죽음의 순간까지 하나님의 임새를 즐기는 사람들이었습니다. 바로 천국이 그들의 심령에 임하였던 것입니다. 스데반은 죽으면서 그 마음에는 천국을 본 것입니다. 하나님의 임재를 체험하는 즐거움을 보십시오.

"네가 장차 받을 고난을 두려워 말라 볼찌어다 마귀가 장차 너희 가운데서 몇 사람을 옥에 던져 시험을 받게 하리니 너희가 십일 동안 환난을 받으리라 네가 죽도록 충성하라 그리하면 내가 생명의 면류관을 네게 주리라(계 2:10). 요한계시록 20장 4-5절을 보면, 예수의 증거와 하나님의 말씀을 인하여 목 베임을 받은 자의 영혼들은 심판 때에 살아서 첫째 부활에 참예하게 되고 하나님과 그리스도의 제사장이 되어 천년 동안 그리스도와 더불어 왕 노릇 하리라 하고 있습니다. 주님을 위하여 모든 것을 희생한 자들에게는 특별한 상이 준비된 것입니다.

룸브란트는 책에서, 핍박당할 때 감옥 14년을 길게 느끼지 않은 것은 아주 기쁜 독특한 황홀함을 느꼈기 때문이라고 했습니다. 감옥 문을 열고 나올 때 아름다운 높은 산정에서 살다가 평지로 온 기분이었습니다. 하나님의 은혜는 엄청난 것입니다. 즐거워하면서 핍박 받을 때 큰 하나님의 축복이 임할 것입니다.

로마서 8장 17절, "현재의 고난은 장차 우리에게 나타날 영광과 족히 비교할 수 없도다"라는 말씀을 염두에 두고, 핍박받는 자들을 위하여 1) 매일 기도를 하여야 하고, 그들의 고통에 동참하며, 북한 난민을 위하여 양식을 보내고, 옷을 보내고 헌금을 드리고, 2) 핍박받는 자들의 마음으로 신앙생활을 합시다. 그리하면 우리는 담대히 복음을 전할 수가 있으며, 천국을 소유한 사람의 모습으로 기쁨을 소유하면서 사는 멋진 생애가 될 것입니다.

* 위에 논한 팔복의 보상들은 모두가 영적이고 내세적인 것들입니다. 이렇게 보면 우리가 예수 믿음으로 받을 복은 모두가 천국뿐입니다. 오늘 우리가 현실에 살면서 바라는 것들과는 상당히 거리가 있으며, 피조물인 우리 인간에게 가장 중요한 복은 하나님을 마음에 모시고 사는 것이 아닐까 생각됩니다. 하나님은 최고의 상급이요, 기업이요, 최고의 보상입니다. "나는 너의 방패요 너의 지극히 큰 상급이니라"(창 15:1), "여호와는 나의 목자시니 내가 부족함이 없으리로다"(시 23:1)라는 마음을 가지고 예수 그리스도를 나의 구주와 주님으로 모시고 산다면 이 땅이 천국이요, 또 죽어서도 영생의 소망을 안고 천국에 들어가는 큰 축복이 우리에게 임하리라 믿습니다.

이런 축복이 여러분들과 함께하기를 축원합니다.

| 표 목차 |

| 그림 목차 |

| 참고 문헌 |

김혜윤, “하스몬왕조 살로메 알렉산드라의 왕위 등극”, 『한국카톨릭신학학회』, (2004. 12), vol. 5, 32.

김흔중, 『성서의 역사와 지리』(서울, 엘맨출판사, 2006), 143-144

라은성, 『이것이 기독교 강요다』(서울, 페텔, 2014), 164.

박영춘, “칼빈주의 5대 교리”, FTSSC 강의록, 2017, 10-21.

양승훈 외 13인, 『기독교와 창조론』(경기도 파주시, 일용할 양식, 2014), 131.

염기석, 『가슴으로 읽는 로마서 1』, 38-42.

요지범, 『성경 난해와 요해 연구』(서울, 성광문화사, 1990), 36, 103-104.

유종호, “지구의 에너지와 생명체”(교과서 진화론 개정추진위원회 www.str.or.kr, 2012.11.1)

유진소, 『성경 탐구 40일』(서울, 도서출판 두란노, 1996), 78-79, 139.

윤사무엘, “구약주제연구 3장 하나님의 창조사역”(서울. FTSCC, 2019), 7.

윤사무엘, “구약주제 연구 4장 하나님의 창조 사역에 대항하는 진화론”(서울. FTSCC, 2019), 3-13.

이병삼, 『성경 난해구절 해설시리즈 1』(서울, 도서출판 영 문, 2002), 20-21.

이병삼, 『성경 난해구절 해설시리즈 2』(서울, 도서출판 영 문, 2005), 200. 330

이병삼, 『성경 난해구절 해설시리즈 3』(서울, 도서출판 영 문, 2005), 76-77. 220-222.

이종윤, 『성경 난해구절 해설』(서울, 필그림출판사, 2004), 79, 261

정기화, 『성경적 종말론』(서울, 생명의말씀사), 2016, 19.

정수영, 『마태복음서 강해 1』(서울, 쿰란출판사, 2015), 57.

정수영, 『마태복음서 강해 2』(서울, 쿰란출판사, 2015), 265-266. 374.

정택훈, 하나님 나라와 천년,『천년왕국과 종말』, 총신대학부설 한국교회문제연구소 편, (서울, 도서출판 솔로몬, 1993) 17.

정형철, 『슈퍼 칼러 성경』(서울, 아가페출판사, 2003), 413.

정형철, 『아가페성경사전』(서울, 아가페서원, 1997), 736-738. 173, 1278-1279.

정형철, 『예스 주석성경, 개역개정』(서울, 아가페출판, 2010), 725-726.

조병호, 『성경과 5대 제국』(서울, 도서출판 통독원, 2012), 118. 175, 266-267, 328-329.

최세창, 『난해 성구 해설』(서울, 글벗사, 2006), 322-323.

한중식, 『기독교의 이해』(서울, 숭실대출판부, 1999), 277-292.

Bright. J.,『하나님의 나라』, [The Kingdom of God], 김철손 옮김(서울, 도서출판 두란노, 1985), 256.

Carson, D. A.『요한복음』, [The Gospel according to John], 박문재 옮김(서울, 도서출판 솔로몬, 2017), 663.

McGrath, Alister E.『한 권으로 읽는 기독교』, [Christianity: An Introduction, Second Edition] 전의우 옮김(서울, 생명의 말씀사, 2014), 64-75, 476-498.

Moralez, José.(호세 모랄레스), 『창조론』, [Ediciones Universidad de Navarra], 윤주현 옮김(서울, 카톨릭문화총서, 2015), 255-256.

Pascal, Braise., 『팡세』, 정봉구 역, (서울, 크리스챤다이제스트, 1992), 264.

Radd, George Eldon,,『예수와 하나님의 나라』[The Presence of the Future(The Eschatology of Biblical Realism)], 이태훈 옮김(서울, 도서출판 엠마오, 1996), 141.

Ridderbos, Herman. N., 『하나님 나라』[The Coming of the Kingdom (Philadelphia: The Presbyterian and Reformed Publishing Company, 1962), 오광만 역, (서울, 엠마오, 1994), 36-37.

Uchimura, Kanzo., 『소감, [所感]』 김유곤 옮김, (서울, 크리스챤서적, 2011), 69.

Uchimura, Kanzo., 『우치무라 간조 전집 제1권』, 김유곤 옮김, (서울, 크리스챤서적, 2000), 442-443.

Walton, John H. 외3인, 『The IVP 성경 배경 주석』, [The IVP Background Commentary], 신현기 펴냄(서울, 한국기독학생회출판부, 2012), 38, 1162, 2083.

日本聖書協會, 『The Study Bible』(東京, 財團法人 日本聖書協會, 2006), 462.

웹사이트 www.tabcrnacle.or.kr 세계성막복음센터, 경기도 평택시 진위면

블로그 (https://blog.naver.com/sulgiro524/221562923443) 열심당원.

뉴스앤조이, https://www.newsnjoy.or.kr/news/articleView.html?idxno=34251, 2011. 3. 21. 나실인.

난해 성경 쉽게 이해

초판 발행일 2022년 12월 30일

지은이 이남구
펴낸이 임만호
펴낸곳 크리스챤서적
등　록 제16-2770호(2002. 7. 23)
주　소 서울 강남구 선릉로112길 36(삼성동) 창조빌딩 3F(우 : 06097)
전　화 02) 544-3468~9
F A X 02) 511-3920
E-mail holybooks@naver.com

ISBN 979-89-478-0383-0 03230
정　가 20,000원